武

中华武术通史

第五卷◎中华人民共和国（下）

总主编　马学智　崔乐泉
主　编　武　冬

国家出版基金项目
NATIONAL PUBLICATION FOUNDATION

「十四五」时期国家重点图书出版专项规划项目
第八届中华优秀出版物奖图书奖

北京体育大学出版社

策划编辑：赵月华　孙宇辉
责任编辑：吴　珂　韩培付
责任校对：孙宇辉
封面设计：王齐云
版式设计：北京华泰联合图文设计制作中心
封面题字：柴天鳞

图书在版编目（CIP）数据

中华武术通史. 第五卷, 中华人民共和国. 下 / 武冬主编. -- 北京：北京体育大学出版社, 2021.12（2023.9重印）
ISBN 978-7-5644-3505-9

Ⅰ. ①中… Ⅱ. ①武… Ⅲ. ①武术－体育运动史－中国－现代 Ⅳ. ①G852.09

中国版本图书馆CIP数据核字(2021)第255738号

中华武术通史　第五卷　中华人民共和国（下）　　武　冬　主编
ZHONGHUA WUSHU TONGSHI DIWUJUAN ZHONGHUA RENMIN GONGHEGUO(XIA)

出版发行：北京体育大学出版社
地　　址：北京海淀区农大南路 1 号院 2 号楼 2 层办公 B-212
邮　　编：100084
网　　址：http：//cbs.bsu.edu.cn
发 行 部：010-62989320
邮 购 部：北京体育大学出版社读者服务部 010-62989432
印　　刷：三河市龙大印装有限公司
开　　本：710mm × 1000mm　1/16
成品尺寸：155mm × 235mm
印　　张：23.75
字　　数：257 千字
版　　次：2021 年 12 月第 1 版
印　　次：2023 年 9 月第 2 次印刷
定　　价：128.00 元

《中华武术通史》丛书编委会

序

武术是中华优秀传统文化的重要组成部分，它文化底蕴深厚，历史传承悠久，至今仍然广泛流行，发挥着重要的体育、社会和文化功能。

党的十八大以来，党和国家的建设事业取得了历史性变革和伟大成就，国际国内形势也发生巨大变化。党的十九大报告正式提出中国发展新的历史方位——中国特色社会主义进入了新时代。2019 年 8 月，国务院《体育强国建设纲要》发布，其中明确指出，要实施中华武术"走出去"战略，要推进传统体育项目文化的挖掘和整理，开展体育文物、档案、文献等普查、收集、整理、保存和研究利用工作。自从 1919 年郭希汾的《中国体育史》系统介绍中国武术以来，历经一个多世纪的学术积累与发展，国内外武术史研究已经取得较为丰硕的学术成果，然则仍显不足。

进入 21 世纪以来，中国社会发展取得巨大成就，中国对世界的影响越来越全面而深入，世界对中国的关注也越来越广泛而深刻。国家发展形势与世界格局发生巨大变化，同时给体育界、文化界、思想界、理论界提出新任务、新课题、新挑战，武术史研究也迎来新局面，进入新领域。如何整体把握中华文明发展演变的历程及其对世界文明的影响与贡献，如何理解中华武术与中华文明的关系，中华武术的总体历史演进脉络如何，武术各门类与流派的起源与发展如何，中华武术的思想内涵与文化价值及演进特点与规律如何，武术在社会生活中与政治、经济、军事、民族关系等是如何互动的，武术在中华传统文化中的地位与影响如何，中华武术的时代精神是什么？这些问题的研究与解决，必将为中华武术在当代社会的弘扬与推广提供坚实的历史支撑与理论基础，对于提升文化软实力，增强中华民族凝聚力，增加中华优秀传统文化在国际社会的吸引力，促进中华文明与世界文化的交流互鉴发挥重要的文化功能与社会作用。

《中华武术通史》系统阐述了武术发展的历史进程及文化成因，把武术历史与文化有机融合，使其更具系统性、条理性、科学性。该丛书的出版丰富了我国体育史的内容，使其更具完整性。该丛书的出版能让世人更加全面、深刻地了解中华民族优秀传统体育的光辉历史及发展脉络，提升中华民族的凝聚力、增强文化自信和加强民族团结，使中华民族优秀传统文化进一步发扬光大，使武术成为世界文明史上一颗灿烂的明珠。

今年是中国共产党成立一百周年，谨以此书向党献礼，这也是我们武术人一种无上的光荣！

是为序。

国家体育总局武术研究院

专家委员会主任

张山

2021年5月

总　论

武术是中华文明与文化发展的重要组成部分，是源远流长的东方传统体育体系中最具特色的文化形态之一。在中华武术日益走向世界的今天，对其在不同历史时期的演进历程进行研究，从弘扬中华传统文化的角度而言，有着更直接的现实意义。

对中华武术的系统研究始于民国初年。1919年由上海商务印书馆出版、郭希汾（1893—1984）编著的《中国体育史》，第一次对中国武术史做了较为系统的梳理。该书共分十编，其中“角力”“拳术”“击剑”“弓术”等四编属武术史的内容，反映出武术历史已经成为中华古代体育体系中的主要组成部分。尤其是在角力、拳术、器械诸编中再分种属、流派加以论述的体例，对后来中国武术史研究产生了深远影响。

继郭希汾的《中国体育史》之后，20世纪30年代相关武术史专著开始出现。如1932年杭州集益合作书局出版的由李影尘编著的《国术史》，成为近代中国第一部武术专门史。该书分列概论、记述、支派、传考、摔角[1]、剑考、剑术、器械、图考

〔1〕摔角：同“摔跤”。

等九章，分别梳理了内家拳、外家拳、潭腿[1]、查拳、短打、太极、形意等的渊源。此书虽然记述极其粗略，但在中国武术专门史的研究方面，有着开创之功。

与上述武术专门史的著述同时，一些武术理论与技术综合性的书籍，开始对武术史的研究有所涉及。如1936年武术教育家吴图南（1884—1989）的《国术概论》一书，就在第四章《国术史略》中系统地论述了太极、形意、八卦、少林、通臂等主要拳种的历史渊源和传播脉络，尤其是该书挖掘的清末以来诸拳种流派演变的史实，翔实可信，有着较高的参考价值。

20世纪30年代出现的两位功底深厚、治学严谨的武术史家唐豪与徐震，将早期中国武术史的研究推向了一个新的发展阶段。

唐豪（1897—1959），字范生，中国近代著名武术史学家、体育史学家。曾任中央国术馆编审处处长，20世纪50年代到国家体委从事体育史料编撰工作。先后出版有《少林武当考》《少林拳术秘诀考证》《行健斋随笔》《中国武艺图籍考》等多种武术史研究著述，并参与《中国体育史参考资料》第一至八辑的编写。徐震（1898—1967），字哲东，青年时即酷爱武术，文武兼长，曾任西北民族学院中文系教授。他以科学的态度对武术源流史实进行了诸多研究。先后出版有《国技论略》《太极拳考信录》《太极拳谱理董辨伪合编》《少林宗法图说考证》等多部著作。

唐豪和徐震对武术史研究的重大贡献，一是通过对大量史料的分析与严谨考证，就《易筋经》的来源问题进行了分析，对少

[1] 潭腿：同“弹腿”。

林拳、太极拳源流提出了较为可信的科学结论[1]。二是他们对待武术史研究严谨的科学方法与态度，为后来武术史研究奠定了基础。为取得可信资料，唐豪曾多次到登封少林寺、温县陈家沟等地实地考察，徐震亦多次深入民间挖掘武术谱籍。这种通过实地调研获得第一手资料的实证性研究方法，为后来武术史研究树立了典范。三是为了规范武术史的研究，唐、徐二人对武术文献学、目录学的建立做出了努力。1940 年由上海市国术协进会出版的唐豪编著的《中国武艺图籍考》，将中国武艺分为诸艺、角力、手搏、擒拿、射、弹、弩、枪、棍、戈、戟、刀、剑、斧、干盾、狼筅、镗钯、器制、仪节等，在分类详列有关典籍著述史料的同时，亦介绍了作者的年代以及相关武艺的性质、意义，进行了真伪辨识和价值评判等。同类著述还有《中国民族体育图籍考》和《行健斋随笔》等；而徐震的《太极拳考信录》和《太极拳谱理董辨伪合编》等著述，亦通过对浩繁的太极拳文献的系统整理，就相关文献学和目录学的建立做了尝试性分析。

20 世纪五六十年代，学界就着手对中国武术史进行研究，如在当时国家体委组织的体育史资料搜集整理中，就涉及诸多武术史的史料和研究。不过真正系统的研究和史料整理，则出现在 20 世纪 80 年代。70 年代末由日本松田隆智编写的《图说中国武术史》，经吕彦、阎海译成中文，于 1984 年以《中国武术史略》之名由四川科学技术出版社出版。此书在搜集中国武术史料的基础上，分项介绍了中国武术拳种的历史。该书虽然尚未形成一个完整的中国武术史系统，且缺乏对武术发展规律的整体把握，但

---

〔1〕旷文楠：《中华武术历史研究的回顾与展望》，《成都体育学院学报》1995 年第 3 期。

对一个外国作者而言，其严肃的治学态度和取得的成绩也是难能可贵的。1985 年，成都体育学院习云太[1]先生编著的《中国武术史》出版，该书第一部分按朝代概述了从远古到现代武术发展的历程，第二部分则以拳种、器械为体系叙述其简要历史与特色。两个部分、两种体系互为补充，较为全面地反映了中华武术发展历史轨迹。在同一时期，随着全国各地掀起修史、撰志热潮，尤其是随着全国武术挖掘整理工作的进行，一些省市（区域性）的武术史志相继出版，如《广东武术史》《湖北武术史》《沧州武术志》等。众多武术史料的挖掘与整理、出版，填补了我国武术史研究的空白，对武术史研究具有深远的影响。

随着中国武术史研究的整体推进，20 世纪 90 年代，以通史性质编撰的武术史研究成果纷纷问世。1993 年，由张纯本、崔乐泉合著的以古代武术为研究主体的《中国武术史》在台北文津出版社出版。该书最大特点是运用诸多文献和考古学史料，按照历史年代分述各朝代武术发展的历史。1994 年，由林伯源[2]编著的《中国武术史》在北京体育大学出版社出版。该书在体系上以朝代为序，先后论述了武术发展的历史，相对于习云太的《中国武术史》，对民国时期和抗日战争时期武术的发展情况做了更详尽的描述，对明清两代的武术论述也更为深入。1997 年，人民体育出版社出版的由国家体委武术研究院组织众多武术史专家编纂的《中国武术史》，仍然采用朝代为序的通史编写方式，上自中国武术的发源，下至 20 世纪 90 年代初。这一时期出现了多

[1] 习云太：又名“习云泰”。
[2] 林伯源：又名“林伯原”。

部武术通史著述，在吸收多学科研究成果的基础上，极大地丰富了武术史研究的内涵，标志着中国武术史研究达到了较高的水平。

进入 21 世纪，在通史性中国武术研究方式畅行的基础上，区域武术史及武术专题史的研究方兴未艾。代表性著述主要有蔡宝忠的《中国武术史专论》、周伟良的《中国武术史》、余水清的《中国武术史概要》、于志钧的《中国传统武术史》、郭志禹的《中国武术史简编》、邱丕相的《中国武术史》等。此外上海体育学院郭志禹教授带领他的博士生分别对中州、巴蜀、吴越、齐鲁、燕赵、陇右、荆楚、岭南、关东、秦晋、闽台、漠南、青藏、西域等地域武术展开深入的研究，先后出版了《中州武术文化研究》《岭南武术文化研究》《滇黔武术文化研究》《关东武术文化研究》等书籍。而其他区域武术史研究成果也陆续问世，如《河北武术文化》《浙江武术文化研究》《大连武术简史》《晚清民国时期的广东武术》等。总体上说，这些论著具有较大的理论及实践价值，它们的出版为进一步认识博大精深的中国武术起到了积极的作用，也表明中国武术研究在向精细化方向发展。

总之，21 世纪以来的武术史研究，已经向更宽广、更深入的领域拓展，尤其是相关武术通史、区域武术史、专题武术史等多体例研究成果的出现，进一步拓展了中华武术历史发展的研究范围。

国运盛，体育兴。随着时代的进步和中国当代体育事业的不断发展，人们对悠久的中国武术历史文化也开始给予了更多的关注。而遵循历史唯物主义的原则，应用通史的形式，整理和传播具体的中华武术历史文化知识，则理所当然地成为一项时代的重要工程，也成为武术历史文化工作者责无旁贷的任务。基于上述考虑，在北京体育大学校领导的大力支持下，通过多方论证筹备，2019 年 12 月《中华武术通史》项目的编撰工作正式启动。

《中华武术通史》按照中国古代武术史、中国近现代武术史和中国当代武术史三个大的历史阶段进行划分，以古代两卷、近现代一卷和当代两卷的形式，分别对不同时代中华武术的发展历程进行了研究和梳理。

《中华武术通史》第一卷，以史前文化时期的武术前形态至隋唐五代多元王朝体系中的武术创造为历史区间，叙述了武术第一次从捕食和军事战争中分离出来，人文化成为集德性、审美、礼仪、教育功用为一体的人本精神载体的历史进程，呈现出为日后武术的成熟与发展奠定前提与基础的武术“元历史”阶段的文化形态。

《中华武术通史》第二卷，对宋、元、明、清时期的武术发展做了全面分析。尤其是对宋元民族交流与融合时期武术体系的形成与发展、明代趋于成熟的武术套路与武术拳种流派以及清代完善的武术技术体系及理论体系，做了有针对性的研究。

《中华武术通史》第三卷，全面阐释了清末的社会变革对民国时期武术的影响；在尚武精神和军国民主义教育思潮影响下，民国初年武术的再次勃兴；民国中期武术运动的蓬勃发展；全面抗战到中华人民共和国成立前夕武术运动的开展情况等。

《中华武术通史》第四卷，以 1949 年 10 月 1 日中华人民共和国成立至 1982 年第一次全国武术工作会议召开之间 30 余年的武术发展为研究对象。内容涉及了诸如“国术”易名为“武术”、中国武术协会成立以及党的十一届三中全会后武术迎来新的发展机遇等。1982 年第一次全国武术工作会议的召开，拉开了武术发展的新序幕。

《中华武术通史》第五卷，以 1990 年第 11 届亚运会和 2008 年北京奥运会为节点，分别围绕武术管理、竞技武术、传统武术、学校武术、武术科研和武术国际化六个方面横向铺开，纵向贯通，深层次、多维度、全方位叙述了 1983 年以后中国武术的发展历程。

《中华武术通史》由北京体育大学中国武术学院院长马学智教授和中国体育博物馆崔乐泉研究员担任总主编，第一卷由华东师范大学张震副教授担任主编；第二卷由杭州师范大学李吉远教授担任主编；第三卷由北京体育大学李印东教授担任主编；第四卷由天津体育学院杨祥全教授、北京体育大学李英奎教授担任主编；第五卷由北京体育大学武冬教授担任主编。初稿完成后由马学智教授和崔乐泉教授通读全书并提出修改建议。《中华武术通史》各卷分之可独立成书，合之为一有机整体。参加撰写的学者 40 余人，其中大多为国内各院校的体育史、武术史、民族传统体育学科研人员。同时我们还邀请国内有关科研机构的专家参与本书的编写工作。

作为一个集体性的项目，本书涵盖了中国武术上下数千年发展的历史，以及武术在长期发展过程中与政治、经济、文化等的交融与影响，因此我们力求在现有的文献资料、考古资料和研究成果的基础之上，于撰写中突出历史性、科学性、全面性和客观性，同时更要有创新性。鉴于《中华武术通史》尤其是当代中国武术史编写的复杂性和难度，我们自项目启动伊始，先后邀请史学理论与史学史研究权威、北京师范大学资深教授瞿林东先生及武术界耆宿张山先生、门惠丰先生等担任总顾问，多次召开座谈会，就提纲的拟定及编写的具体原则征求意见和建议，并召开数次由各卷主编和具体编写人员参与的研讨会，从源头上保证丛书的编写质量。书稿基本完成后，还得到上海体育学院邱丕相教授和苏州大学罗时铭教授的悉心指导。尽管如此，对于这样一部由几十人参与，涉及年代如此之长久、地域如此之广阔、内容如此之广泛、问题如此之复杂的庞大著作，其中的不足和缺陷在所难免，我们诚挚地希望得到读者的批评与指正。

《中华武术通史》在编写出版过程中，得到了国家体育总局武术运动管理中心和武术研究院有关领导、专家的关心、鼓励和悉心的指导；中国体育博物馆、华东师范大学、杭州师范大学、天津体育学院等相关院校、体育科研机构给予了无私的帮助和大力的支持。

作为国内知名体育专业出版机构，北京体育大学出版社承担了《中华武术通史》的编辑出版工作。在赵月华副社长带领下，出版社成立了《中华武术通史》项目组，闫翔社长、郭晓勇总编辑亲自承担审读工作，并给予项目极大支持。孙宇辉、赵海宁、田露、姜艳艳、吴珂、韩培付、吕哲等老师，以认真负责的精神和饱满的热情，组织统稿会、审读书稿、提出修改意见和建议，做了大量的编审校工作，正是他们的辛勤努力使得本通史能够顺利出版。就在即将完成全部编辑工作之时，经北京体育大学出版社申报，《中华武术通史》被列为 2021 年度国家出版基金资助项目，这不仅是北京体育大学出版社首次获得国家出版基金项目资助，也是体育类专业出版社近年来首次入选该项目。

在《中华武术通史》付梓之际，我们向所有关心、指导、支持和帮助过我们的同志，向全国各相关单位的朋友表示衷心的感谢！

马学智　崔乐泉

2021 年 5 月 12 日

目　录 Contents

绪 论

本卷叙述的是中国武术在第一次全国武术工作会议召开之后，即1983—2019年近四十年的发展历程。本卷以时间为横轴，以叙述完整性历史事件为节点，按照时间横轴主线和事件纵轴节点，划分各章节。

重要的历史事件为1990年第11届亚运会和2008年北京奥运会，以此分别作为第一章与第二章、第三章与第四章的划分节点。具体如下：第一章为从第一次全国武术工作会议召开之后到1990年第11届亚运会召开；第二章为从第二次全国武术工作会议开始到1999年底，呈现20世纪90年代武术发展的全景；第三章为从2000年人类迈入新纪元开始到2008年北京奥运会成功举办，在中国加入世界贸易组织（以下简称“WTO”）、北京成功申办和举办奥运会等背景下，叙述武术产业化发展、推动武术进入奥运会、武术服务大众健身等时代主题；第四章叙述从2008年北京奥运会之后到2019年底的十余年间，在实现中华民族伟大复兴中国梦的过程中，在中国由体育大国向体育强国转型的新时代，武术事业的新起航、新发展、新成绩。全卷贯通，遵循“史论结合”的原则，在叙述历史事实的同时，依据史料对武术事业从1983—2019年近四十年发展的问题做了冷静思考和总结展望。各章均分为六节，分别围绕武术管理工作、竞技武术、传统武术、学校武术、武术科研和武术国际化六个方面横向铺开，深层次、多维度、全方位地叙述第一次全国武术工作会议以来当代（截至2019年底）武术事业的发展历程。

1978年12月18日—22日，党的十一届三中全会的胜利召开，标志改革开放的大幕徐徐拉开，以解放思想、实事求是为思想路线的社会主义现代化建设正式开始。在这一时代背景下，中华人民共和国体育运动委员会（以下简称“国家体委”）于1982年组织召开了第一次全国武术工作会议，为武术此后近四十年的发展奠定了主基调。武术事业也由此进入全面、高速发展时期。全面是指在政府的高度重视下，武术事业在传统武术、竞技武术、学校武术、武术科研和武术国际化等方面全面开花；高速是指武术在此后近四十年的发展历程中，以令人应接不暇的新突破向现代化、竞技化、科学化、产业化、国际化的目标快速发展。

20世纪80年代，虽然在国家以“举国体制”发展奥运项目的背景下，竞技武术遭遇过一定程度的“冷落”，但是第一次全国武术工作会议召开后，武术在“立足于国内，同时积极地向国外推广”的发展方针指引下，完成了首次全国范围的武术挖掘整理工作，基本摸清了“家底”；以完善竞技武术竞赛规则、制定运动员技术等级制度等措施提高自身竞技化水平，使武术成为全运会赛场上唯一的非奥运项目，散手运动经过十余年的探索，在这一时期也逐渐发展成熟；中国武术研究院、中国体育科学学会武术分会等机构的成立，鼓舞了武术科研工作者，涌现出以第一本由中国学者著成的《中国武术史》为代表的一批科研成果；国际武术联合会、亚洲武术联合会等国际组织成立，促使武术于

1988年7月成为第11届亚运会正式比赛项目，这是武术第一次登上国际综合性运动会的殿堂，成为中国武术走向世界的里程碑。

进入20世纪90年代，1992年10月，中国共产党第十四次代表大会召开，做出了建立社会主义市场经济体制的决定。同年12月，第二次全国武术工作会议召开，确定了以坚持党的“一个中心、两个基本点”为基本路线，遵循我国体育发展与改革纲要的总方针发展武术的总原则。这一时期，中国武术协会开始向实体化转型，武术运动管理中心成立，武术组织机构的改革加大了对武术工作各个方面的管理力度。竞技武术套路通过修订竞赛规则确定了“高、难、美、新”的发展方向，散手运动为了向市场化、国际化发展，更名为散打，护具由“全护式”改为“点护式”；全国各地武术馆校迅速崛起，传统武术比赛竞相举办，中国武术段位制开始施行，群众武术一片热闹景象；在学校武术和武术科研方面，民族传统体育学成为体育学的二级学科，武术专业教材相继出版，武术学科建设带动武术科研队伍不断壮大；在武术国际化方面，世界武术锦标赛连续举办、武术成为亚运会常设项目、国际武术竞赛套路创编等发展成果使武术的国际影响力持续增强，并随着中国申奥进程的推进，武术国际化的发展目标向奥运会聚焦。

在21世纪之初，以加入WTO为契机，中国经济得以进入国际经济运行轨道，以经济为龙头，中国迅速融入第三次科技革命带来的全球化浪潮。通过深度参与国际经济、政治、文化交流，产业结构不断优化，中国在市场化和法制化进程中国际竞争力得到提升，从而获得了较好的外部发展环境，国际地位显著提升。

在这一时代背景下，武术产业也迎来了历史性的机遇和快速的发展，完全以商业手法操作的“散打王”比赛获得巨大成功，《武林风》《武林大会》等电视武术节目火热播出，武术与旅游产业、健康产业相结合，武术产业化的探索显示出武术巨大的经济价值。与此同时，随着2001年北京成功获得奥运会举办权，推动武术进入奥运会成为这一时期武术发展的重中之重，在“以申奥促发展，以发展促申奥”方针的指引下，中国武术协会于2003年修订了《武术竞赛规则》，使武术套路比赛更加公平客观，使规则更加符合奥运会中技能主导类表现难美性项目的规则要求；传统武术适应不断高涨的群众健身热情，充分发挥自身优势服务大众健身；除借助举办国际性武术赛事外，武术也开始借助孔子学院、中国文化交流中心等驻外机构“走出去”，扩大武术文化的国际影响力。虽然，武术未能成功进入奥运会，但以此为契机，竞技武术、传统武术、武术国际化等方面都实现了高速、全面、协调发展。

2008年北京奥运会之后，由体育大国向体育强国转型成为中国体育界奋斗的新目标。在2009—2019年的11年间，经过改革开放四十多年的发展，中国特色社会主义进入新时代，中国社会的主要矛盾也转变为人民日益增长的美好生活需要与不平衡不充分的发展之间的矛盾，实现中华民族伟大复兴成为新时代发展的主旋律。这一时期，面对新时代提出的新要求，我国针对武术发展方向出台了一系列规划性文件，更加强调武术的发展在国家战略指引下的计划性、目的性，同时，在构建“文化强国”的时代主题下，武术的保护、发展和推广更加强调其文化属性。在新时代，中国武术在社会需求标准不断提高、形式日趋多样的现实动力推动下，其技击价值、文化价值、健身价值、教育价值在不同领域都得到强化，武术的社会功能更加多元。

1983—2019年，武术事业的推进与国家、社会的发展同频共振，有细致规划的稳扎稳打，有抓住机遇的突飞猛进，有错失良机的遗憾失落，有方向选择的踌躇徘徊，更有自我改革的坚定果敢。各级武术管理部门和武术工作者一路披荆斩棘，为当代中国武术绘制了一幅波澜壮阔的历史画卷。从历史的视角回顾当代武术发展史，总结其中的经验和教训，对中国武术坚定未来发展之路极为重要。

第一章

武术事业的百废俱兴

党的十一届三中全会以后，武术迎着改革开放的春风，在国家体委的领导下，全国各级体育委员会、武术工作者和社会各界武术爱好者，解放思想、团结奋进，沿着“百家争鸣，百花齐放”这一方针的指引，一手搞挖掘整理，拯救岌岌可危的传统武术；一手搞改革创新，积极探索新时期武术发展新征程。第一次全国武术工作会议的胜利召开，为改革开放初期武术的全面奋进吹响了号角，激发了武术工作者的斗志，为各项武术工作的开展指明了方向。1983—1990 年，武术事业可谓百废俱兴。竞技武术在新的历史旋律下，勇于突破思想桎梏，修改武术套路竞赛规则，积极推动武术套路竞技化发展，努力使武术套路向亚运会、奥运会的方向前行；探索散手等对抗项目，突出武术技击本质，实现中国武术“两条腿走路”。轰轰烈烈的武术挖掘整理工作，既摸清了“家底”，坚定了继续前行的信心，又让生活困厄的武术工作者、拳师走到时代的最前列，为挽救宝贵的传统武术文化贡献力量，重新实现人生价值。学校武术一方面加强改革，努力做到保持武术这一民族传统体育自身特色的同时充分发挥武术的健身价值；另一方面，加强高等院校武术专业建设，培养高级武术人才，成为武术发展的生力军。武术科学研究受到空前重视，中国武术研究院、中国体育科学学会武术分会等科研机构和组织相继成立，武术基础和应用研究成果与日俱增，涌现了《中国武术史》等一批填补历史空白的成果。武术国际化过程加快，“走出去”与“引进来”双管齐下，海外国际武术组织陆续建立，成立国际武术联合会被提上日程，武术套路成功进入国际综合性运动会的赛场，武术的国际影响力持续上升。

概言之，改革开放之初的武术人筚路蓝缕，开拓进取，所取得的成就为此后武术各项工作的开展奠定了坚实的基础。

第一节 武术管理工作全面开展

武术在“文化大革命”时期遭到的摧残与破坏十分严重，何以仅20年的工夫就走出低谷得以恢复发展，而且步入历史上最好的时期呢？道理很简单，武术运动的恢复和发展与我国其他事业一样，得益于粉碎“四人帮”后的拨乱反正以及解放思想、改革开放的正确思想路线与实际政策。但不可忽视的是，这与主管武术的领导机构和主管武术的领导者在这历史转折的关头审时度势地抓住时机做出正确的决断、采取得力举措大力推动是分不开的。

一、中国武术研究院的创建与发展

随着“文化大革命”的结束，体育事业百废待兴，“文化大革命”期间遗留的问题也逐渐凸显出来。武术运动存在的问题从表象上看，可概括为五个"最"字。这五个"最"字是："最大的委屈"是强加在武术头顶上的"几顶帽子"，压得武术界人士抬不起头，心情压抑，对开展武术活动心存余悸、不敢出头；"最大的担心"是随着时光的流逝，老武术家们因各种原因相继辞世，一些有价值的武功与拳种存在失传的可能；"最头痛的"是武术竞赛机制不符合武术自身的特殊性，只有套路比赛，没有技击竞技，成为不完整的、只有少数拳种和少数青少年参加的运动，压抑了众多拳种和多数群众习武的积极性；"最无奈的"是由于没有宣传武术的阵地，武术的学术研究气氛低迷，少有人著书，写了文章也无处发表，推广传播不力，使得"博大精深""民族文化瑰宝"等戴在武术头上的桂冠成为空谈与幻影；"深埋在武术界人士内心深处的最大愿望"是武术能冲出亚洲，走向世界，成为国际体坛的"中国项目"，为国争光，让武术界人士扬眉吐气。总之，这五个"最"是笼罩在武术界的一种普遍存在的盼望出头又不知能否出头和如何出头的消极情绪，更是国家体委开展武术运动的一道难解的课题。〔1〕

改革开放以后，经过两年多来对武术工作的探索和深入认识，国家体委的领导，尤其是主管武术工作的李梦华〔2〕（时任国家体委副主任）等领导逐渐摸清了发展武术工作的思路。从李梦华 1980 年以后的几次讲话中可以大概看出他对武术发展问题的基本认识：武术是我国独有的民族特色鲜明的传统体育运动，必须继承发展，绝不可失传，必须保持它的特性，按照武术传统的

〔1〕赵双进：《对八十年代武术工作的回顾与随想》，《体育文化导刊》2003 年第 5 期。
〔2〕李梦华（1922—2010），男，河北平山人，1954 年 11 月任国家体委运动竞赛司司长，1960 年任国家体委副主任，1981—1988 年任国家体委主任。

组织形态与活动方式开展武术活动。用他的话说，就是“不要把其他项目的方法机械地搬到武术上来”“用现代体育形式开展武术是不行的”。因此，李梦华主张在组织上实行武术院、馆、社制。他说：“今后要逐步建立武术院（馆、社）。”他的主张于1982年被写入了武术工作会议文件中。1982年第一次全国武术工作会议以后，武术事业快速发展，国家体委武术处现有的力量已经不能满足工作的需要，经常需要借调人员来协助完成相应的工作，所以必须扩大规模，增加人员编制。1983年开始的全国武术挖掘整理工作取得了显著的成果，极大地鼓舞了李梦华等武术管理部门领导开展武术工作的信心。此时，李梦华又一次提出了心中考虑已久的改变现行武术体制的方案，即实行武术院、馆、社制，并率先设立国家级的武术院。[1]

1984年的一个工作日的下午，李梦华把曾任职于山东省国术馆的李天骥请到自己的办公室，向李天骥询问中华人民共和国成立前中央国术馆的情形。李天骥向他介绍了中央国术馆和地方国术馆的组织和活动概况后，李梦华果断地表示，让武术处立即草拟一个建立武术院的报告，尽快筹建武术院。随后，时任国家体委武术处处长的赵双进便根据李梦华的指示即刻起草了建院报告。[2]1984年，武术处提交了申请成立一个新的武术机构的报告，其中包括武术机构的宗旨、机构设置、人员编制等。报告中提出的人员编制为74人，李梦华看完以后退回去说：“这么多的人员编制国家编委是不会批的。你们要是真想建立武术院就把

〔1〕赵双进：《对八十年代武术工作的回顾与随想》，《体育文化导刊》2003年第5期。
〔2〕赵双进：《对八十年代武术工作的回顾与随想》，《体育文化导刊》2003年第5期。

编制减一半，先求得批下来，以后工作需要再慢慢追加。”于是赵双进就改写了一个“四室”（办公室、技术教学室、理论研究室、资料室）和“一处”（总务处）共38人的方案[1]。关于武术机构的名称，一开始提议命名为武术司，后来提议命名为武术馆，但均没有被采纳。此时，由于国家对科研工作愈发重视，加之全国武术挖掘整理工作正在逐步深入铺开，挖掘整理的成果也需要专业人员进行专门研究，于是国家体委采纳了教育部门和劳动人事部门的建议，将武术机构的名称定为武术研究院，并被批准通过。

武术研究院的人事安排颇费了李梦华等领导一番脑筋。院长一职的人选，虽未公开提及，但是从当时的态势上看，由徐才兼任基本上是板上钉钉的事了。徐才平易近人，群众基础好，擅长文字，更重要的是他当时已由副主任改任纪检组组长，没有分管的运动项目，精力够用，而且他本人对武术也表现出非同一般的兴趣，由他出任武术研究院院长再合适不过。副院长一职，经过慎重考虑，最终从三名候选人（蔡龙云、刘哲、马贤达）中，确定由蔡龙云担任。蔡龙云时任上海体育学院武术教研室主任、全国武术协会副主席。他认真钻研业务，经常参与国家体委主持的武术活动，对建立武术竞赛制度、研究竞赛规则尽了许多心力。1978年后，他参加了筹备全国武术工作会议、挖掘整理武术遗产、举办国际武术裁判员训练班等多项工作，个人有武术技术著作，在武术界虽非“老字辈”，但比“老字辈”多一点年轻，比新一代又多了点年长，是新老衔接的人物，有一定影响力。随着院长和副院长人选的落定，其他各科室的

[1] 赵双进：《对八十年代武术工作的回顾与随想》，《体育文化导刊》2003年第5期。

负责人和工作人员也得到一一落实。[1]

1985年3月10日，劳动人事部发出了《关于国家体委建立武术研究院的通知》，批准建立国家体委武术研究院，事业编制为38人。1986年3月31日，武术研究院在首都体育馆正式挂牌成立，办公地点位于首都体育馆东三楼办公室。

武术研究院建立以后，形成了与国家体委运动司武术处两个负责武术工作的业务单位，级别不同且业务也有交叉。在1986年运作了一年以后，由两套班子共抓武术工作所引发的问题和矛盾逐渐显现，给全国武术管理工作带来了诸多不便。因此，蔡龙云、赵双进、张山等人借当时体制改革之机，主张把国家体委武术处、中国武术协会和武术研究院“三合一”。一开始，李梦华和办公室副主任蒋佑桢等人对此极力反对，最后考虑大局，避免干部失和，李梦华最终做了妥协，他说：“好吧！既然如此那就试试吧！武术处机构不撤销，不行再回来。”[2]

1987年9月，国家体委下发的《关于国家体委武术工作管理体制问题的通知》指出：为了有利于加强武术工作的集中统一管理，进一步推动武术在国内外的推广，国家体委武术处、武术研究院和中国武术协会三者合并在一起，人员全部转入武术研究院，同时增设训练竞赛处和秘书处两个部门，相应地，武术研究院的事业编制增加到49人。[3]武术研究院院长由徐才兼任，副院长由蔡龙云担任，张山任竞赛处处长，赵双进任秘书长；下设办公室、教学研究室、理论研究室、资料研究室、气功研究室、

---

〔1〕赵双进：《对八十年代武术工作的回顾与随想》，《体育文化导刊》2003年第5期。
〔2〕赵双进：《对八十年代武术工作的回顾与随想》，《体育文化导刊》2003年第5期。
〔3〕杨祥全：《现代武术史》，长江出版社，2011，第98页。

总务办公室。[1]

二、中国武术协会的调整与改革

（一）中国武术协会的发展

在1982年第一次全国武术工作会议期间，中国武术协会召开了全体委员会议，增补了领导成员，选举产生了第四届中国武术协会领导机构，由黄中任主席，徐才等13人任副主席，赵双进任秘书长。新一届武术协会委员人数与上一届人数基本保持不变，维持在100余人。与上一届中国武术协会相比，在下设的三个机构中，取消了科研委员会，保留了教练委员会和裁判委员会。其中，教练委员会主任由张文广担任，副主任由李俊峰、邵善康担任，委员有于海等10人；裁判委员会主任由蔡龙云担任，副主任由马贤达、何福生担任，委员有马春喜等10人。

合并完成后，为更好地管理武术工作，根据国家体委“把群众基础较好和具备一定条件的单项协会试办成独立经营的实体”这一改革要求，1990年4月28日，国家体委研究决定让中国武术协会开始向实体化过渡，并下发了《关于中国武术协会实体化的通知》。中国武术协会实体化以后与中国武术研究院均为国家体委直属事业单位，两个单位实行统一领导管理，下属职能机构统一设置，合计事业编制为59人。中国武术协会既是中华全国体育总会的团体会员，又是国家体委直属事业单位，在武术事务管理上兼有部分行政职能，主要任务是根据国家的体育方针、政策，统一组织、协调和指导全国武术运动的开展，推动武术运动

〔1〕中国武术大辞典编辑委员会编著《中国武术大辞典》，人民体育出版社，1990，第395页。

在国内的普及和向世界的推广，并致力于武术技术和理论水平的提高，其主要职责包括[1]：

（1）负责全国武术运动的业务管理，研究和提出发展我国武术运动的方针、政策和有关法规。

（2）制订武术运动的发展规划和训练竞赛计划，并组织实施。

（3）指导地方武术协会的工作和群众性武术运动的开展，制定全国武术项目的全国竞赛制度、规程、规则，组织实施重大竞赛活动。

（4）负责国家武术集训队的选拔和管理，承担国家交给的重大国内国际竞赛任务。

（5）培训、考核、评定武术项目的高级专业技术职务，审批武英级运动员。

（6）负责与国际武术组织的联络，开展国际交往和技术交流，努力把武术推向世界。

（7）根据武术事业发展需要，积极组织武术理论、技术等科研工作，开展武术宣传和出版工作。

（8）开展多种经营，为武术事业的发展筹集资金。

值得一提的是，国家体委决定把中国武术协会实体化，允许进行经营开发，可以搞经济实体，以促进武术产业的发展。在此之前，武术比赛已经开始有企业介入。例如，1987 年第 1 届中日太极拳比赛交流大会、1988 年中国国际武术节，以及随后的“汛华杯”国际武术散手擂台邀请赛和第 1 届世界武术锦标赛，完全是中国武术协会和有关公司按照市场规则成功运作体育市场的典

---

〔1〕杨祥全：《现代武术史》，长江出版社，2011，第 99 页。

范。太阳神集团、佛宝矿泉水公司等先后参与了武术市场运作。1988年的中国国际武术节的收入超1,000万元。[1]

（二）地方武术协会的发展

地方武术协会的建立始于中国武术协会建立之后，是根据国家体委的要求逐步建立起来的。首先，在省、自治区、直辖市一级建立，而后发展到地、市、县（区）、乡、镇一级各行业、各部门的武术协会。[2]

"文化大革命"期间，由于"四人帮"的迫害，全国范围内的武术活动基本停滞，地方武术协会的发展也遭到了严重的破坏，各级武术协会和武术组织基本处于瘫痪状态。

"文化大革命"结束以后，广大武术工作者和武术爱好者希望恢复和建立武术协会、武术组织的愿望越来越强烈。20世纪80年代初期，国家体委组织了一次全国大范围的武术工作调研活动。

从对东北地区武术工作的调研中，我们便可以看出广大群众对武术的喜爱及对开展武术工作的热情。在长春市，吉林省体委的工作人员告诉国家体委武术调研组：长春市人民喜欢晨练，而在晨练的人中，练武术的最多。在实际的调查中，调研组人员也亲身体验并记录了"长春晨练"的场景——"曙色微明，道路两边的树丛中，练武的人已经三五成簇了。在微风吹起的小红旗下，他们在舒拳、踢腿、展臂、伸腰。有两个中年妇女，各掖着

〔1〕易剑东、张苓：《中国武术百年历程回顾——面向21世纪的中国武术》，《体育文史》1999年第1期。
〔2〕郝心莲：《新中国武术发展史概论（续）》，《体育科研》1996年第4期。

剑向前疾走，他们身后，一位老翁一手提刀，一手拉着身穿运动服的小男孩，也走得很快。老陈指点着说：‘这是李副省长，那是卫生厅厅长……’”在吉林市，市体委的工作人员说：“吉林市青少年爱好武术，曾为吉林省武术队输送过许多优秀运动员。自1978年后，吉林市武术协会设立了36个武术辅导站，主要招收青少年武术爱好者。在哈尔滨市，被大家戏称为“武主任”的道里区体委主任高德江热情地对调研组人员说：“1981年在市体委的支持下，道里区形意拳社、螳螂拳社、太极拳社、少林武术社等民办武术社团纷纷崛起。我自幼学习少林拳、械，数十年未曾间断，1979年还代表黑龙江省在南宁全国武术观摩交流会上做了表演。在少林武术社成立时，我被推举为社长，现在既是（区）体委主任，又是武术社长，有人就叫我‘武主任’……”〔1〕在对华东地区武术工作的调研中，我们可以倾听到来自广大武术前辈的心愿、来自广大老运动员的呼声以及来自主管体育工作干部们的期盼。在山东省淄博市的一次座谈会上，86岁的老拳师高作林拍着胸脯激动地告诉工作人员，他把对武术的希望寄托于年轻的一代，希望把全部武艺传给后辈。在“文化大革命”期间，他辛辛苦苦经过几十年积累的宝贵武术资料荡然无存，他教授武艺也被禁止。于是，他就偷着教，教儿孙。高作林抱定了一个信念：反正不能让先辈传下来的武术后继无人！〔2〕华东地区的武术运动水平一直较高，曾培养出许多优秀的武术运动员，为我国武术事业做出了积极的贡献。20世纪80年代，这些老运动员已

〔1〕王培坤：《秀色无边东北行》，《中华武术》1983年第1期。
〔2〕子善、晓思：《华东大地“武术热”》，《中华武术》1983年第1期。

经成为发展武术的中坚力量，他们出于对武术深深的热爱，以当年赛场上顽强拼搏的劲头，为武术事业奉献着自己的热血。在座谈会上，山东武术队教练王常凯说：“武术既然是体育运动项目，就应该有比赛。比赛可分为套路和对抗……这样既有利于运动技术的提高，又有利于贯彻‘百花齐放’的方针……”安徽省蚌埠市的体育干部宁震滔滔不绝地向调研组人员介绍了当地武术开展情况。他说，他之所以爱上武术，是老拳师们热爱武术事业的精神感动了他，是群众开展武术活动的热情感染了他。他说：“抓好群众的武术活动，这是我们体育干部的责任。”〔1〕

为了满足广大人民群众的习武需求，让武术更好地造福于人民大众，1982 年，全国武术工作会议提出：“要充分发挥各级武术协会的作用。各省、自治区、直辖市以及有武术传统和群众基础的地、市、县都要把武术协会建立和恢复起来，切实加强领导，尽可能配备一定的专职或兼职干部。”〔2〕这次会议激发了广大武术工作者重振武术事业的热情，于是地方武术组织、武术协会如雨后春笋般建立起来，各省、自治区、直辖市体委也进一步加强了对武术协会工作的领导，充实、完善了组织机构，使武术协会的工作得到落实，也出现了新的局面。

北京大学武术协会于 1982 年 12 月 1 日在北京大学的办公楼礼堂成立。这是全国高校第一家群众性武术协会。其宗旨是：继承我中华武术，使之发扬光大；欲达内修精神，陶冶情操，外练体魄，提高身体素质，促进学习，增进友谊，为振兴中华造就人

〔1〕子善、晓思：《华东人地“武术热”》，《中华武术》1983 年第 1 期。
〔2〕徐才：《开创武术运动的新局面》，《中华武术》1988 年第 1 期。

才。协会成立大会前，报名的学生达1,600人之多，因条件所限，最后只录取了450名学生为正式会员，并组成了校武协理事会，由本校团委军体部领导，下设太极拳、八卦掌、形意拳、潭腿及五行八法五个大队。通过一年多的活动，会员们不仅掌握了一些武术套路，更重要的是增强了体质，促进了学习，培养了品德，形成了良好的文明风气。据当时任北京大学武术协会主席的焦宜民说，太极拳大队的9名毕业生中，有5名考取了研究生，其中3名考取了出国留学研究生；八卦掌大队的十多名毕业生中，有6名考取了研究生；还有好多同学获得"三好学生"等光荣称号。[1]

与此同时，随着武术运动在全国范围内的蓬勃开展，更多的武术协会和组织相继恢复、成立和发展。据1989年对20个省、自治区、直辖市的不完全统计，各地共建有各级武术协会742个[2]，形成了一个从上到下、相互衔接的全国性的武术组织网络，有力地推动了武术运动的发展。

三、《关于加强武术工作的决定》颁布

1982年的第一次全国武术工作会议制定了新时期武术运动发展的方针、政策和任务，标志着武术运动的发展进入了一个新的阶段。此后，武术运动在国内得到迅速的发展，水平提高，并成为广大人民群众所喜爱的体育项目。

到1987年，武术的发展已经达到了一个新高度。在国内，群众性的武术活动遍及城乡，武术挖掘整理工作取得重大成果，

---

〔1〕焦宜民：《"8–1 ≥ 8"——北大师生座谈会》，《中华武术》1984年第2期。
〔2〕郝心莲：《新中国武术发展史概论（续）》，《体育科研》1996年第4期。

武术竞赛制度进一步健全，武术技术水平有了新的提高，武术理论研究日趋活跃。在国际上，武术已经走进越来越多的国家和地区，并受到当地人民的热烈欢迎和喜爱。越来越多的国家和地区开始兴起武术运动。武术国际赛事蓬勃发展，武术国际组织相继成立，中国武术正在成为世界性的体育项目。为了进一步发挥武术在我国物质文明和精神文明建设中的作用，完成体育工作的三大任务，并把武术积极稳妥地推向世界，造福于人类，国家体委审时度势地推出了又一重要举措。

1987 年 8 月 6 日，国家体委下发了《关于加强武术工作的决定》，从如下 12 个方面对武术工作提出了要求：

（1）进一步提高对武术的认识。

（2）大力普及群众性武术活动。

（3）积极配合教育部门提高体育教师的武术教学能力。

（4）继续做好挖掘整理武术遗产工作。

（5）加强武术优秀运动队和业余体校、运动技术学校武术班的建设，办好体育院校的武术系、科，努力提高技术和理论水平，使其成为培养各类武术人才的基地。

（6）进一步改进和完善竞赛制度，充分发挥竞赛的杠杆作用。

（7）运用辩证唯物主义、历史唯物主义的观点和现代科学知识及手段，以体育专业科研人员为主体，同自然科学界、社会科学界各学科专家及群众业余科研力量相结合，对武术的基本概念、历史演变、哲学基础、生理机制、技术原理、养生思想、美学思想、竞技与健身等多方面进行学术研究，逐步建立武术的科学体系，使武术科学化。

（8）加强武术的对外推广工作。要积极促进成立国际武术联合会，并大力争取武术成为1990年亚运会竞赛项目。

（9）在武术发展中，既要反对把武术视为封建落后的“左”的倾向，也要防止宗派、门户等旧意识、旧观念的复萌。要提倡互相尊重、互相学习、取长补短、共同提高的新风尚。

（10）加强武术的宣传工作。

（11）加强领导，改革体制，充分发挥武术协会的作用。

（12）武术是我国民族传统体育的代表性项目，当前又面临向世界推广的艰巨任务。因此，各级体委都应把武术工作摆到重要位置，并在人力、经费上给予保证。

四、武术工作座谈会的召开

（一）部分省、市武术工作座谈会

1989年是中华人民共和国成立40周年，当年全国部分省、市武术工作座谈会就是在这个时代背景下召开的。1989年11月4日—7日，由中国武术研究院组织的部分省、市武术工作座谈会在湖南省株洲市召开，来自湖南、河南、天津、山东等18个省、自治区、直辖市体委的有关领导和部分武术馆馆长参加了座谈。

座谈会在赵双进的主持下主要对如何进一步做好武术工作、建立武术基地、办好武术馆校、评选“武术之乡”等问题展开了讨论。会上，徐才做了重要发言。他首先确定了本次会议总的指导思想，即江泽民同志在中华人民共和国成立40周年大会上的一段讲话：“要积极吸收我国历史文化和外国文化中的一切优秀成果，坚决摒弃一切封建的、资本主义文化糟粕和精神垃圾。当前在这个问题上，要特别注意反对那种全盘否定中国传统文化的民族虚无主义和崇洋媚外思想。”[1]随后，徐才表示，武术发展的重要标志可以概括为三个“开始”，即“开始从武术活动向武术意识上升”“开始从中国向世界推广”“开始从小武术向大武术发展”。接着，他指出武术实践带来了三个方面的启示，即“要把武术当作民族文化遗产及人类共同的文化财富来对待”“要以师为荣，有为国际之师的强烈责任感”“要以主动的进击姿态去推广武术”。同时，他指出了武术工作面临的矛盾与挑战，即“组织上的矛盾与挑战”“技术上的矛盾与挑战”“理论上的矛盾与挑战”“经济上的矛盾与挑战”。最后，徐才表示发展武术要“走社会化的路子”“走科学化的路子”“走经营化的路子”“走实体化的路子”。发展武术必须走社会化、科学化、经营化和实体化的道路，创造出办武术的新模式。当时的任务主要是抓好建立武术发展基地、评选“武术之乡”及评选“十佳武术馆”三项工作。

（二）武术与文学艺术座谈会

1990 年 12 月 17 日，为深入挖掘武术内涵，探讨武术与中国传统文化、艺术的关系，弘扬中国武术，正确引导武舞、武乐、武侠小说、武打影视的发展，继承和发扬中华民族优秀的传统文化，振奋民族精神，中国武术研究院、中国艺术研究院、中国俗文学学会创作委员会、中国武术学会、《中华武术》杂志联合召开了武术与文学艺术座谈会。

该座谈会由时任中国艺术研究院舞蹈研究所副所长、中国武

---

〔1〕徐才：《徐才武术文集》，人民体育出版社，1995，第 154 页。

术学会常委、中国俗文学学会创作委员会主任刘峻骧及时任《中华武术》杂志副主编、中国武术学会副秘书长周荔裳主持。该座谈会就武术与传统文化、文学艺术的关系进行了广泛的讨论。与会人员一致认为，武术与文学艺术应加强横向联系，开展综合研究，这样不仅可以进一步开发武术的丰富资源，提高武术研究的水平，而且对文学艺术的发展、开辟新的领域等都有帮助。[1]

第二节 竞技武术体系日臻完善

1978 年，党的十一届三中全会以后，整个社会在拨乱反正中向前发展，武术竞赛也逐渐回到正轨。20 世纪 80 年代，在国家以“举国体制”大力发展奥运项目的大环境下，经过武术工作者十余年的不懈努力，竞技武术在项目规格上经过了由全运会表演项目到重回全运会正式比赛项目行列，并成为 1990 年第 11 届亚运会正式比赛项目的辉煌历程；在内容上也由单一的套路比赛发展为套路和散打比赛“两条腿走路”。在这一时期，竞技武术体系逐渐建立并完善起来。

一、抓住机遇，重返全运会赛场

1982 年，在第一次全国武术工作会议上，徐才发表题为“开创武术运动的新局面”的讲话，提出要按照立足于国内，同时积极稳步地向国外推广的方针，把武术逐步推向世界，积极扩大中

---

〔1〕周荔裳：《武术，中国传统文化艺术之魂》，《中华武术》1991 年第 1 期。

华武术的影响。[1]出于将武术推向国际的需要，武术竞赛再次得到重视。1982年10月18日—28日、1983年6月15日—16日分别在杭州、郑州举行了最后两届全国武术表演赛后，国家体委于1984年将全国武术表演赛改为“全国武术比赛”，还在1979年的竞赛规则的基础上对比赛器械、比赛分组、设置录像记录重大比赛等细节进行了完善，并于同年10月27日—11月5日，在武汉举行了全国武术比赛，有27个代表队的298名运动员参加了角逐。从此，全国武术比赛由表演赛转变为专业运动队参加的正式武术竞技比赛，比赛规格大大提升。

除了完善规则，为了提高运动员的竞技水平，国家体委武术处开始思考为武术运动员建立技术等级制度。1983年全国武术表演赛期间，曾组织召开了教练员、运动员座谈会和院校教师研讨会研讨运动员技术等级问题。虽然早在1958年我国就颁布并实施了《运动员技术等级制度》，但为体现武术的民族传统特色，有人曾设想以“状元”“榜眼”“探花”的称号来定武术运动员等级。而张山提出，武术运动员等级称号不但要体现传统特点，还要参照其他体育项目，既要和其他运动项目相吻合，又要考虑自身特点，还可参照其他运动项目的五个级别设置。[2]最终，张山的意见得到参会人员的认可。1985年1月25日，参照国家体委于1984年12月31日重新修订的《运动员技术等级制度》，为武术运动员量身定制的《武术运动员技术等级试行标准》颁布实施。该标准根据武术的中华民族文化特色，将武术运动员技术

〔1〕徐才：《徐才武术文集》，人民体育出版社，1995，第19页。
〔2〕昌沧等：《四牛武缘》，人民体育出版社，2004，第560页。

等级分为五个级别，级别名称由高至低为：武英级、一级武士、二级武士、三级武士和武童级，分别相当于其他竞技运动项目的健将级、一级、二级、三级和少年级。同年 5 月 21 日—30 日，在银川举行的由 28 个代表队的 305 名运动员参加的全国武术比赛上，赵长军、李志州等 15 名男运动员和李霞、张玉萍、戈春艳等 15 名女运动员被评为武英级运动员，这也是我国第一批武英级运动员。《武术运动员技术等级试行标准》的颁布提高了运动员的地位，在一定程度上激励了广大武术运动员勤学苦练、不断提高运动技术水平的热情，促进了竞技武术整体技术水平的快速提升。

1986 年，国家体委在北京召开全国武术训练工作座谈会，明确提出“突出项目特点，加强攻防技能，严格动作规格”的技术发展方向。在这一年的全国武术比赛上，第一次规定将抱拳礼（图 1-1，左手为掌，右手为拳）作为武术正式礼节。

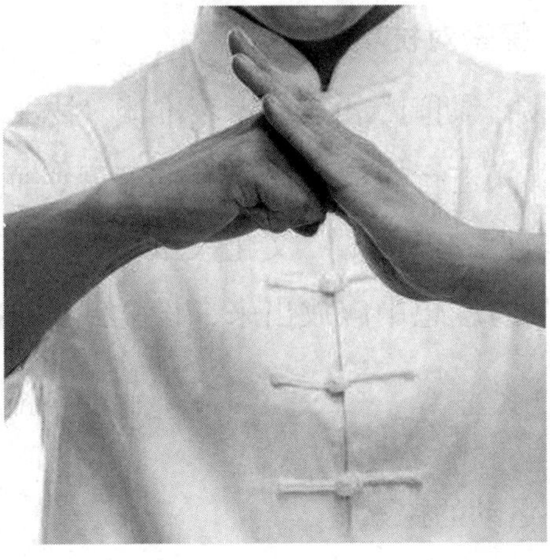

图 1-1　抱拳礼

在国家对武术竞赛的重视下，随着竞技武术竞赛规则、竞赛制度不断完善，1987 年 11 月 20 日—12 月 5 日，在广州举行的第六届全国运动会上，武术被列为正式比赛项目，设金牌 16 枚，将金牌分数计入各支代表队总成绩。至此武术重回全运会，成为全运会上唯一的非奥运项目。

1989 年，国家体委将全国武术比赛改为全国武术锦标赛。

这一时期，武术界在竞技武术套路因“举国体制”发展奥运项目而被降为全运会表演项目的不利条件下，紧紧抓住国家推动武术走向世界的机遇，积极作为，通过完善竞赛规则、制定运动员技术等级制度等措施提高自身竞技化水平，最终使竞技武术套路重回全运会赛场。竞技武术套路此次以唯一的非奥运项目的身份跻身全运会，除了表明国家对这一民族传统体育项目的重视，更为重要的意义在于，这体现了国家对改革开放以来武术竞技化发展所取得成绩的认可。

二、解放思想，探索对抗项目

“文化大革命”期间，由于武术不准谈“技击”“劲力”“攻防方法”，所以只进行表演性质的套路竞赛，而突出技击本质的竞赛长时间未得到发展。“文化大革命”结束后，人们从批判“唯技击论”的思想中解放出来，设立武术技击比赛被提上议事日程。

（一）散手运动的探索

1. 小范围试点阶段

1978 年，国家体委武术处专门成立武术散手调研组，针对如何开展散手运动进行充分的调研。同年，在湖南湘潭举办全国武术表演赛期间，调研组听取了部分教练员及武术工作者的意见，之后又在北京召开座谈会，听取了武术界特别是老一辈武术工作者的意见。调研组在广泛听取多方意见的基础上形成了《关于开展武术散手运动的报告》上报国家体委。李梦华在1979年举行的武术座谈会上明确指出，散手运动可以小范围试点，但一定要把握“安全第一、积极稳妥”的原则。[1]

1979年3月，国家体委决定首先在浙江省体委、北京体育学院、武汉体育学院三个单位进行武术散手试点工作，积累经验，并逐步推广。自此，武术散手运动正式进入试点探索阶段。1980年10月，全国武术表演赛在昆明举行期间，国家体委调集试点单位的有关人员组成调研组，着手开展研究、讨论、制定武术散手竞赛规则的工作。调研组本着“不限制各流派技术的发挥；提倡武德，注意安全；简单易行，便于裁判；以我为主，兼顾内外交流”的原则草拟了《全国武术散手竞赛规则（征求意见稿）》。[2] 1982年1月，国家体委再次调集北京、山东、河北、广东等省、市体委及北京体育学院、武汉体育学院等6个单位的有关人员，在北京召开了全国散手竞赛规则研讨会，编制了《全国武术散手竞赛规则（初稿）》。在国家体委的领导下，经过试点单位两年多的努力，制定并推出《全国武术散手竞赛规则》，为之后散手运动的发展打下了坚实的基础。

---

〔1〕杨祥全:《曙光再现——新中国武术史之四》,《少林与武术：中州体育》2012年第6期。
〔2〕夏柏华:《散打在前进》,《武林》1981年第2期。

2. 全面铺开试验阶段

1982 年 12 月，在北京召开的全国武术工作会议上，徐才在讲话中提到，技击尚处在试验阶段，要逐步积累经验，对待技击的开展要取慎重、稳妥的态度。[1]自此，在“积极、慎重、稳妥”的方针指引下，从 1982 年至 1988 年，每年举行一次全国武术对抗项目（武术散手）表演赛，不断完善竞赛规则。1987 年，在全国武术对抗项目表演赛中采用擂台比赛的办法被提出。[2]1988年在兰州举行的全国武术对抗项目表演赛中,第一次设擂台比赛。从此，武术散手以擂台形式进行比赛被确定下来，体现了武术的特点和民族风格。

3. 走向成熟发展阶段

到 1988 年，武术散手经过了 10 年的试验，项目在技术、规则等各方面已经基本定型。因此，将散手转为正式比赛项目的呼声越来越高,时任中国武术研究院技术研究部主任的吴彬也认为,与其总处于内部试验阶段，不如拿到实践中去检验。他向徐才请示后，邀请习云太、江百龙、高美健、朱瑞琪、李晓秋、蔡洪祥、郑旭旭、袁镇澜、蔡仲林等专家会聚北京，研究散手的“解冻问题”。会议由吴彬主持，会上各试点单位汇报了试验情况及群众的反应，重点问题是“安全保障”。基于试验阶段各单位一直按照“积极、慎重、稳妥”的原则开展散手运动，未出现重大伤害

〔1〕徐才：《开创武术运动的新局面——在全国武术工作会议上的讲话》，《中华武术》1983 年第 1 期。

〔2〕关于擂台大小和样式，1987 年 8 月散手调研组制定的《武术散手擂台比赛规则初稿及说明》中规定的擂台大小为高 90 厘米、长宽 8 米，并标有 6 米直径的圆形阴阳鱼图样；11 月草拟的《武术散手擂台比賽规则》（修改稿）中改为高 80 厘米、长宽 8 米，并标有 4 米直径的圆形阴阳鱼图样；最终确定的擂台大小为高 60 厘米、长宽 8 米，并标有 4 米直径的圆形阴阳鱼图样。

事故，因此与会者一致认为可以开展正式比赛。后由江百龙执笔起草报告，由吴彬定稿后逐级上报，经徐才、李梦华批准，散手运动于 1989 年成为国家的正式比赛项目。[1]这也标志着当代竞技武术在内容上正式形成练（竞技武术套路）、打（散手）兼备的格局。

1989 年，《武术散手竞赛规则》正式出台。同年，在宜春举办了第一次武术散手正式比赛——全国武术散手擂台赛。这次比赛正式采用了《武术散手竞赛规则》。1990 年，国家体委正式公布并实施《武术散手技术标准》。同年，国家体委批准了 14 名散手武英级运动员；第一批国家级武术散手裁判员产生；由中国武术协会组织编写的《中国散手》一书出版，为散手教学、训练提供了教材。至此，武术散手运动已经初步形成了系统、科学的组织程序，有较为完善的竞赛制度以及竞赛规则和裁判法，培养了一批散手教练员和裁判员，使武术散手运动得到了进一步的发展，加快了走向世界的步伐。[2]

（二）太极拳推手比赛的探索

太极拳推手比赛和散手比赛的探索是同步进行的，发展历程也大致相似，但结果不同。1978 年，当国家体委决定开展武术对抗项目时，太极拳推手也同散手一起被纳入了发展计划之中。本着“积极、稳妥”的方针，太极拳推手在北京体育学院、武汉体育学院等单位及浙江省和黑龙江省等地进行了试点工作。

---

〔1〕昌沧等：《四牛武缘》，人民体育出版社，2004，第 366 ～ 367 页。
〔2〕国家体委武术研究院主编《中国武术史》，人民体育出版社，1997，第 429 页。

1979 年，国家体委武术处邀请了 30 多位专家研究制定了第一部《太极拳推手竞赛暂行规则》。

在太极拳推手试点的基础上，1979 年和 1980 年，太极拳推手分别在南宁和太原举办的两届全国武术观摩交流大会上进行了表演。1981 年在沈阳举办的第三届全国武术观摩交流大会上，按照《太极拳推手竞赛暂行规则》进行了太极拳推手竞技表演赛。

《太极拳推手竞赛暂行规则》的制定有效推动了太极拳推手比赛的开展，但是也存在一些问题：①未强调太极拳推手的基本技术，导致众多摔跤、柔道项目运动员轻而易举地出现在太极拳推手的赛场上，使太极拳推手比赛失去了本义；②犯规警告 5 次者判优势胜利的规定，无形中助长了犯规次数的增加；③双方运动员以互相握手作为太极拳推手比赛的礼节，与太极拳推手项目的民族性不符。〔1〕

《太极拳推手竞赛暂行规则》的诸多问题随着试点工作的展开逐渐暴露出来。1982 年，在北京又专门召开会议对太极拳推手的竞赛规则进行了修订，并在同年 11 月举办的首届全国武术对抗项目表演赛中进行了太极拳推手表演赛。此后，1983—1985 年的全国武术对抗项目表演赛中均有太极拳推手项目。1986 年，国家体委正式将太极拳、太极剑、太极拳推手比赛列为全国正式比赛项目，其中太极拳推手比赛按体重分设 9 个级别，但初期只设男子比赛。

经过十年的试验、观摩、研讨、比赛，太极拳推手的竞赛规则和技术体系、竞赛形式不断完善。1989 年，国家体委决定对

---

〔1〕杜长宏：《竞技太极推手发展历程回眸》，《当代体育科技》2019 年第 12 期。

将太极拳推手列为比赛项目进行试验。1990 年 4 月，中国武术研究院在北京组织了由太极拳名家、教练员和运动员参加的研讨会，对太极拳推手的比赛规则进行修订。

1994 年，国家体委正式颁布了《武术太极推手竞赛规则》，将太极拳推手列为全国武术锦标赛项目，并设立了女子项目。随后的太极拳推手比赛，却并没有像散打那样成为全运会乃至世界性的比赛项目。

三、突出重点，单列太极拳比赛

（一）太极拳成为全国比赛单一项目

20 世纪 50 年代，日本开始引入太极拳。1959 年，松村谦三访华，在受周恩来总理接见时提出学习太极拳的愿望，并得到了李天骥、张山的指导。松村谦三回到日本后开始组织太极拳协会。此后，日本太极拳爱好者陆续来华专门学习太极拳。到 20 世纪 80 年代，经过近 30 年的发展，太极拳在日本的普及程度已经相当可观。1982 年，三浦英夫率日本太极拳代表团到北京体育学院开展学习、交流。其间，他表示“10 年之后，太极拳中心将搬到东京去”[1]。三浦英夫这一信心十足又略显张狂的观点立刻引起了国家体委武术处的重视，毕竟中国是太极拳的发源地，日本人在短短 20 多年间何以有信心提出这样的论断？

1984 年，日本举行第 1 届全日本太极拳中国武术表演大会。日方邀请中国武术界派团参加大会，张山率领赵长军、郝志华等运动员和张继修、王培锟等裁判员组成 18 人的代表团前往日本。

---

〔1〕昌沧等：《四牛武缘》，人民体育出版社，2004，第 563 页。

此次日本之行，张山对太极拳在日本普及程度之高感到震惊，加之“太极拳中心将搬到东京”的观点，张山感到压力倍增。

回国后，张山向国家体委提交报告，建议把太极拳作为单独的项目列入全国比赛。国家体委很重视张山的这份报告，当年（1984年）就在黑龙江组织了全国太极拳、剑邀请赛，但参赛情况不容乐观，武式太极拳仅有两人参加比赛，且水平一般。这更坚定了国家体委把太极拳列为单一拳种进行全国比赛的决心。1986年10月15日—19日，全国太极拳、剑比赛在太原举行，来自21个单位的97名（男性63名、女性34名）运动员参加了比赛。[1]

通过将太极拳单列为全国竞赛项目的方式推动国内太极拳的发展，从表面上看是对“太极拳中心将搬到东京”的回应，实质上体现的是当时武术界对继承太极拳这一民族文化遗产的历史责任感和不甘人后的奋斗精神以及敏锐机警的危机洞察力。

（二）太极拳竞赛套路创编

改革开放以后，随着武术竞赛的发展，各式传统太极拳也开始举行比赛，但是“比赛的话，动作必须要统一规范，而且要有统一的规则，一个人一个样的话就没有统一的规范和标准来衡量它，这样就没有比赛的可比性”[2]。1985年将太极拳单独作为比赛项目推行之后，一些问题开始暴露出来，主要集中在“没有规则，没有规定套路，不统一，可比性差（从1959年开始，太

[1] 杨祥全：《现代武术史》，长江出版社，2011，第113页。
[2] 武冬、芦胜男、韩卓君：《太极拳规定竞赛套路创编专家口述史——门惠丰、阚桂香教授访谈录》，《北京体育大学学报》2018年第8期。

极拳比赛是有规则的，但并非独立的‘太极拳、剑竞赛规则’，而是采用武术竞赛规则中有关太极拳的条款，评判的量化不足，特别是动作组别的规定显然是以杨式太极拳为主体的描述，这与国家推行的简化24式太极拳、48式太极拳及88式太极拳套路都是以传统杨式太极拳大架为蓝本有关，但没有对陈式、武式、吴式、孙式等传统太极拳的竞赛规则进行明确规定，也没有统一的竞赛规定套路）”〔1〕。尤其是1988年中日太极拳比赛期间，“临到比赛前几天，双方运动员还不明确比赛套路应该打到什么地方停止”〔2〕，作为总裁判长的张文广和48式太极拳裁判长门惠丰发现这一问题已经造成比赛的混乱并影响了国际赛事的公平性。

为了解决国际、国内太极拳比赛动作不统一、可比性差的问题，门惠丰向张山提出创编太极拳竞赛规定套路的建议。该提议在1988年中日太极拳比赛的裁判总结大会上得到日本裁判的支持，并建议由中国创编。

曾文于1989年发表在《中华武术》杂志上的一篇报道详细记录了杨式、陈式、吴式、孙式太极拳竞赛套路的创遍过程。〔3〕

1988年9月1日，在中国武术研究院的部署下，在北京的张文广、阚桂香、李秉慈、门惠丰等几位专家分别提出初稿并拍摄了技术录像。

杨式组由张文广牵头，以山西省杨式太极拳研究会会长杨振铎、上海武术队教练邵善康、福建武术队教练曾乃梁为核心，他

---

〔1〕武冬、芦胜男、韩卓君：《太极拳规定竞赛套路创编专家口述史——门惠丰、阚桂香教授访谈录》，《北京体育大学学报》2018年第8期。

〔2〕曾文：《太极拳在发展中——太极拳竞赛套路研究会侧记》，《中华武术》1989年第2期。

〔3〕曾文：《太极拳在发展中——太极拳竞赛套路研究会侧记》，《中华武术》1989年第2期。

们从竞赛实践出发，注意整套拳的布局和衔接，最后把新编的套路确定为4段40个动作，时长为5分25秒至5分40秒。然后，再一招一式地推敲，将动作规范化。一方面，以杨澄甫先生的经典著作为主要依据；另一方面，又不拘泥于细节，如加进了老套路中没有的“拍脚”这一腿法，又如分脚、蹬脚按运动员素质提出高度须过腰的要求。

陈式组由北京体育学院教师阚桂香牵头。阚桂香将陈式一、二路融会贯通，并改变了以往右肢负担过重的弊病。新编的套路体现了陈式太极拳刚柔、快慢、转折、缠绕等风貌。周元龙提出了改进方案，河南武术馆高级教练陈小旺也积极参与了编审〔1〕，有些地方还让大组“会诊”，共同审定，为的是使衔接更顺，丝丝入扣。

吴式组由北京东城区武术馆馆长李秉慈和北京体育学院副教授门惠丰牵头。他们各自拿出方案，然后汇成一套。〔2〕哈尔滨武术馆馆长李承祥和上海市武术馆冯如龙也积极参与意见，充分发挥吴式太极拳以柔化为主、紧凑细腻的特色，主要动作左右对称，均衡发展。李秉慈带来的十余本图文并茂的资料，对确定以吴鉴泉拳架为主体风格，兼取王茂斋、杨禹廷等先师之长，起了很大作用。

孙式组由门惠丰牵头，以李天骥、张继修及北京孙式太极拳

---

〔1〕陈小旺对最后一个动作“玉女穿梭”进行了改编，在出手之前增加了蹬脚，将平穿掌改为架掌。

〔2〕2004年北京电视艺术出版社出版的李秉慈老师主讲的《吴式四十五式太极拳》（VCD）教材中，李秉慈说：“吴式太极拳竞赛套路是1988年由于太极拳的发展而编写的，这套动作的组成和编写，是由门惠丰教授和我分工合作而成的，分工是，门惠丰教授负责动作编排，我负责技术规范。”

研究会秘书长张永安为核心，反复切磋，突出了孙式太极拳开合步活等特点。在编写初稿时，门惠丰多次去孙式嫡系传人孙剑云处求教，孙剑云对此十分赞赏并给予了热情支持。

各式太极拳竞赛套路的创编[1]，使得太极拳比赛在内容上取得了统一，提高了参赛套路的可比性，增强了比赛的公平性，大大促进了国内外太极拳比赛的健康发展。同时，专家在传统套路的基础上整理创编的竞赛套路，既保持了传统性，又在健身性、竞技性、科学性等方面做了优化创新，是各式太极拳在改革开放新时期的新发展。

四、建章立制，壮大武术队伍

竞技武术作为一项现代竞技体育项目，除了运动员在赛场上展示竞技水平外，没有裁判员的客观评判，竞赛规则就无法施行；没有教练员的科学指导，整个项目的竞技水平就无以提高。因此，裁判员、教练员在竞技武术发展中发挥着举足轻重的作用。20世纪80年代，随着竞技武术不断发展和完善，如何发挥裁判员、教练员的积极作用开始受到重视。

（一）加强裁判员队伍管理

20世纪80年代，我国的国家级武术裁判员称号主要采取对一些知名老武术家免试批准的方式授予（分别于1959年授予张文广，1979年授予温敬铭、蔡龙云等10人）。1980年，国家体

[1] 1997年2月，北京体育大学出版社出版了《武式太极拳竞赛套路》，标志着传统太极拳五个主要流派的竞赛套路全部创编完成。

委第一次采用考试的方式批准了15名国家级武术裁判员。此后，一直到1987年，虽然每年都有裁判员考试，但并未形成制度。

随着竞技武术的发展，武术裁判工作存在的问题逐渐暴露：①业务水平较差。一些裁判员对不少拳种和器械的特点、要求、方法不甚了解。②思想素质较差。某些裁判员怕受教练员和运动员的责怪，对熟人的“招呼”难以推脱，评分中就出现“抬分”或“压分”现象。[1]裁判员队伍存在的业务和思想问题已经严重影响武术技术的发展。1987年，为了加强和规范裁判员队伍的管理，促进竞技武术水平提高，国家体委根据《裁判员技术等级制度》和《裁判员守则》，专门针对竞技武术制定了《武术裁判员暂行管理办法》。该办法于1987年3月5日发布，于同年7月1日正式执行。该办法对武术裁判员的条件和批准权限、晋级考试内容和方法、全国武术比赛裁判员的聘用等问题进行了规定。[2]

《武术裁判员暂行管理办法》的施行标志着竞技武术有了适应自身项目特点的裁判员考核标准，也意味着国家对武术裁判员队伍真正实现了制度化管理，有力地促进了裁判员执裁水平和武术比赛公平性的提高。

（二）提高教练员执教水平

1986年以前，武术教练员的管理执行的是国家体委制定的《教练员专业技术职务试行条例》，按照该条例，教练员的专业技术

〔1〕陈邦富：《建议设立武术裁判员考核制度》，《中华武术》1987年第2期。
〔2〕国家体委：《中国体育年鉴（1988）》，人民体育出版社，1991，第127页。

职务定为助理教练、教练和主教练，分别对应初级职称、中级职称和高级职称。为了调动广大教练员的工作积极性，提高竞技武术的技术水平，1990年，国家体委根据武术项目的自身特点制定了《武术教练员岗位职责标准》，采用“一个系列、两套标准、三个层次、五个等级”的武术教练员技术等级制度。“一个系列”是指武术专职教练员系列，“两套标准”是指优秀运动队标准和业余体校标准，“三个层次”是指高层次、中层次、初层次，“五个等级”是指国家级、高级、一级、二级、三级。技术等级制度发挥了较好的激励作用。与此同时，国家体委出台了《各级武术教练员岗位培训教学内容》，规定以四年为一个周期，对武术教练员进行一次轮训，以求切实提高武术教练员的执教水平。

第三节　武术文化遗产挖掘整理

以1979年1月国家体委下发《关于挖掘、整理武术遗产的通知》为起点，中国武术史上第一次全国规模的武术普查工作，从动员到筹备，再到施行、总结，前后耗时数年，上有国家政策和财力支持，下有武术工作者和民间拳师积极配合，付出了大量的人力、物力、财力。这项武术挖掘整理工作取得了丰硕的成果，也留下了不少遗憾。但无论如何，这项以抢救武术文化遗产为首要目的的挖掘整理工作在当代武术史上留下了浓墨重彩的一笔。

一、武术挖掘整理的动因

中华人民共和国成立之后，武术的发展一直深受国家的重视。为了使武术成为“广泛开展（于）劳动群众中的体育活动的有效形式之一”[1]，1953年，时任国家体委主任的贺龙同志提出对武术“发掘、整理、提高、推广”的八字方针，并由国家体委负责根据“取其精华，去其糟粕，百花齐放，推陈出新”的方针，开始了对武术的第一次挖掘整理工作。但是，由于1955年全国体育工作会议上对武术工作采取暂时收缩、加以整顿的方针，第一次武术挖掘整理工作实际并未得到有效开展。

20世纪50年代的武术挖掘整理“只限于部分专业人员进行的学术研究”，虽然获得了一些可贵的成果，但是由于历史原因，它产生的影响和对武术的推动作用有限。[2]相较于20世纪50年代未能有效展开的第一次武术挖掘整理工作而言，1979年开始的挖掘整理工作除了同样有为将武术改造为体育运动进行推广打基础这一长远目标之外，还有一些更为直接的动因。

第一，就当时武术的发展状况来看，武术整体工作面临着“再出发”，武术的研究、改造、推广等工作的顺利开展都应建立在对当时全国范围内武术整体状况进行系统了解的基础之上，因此，对于当时的国家体委来说，开展全国范围的武术挖掘整理工作是推动下一步各项工作的前提条件。

第二，“文化大革命”期间，除了很多拳谱、器械被当作“封、资、修的毒草”收缴、损毁外，一些老拳师相继去世，还有一些拳师

---

〔1〕荣高棠：《为国民体育运动的普及和经常化而奋斗》，载周伟良编著《中国武术史参考资料选编》，逸文武术文化有限公司，2009，第206页。

〔2〕赵双进：《对八十年代武术工作的回顾与随想》，《体育文化导刊》2003年第3期。

虽然健在但也年事已高（如：1984 年，张文广对查拳进行挖掘整理时，邀请前往北京体育学院授艺的七位拳师中，最大的 78 岁，最小的也已经 60 岁[1]），由于武术传承的停滞，这些拳师的技艺后继无人，很多拳种面临着失传的危险。因此，对武术文化遗产进行抢救便是此次武术挖掘整理最为紧迫的任务。

第三，1978 年 9 月，在党的十一届三中全会后全国各行各业拨乱反正恢复正常秩序的时代背景下，“四叟”（李光、吴图南、刘世明、马有清）致信邓小平同志，并得到邓小平同志“转国家体委研究”的亲笔批示。在此事件的催化下，新中国的武术事业开始恢复和发展。故在此背景下的武术挖掘整理工作还兼有为被打成“右派”的武术工作者、拳师平反，为武术界拨乱反正的政治任务。

二、武术挖掘整理的过程

（一）武术挖掘整理工作的前期筹备

1979 年 1 月，国家体委向全国下发《关于挖掘、整理武术遗产的通知》，要求“各地体委一定要对武术的继承、发掘、研究、整理工作给予足够重视，有号召，有要求，有措施，作出成果。”[2]这一通知的发出意味着全国范围的武术普查工作正式提上日程。随后，国家体委武术处成立武术调查组，于同年 2 月 28 日—4 月 9 日分两路在山西、陕西、广东、福建等 12 个省、自治区、直辖市，就传统武术的现状和挖掘整理工作的情况进行

---

〔1〕张文广：《我的武术生涯》，北京体育大学出版社，2002，第 222 页。
〔2〕习云太：《中国武术史》，人民体育出版社，1985，第 195 页。

调研。[1]

4月28日，调研组向国家体委领导提交了调研报告，报告着重从各地贯彻《关于挖掘、整理武术遗产的通知》的情况、传统武术的现状、在挖掘整理过程中遇到的问题以及对开展武术工作的建议四个方面汇报了武术挖掘整理工作的情况。5月，围绕挖掘整理武术遗产工作，在南宁举行了全国武术观摩交流大会，来自全国29个省、自治区、直辖市和香港、澳门地区的284名运动员表演了各种流派的拳术达510项之多。[2]这次交流大会的成功举办对于挖掘、继承民族文化遗产具有很大的促进和推动作用，对武术的发展也有着深刻的影响。实质上，派调查组先期调查和举办武术观摩交流大会，都是为下一步全国范围的挖掘整理工作打基础，其目的是先小范围探一探，看是否还有投入大量人力、物力、财力开展全面挖掘整理的必要。在当时人们对武术遗产存在状况一无所知的情况下，这样的措施无疑是正确的，也可以看出国家体委对武术挖掘整理工作的重视和谨慎。

全国武术观摩交流大会的胜利召开，给了国家体委开展全国范围武术挖掘整理的信心。1982年6月21日—30日，李梦华在全国省、自治区、直辖市体委主任汇报会上的总结发言中专门提到“武术问题”时说：“武术是我国的民族传统体育，有广泛的群众基础，是中华民族灿烂文化的一部分，希望大家重视武术，

---

〔1〕第一组负责调研广东、福建、浙江、上海、江苏、江西等省、市，由赵双进率领，组员有当时天津体育学院的武术教师刘万福、上海体育学院武术教师王培锟、广州体育学院教师梁士丰、福建武术队教练张大勇、云南擅长散打的老运动员幸玉堂，还有专司摄影的当时在农业电影制片厂工作的田苏东。第二组负责调研华中、华北及西北地区一些省、自治区、直辖市，由北京体育学院武术教师门惠丰率领，组员有武术处的干部潘乐米、哈尔滨市的张继修、北京市的李秉慈、四川省的李毅立等。

〔2〕习云太：《中国武术史》，人民体育出版社，1985，第196页。

将武术摆到重要位置上来。……对武术，我们提挖掘、整理、继承、提高，当前主要是挖掘、继承下来”〔1〕。同年12月5日—11日，国家体委在北京组织召开全国武术工作会议，徐才做了题为“开创武术新局面”的报告，提出挖掘整理武术遗产的工作，是当务之急的事，是迫在眉睫的事，要有紧迫感，把它放到应有的位置，采取有效的措施。〔2〕

1983年初，国家体委成立了武术挖掘整理小组，负责对各地的工作进行统筹安排和督促、协调。在国家体委的高度重视下，全国各省、自治区、直辖市相继成立了挖掘整理办公室，专门负责当地的武术挖掘整理工作。为了有效指导挖掘整理工作，1983年5月，全国武术挖掘整理工作会议在南昌召开，由此打响了武术遗产挖掘整理的“第一枪”。

这次会议由国家体委训练竞赛四司司长蒋佑祯主持，参加会议的主要是各省、自治区、直辖市体委前期接触挖掘整理工作的中层领导干部、体育专业院校的武术权威人士和社会上的知名武术家。会上，赵双进针对为期三年的挖掘整理计划做了发言，计划的主要内容〔3〕为：

（1）一条指导思想：挖掘整理武术遗产是抢救性的措施，必须以高度的历史责任感来完成这一历史性的任务。

（2）两个工作阶段：第一年（1983年6月—1984年6月）要把工作铺开，抢时间，早出成果，后两年全面收获。每一阶段结束召开一次成果汇报会，最后一次汇报会在北京召开，展示成

〔1〕郝勤：《中国体育通史（第六卷）》，人民体育出版社，2008，第174页。
〔2〕徐才：《徐才武术文集》，人民体育出版社，1991，第11页。
〔3〕赵双进：《对八十年代武术工作的回顾与随想》，《体育文化导刊》2003年第4期。

果，总结并表彰先进。

（3）六项工作任务：第一，搞好全国各拳种分布情况的普查，摸清祖先留下来的武术"家底"；第二，完成对70岁以上老拳师所掌握的武技的挖掘整理，包括拳种的演练套路、理论、技击技术、练功方法等，用文字、图片、录像等形式保存下来；第三，搜集并收藏散存在民间的各种武术著作、史料及实物；第四，在普查与挖掘整理的基础上编写出《中华拳械录》《中国武术史纲》两部著作；第五，搜集与整理近代武术团体的历史沿革、组织机构、活动情况和代表人物等，研究近代武术发展史；第六，建立武术院或研究院，把挖掘整理武术遗产、研究武术理论转为经常化。

（4）六条有关政策规定：第一，聘请老拳师讲课教拳应按大学讲师、教授外出授课的待遇给予报酬；第二，确有价值的武术著作出版时，作者属被挖掘整理的对象，也应署上整理者的姓名，稿酬协商分配；第三，凡拍摄录像，应给被录者与电视台相应的报酬；第四，对献出的书籍、资料要登记造册、开具收据，报酬评议再定；第五，发现遗失、剽窃行为，追究责任，严肃处理；第六，对全国成果汇报会中的优秀成果给予奖励，对作风正派、做出显著贡献者给予奖励。

这次会议既对接下来的武术挖掘整理工作进行部署安排，又起到了誓师、动员的作用。会议所确定的奋斗目标激发了大家珍惜民族文化、抢救武术遗产的民族情感，鼓舞了大家的工作热情。《全国武术挖掘、整理工作计划》的制订和各级武术挖掘整理机构的成立，标志着全国武术挖掘整理工作前期筹备结束，进入了全面实施阶段。

（二）确定武术挖掘整理工作的指导思想

在“挖掘、整理、继承、发展”方针的指引下，国家体委准确认识到“挖掘整理是当务之急”，挖掘整理是继承的必要步骤，只有很好地挖掘出来，经过科学整理，才能使它在理论上更加系统完备。[1] 基于这一认识，在随后的武术挖掘整理工作的实施中，毫无疑问，挖掘是重点，是首要工作。与此同时，基于当时武术处在濒临失传的危险境地，对技术的挖掘、抢救更是重中之重。

由此可知，此次武术挖掘整理工作的指导思想是，在国家体委和各级体委的统一领导下，实施全面、深入的武术挖掘整理工作，以挖掘为重点，在挖掘过程中以抢救技术为重中之重，对武术遗产进行全面普查。

（三）武术挖掘整理工作的实施

1983 年 5 月—1986 年 3 月，在国家体委成立的武术挖掘整理小组的统一领导下，在各省、自治区、直辖市体委及北京体育学院、上海体育学院、武汉体育学院、西安体育学院、成都体育学院、沈阳体育学院六所体育学院的相互配合下，动员了全国 28 个省、自治区、直辖市（香港、澳门、台湾、西藏未参加）的 7,814 人，寻访 14,881 名拳师。

为了使挖掘整理工作达到预期效果，在三年的实施过程中采取了多项措施：一是为了保障挖掘整理工作顺利进行，经费支持必不可少。“国家体委拿出两三百万元来支持，如果不够用，各

〔1〕国家体委武术研究院编纂《中国武术史》，人民体育出版社，1997，第 372 ～ 373 页。

省市要提供经费”[1]。二是充分利用体育院校的专业人才。要求北京体育学院等六所体育院校按照六大区分片与省、自治区、直辖市体委密切配合做好挖掘整理工作，专业力量的参与使得挖掘整理工作的质量得到了保障。三是激发老武术工作者的积极性。对老拳师宣传党的武术方针、政策，唤起他们的责任感，消除在“文化大革命”中因遭受迫害而造成的顾虑，让他们主动参与挖掘整理工作，自愿进行“三献”[2]。四是借助现代科技记录技术。采用拍摄录像的方式，将老拳师的技艺记录下来，对武术遗产进行及时抢救。五是注重科学整理。对挖掘的资料采取严谨的科学态度加以整理，编纂了大量的地方武术志、拳械录。六是设立奖项提高参与积极性。通过出台《征集武术技艺和文献实物奖励办法》对收集的“三献”进行评比奖励，提高人们参与的积极性。

综合来看，各地开展武术挖掘整理的方式基本类似，均采取召集老拳师进行座谈，对重要的拳师、技艺进行录像，发动群众自愿进行“三献”等方式。

为了汇报全国武术挖掘整理工作取得的初步成果，交流工作经验，表扬先进，研究部署下一阶段的任务，国家体委于 1984 年 6 月 26 日—7 月 4 日在河北承德召开了“全国武术挖掘整理工作成果汇报会”。会上汇报了各地一年多来武术挖掘整理工作的情况，举办了实物展览，放映了技术录像，做了学术报告，交流了经验。此外，1984 年 6 月，为了做好第二阶段的武术挖掘

〔1〕阴晓林等：《张山先生访谈录》，《北京体育大学学报》2018 年第 4 期。
〔2〕“三献”是指：献拳经拳谱、献兵器实物和献功法技艺。

整理工作，提升这项工作的深度和广度，国家体委武术处要求要继续抓紧普查工作，做到在全国范围内，无遗漏和空白点。要摸清各地拳种分布状况，取得准确数字。同时，要把注意力及时引到深入发掘那些有学术价值的古籍、真迹，确有实用价值的技艺、功法和有真正历史价值的文献、实物等领域，最大限度地把武术精华挖掘出来。普查工作要严格按照规定在1984年底以前全部完成，要填好五种登记表格，做好数字统计，及时上报国家体委。

三年的武术挖掘整理工作结束后，1986年3月24日—28日，在北京召开了全国武术挖掘整理成果汇报会，并在故宫东朝房举办了武术遗产挖掘整理成果展览（图1–2），还对先进单位、先进个人及为“三献”活动做出贡献者进行了表彰。

图1–2　1986年武术挖掘整理成果展

至此，这项自1979年便开始谋划筹备、1983年正式全面铺开的武术挖掘整理工作告一段落。

三、武术挖掘整理的成果

在1986年的全国武术遗产挖掘整理成果汇报会上，徐才做了题为“成果丰硕　任重道远”的讲话，对三年来取得的成果和经验进行了全面总结，同时也提出了下一步的工作计划。他认为，三年来，“挖掘整理的广度和深度都是非常可观的，确实是成果丰硕”[1]。总体来看，这项工作所取得的成果大致可分为有形成果和隐形成果两类。

（一）有形成果异彩纷呈

通过“三献”活动，由各地汇总到国家体委武术挖掘整理小组的实物有“文献资料 482 本、古兵器 392 件、实物 29 件，丰富了武术文物资料库”[2]。

除了“三献”的实物以外，同样作为挖掘整理成果展览的还有各省、自治区、直辖市编写的各种拳种理论、技术和传播的典籍共计 651 万字，录制 70 岁以上老拳师拳艺视频 394.5 小时。

事实上，上述成果由各地从各自挖掘整理成果中优选后汇总而成，还有大量的成果保留在了地方，很多未能得以与世人见面。

除了成果展览上的成果外，各地还根据完整成果整理出了各种武术书稿和地方武术志，国家体委武术挖掘整理小组在摸清“家底”的基础上于 1993 年出版了《中华武术拳械录》，该书是系统展示我国拳种、器械内容的技术大全书，是本次武术挖掘整理工作的结晶之作。

（二）隐形成果影响深远

三年的武术挖掘整理工作除产生了上述有形成果之外，还衍生出不少隐形成果，这些隐形的成果同样对进一步推动武术发展

---

〔1〕徐才：《成果丰硕 任重道远——在全国武术遗产挖掘整理总结表彰会上的讲话》，《中华武术》1986 年第 5 期。

〔2〕国家体委武术研究院编纂《中国武术史》，人民体育出版社，1997，第 448 页。

具有不容忽视的积极作用。一是，初步查明流传各地的“源流有序、拳理明晰、风格独特、自成体系”的拳种有129个，这一定论可谓影响深远；二是，通过全国范围的动员，使得在过去得不到社会承认、在“文化大革命”期间长期遭受迫害的武术工作者、老拳师的社会地位大大提高，为武术的进一步发展积蓄了人员力量；三是，出于挖掘整理工作实施的需要，各级体委的武术组织得到了健全，为此后武术工作的开展打下了组织基础；四是，各地武术挖掘整理工作热火朝天地开展及挖掘整理成果不断推出，武术受到社会广泛关注，直接推动了中华人民共和国成立以来第一次武术热潮的形成，对武术的普及和发展产生了深远的影响；五是，出于对挖掘整理成果进行科学研究的需要，国家体委成立了全国武术研究方面的机构——中国武术研究院，并创办了《中华武术》杂志，该杂志成为开展武术理论研究的主要阵地，这两项措施提高了武术研究的水平。

四、对武术挖掘整理的反思

李梦华在全国武术挖掘整理成果汇报会上的讲话中说：“武术挖掘整理搞了三年，现在告一段落了。现在是第一个战役，还要一个战役、一个战役地搞下去，成果要大。”[1]徐才在讲话中谈到下一步工作安排时，要求建立国家和地方的武术博物史料研究机构，把挖掘出来的东西收藏好、利用好，还要求“各省、区、市体委要就今后武术挖掘整理研究工作做出安排，并从组织和人力上加以落实，从体育经费中拨出一定款项作为挖掘整理研

〔1〕李梦华：《人民需要武术》，《中华武术》1986年第5期。

究之用，要保留和调整原有的机构和专业干部，把这项工作坚持下去，切勿半途而废”[1]。

从上述讲话可以看出，武术工作的领导们都认识到，挖掘整理实现摸清“家底”的初步目的后，应该利用搜集来的资料进行科学研究，进一步扩大挖掘整理成果。但从现有的建立在挖掘整理资料基础上的科研成果来看，这些宝贵资料的科研价值并没有充分发挥出来。

由于种种原因，此后三十多年，再也没有组织过类似的大范围的武术普查。也正因其“唯一”，多年来，学界不断有学者对此次武术挖掘整理工作从不同角度进行审视、反思。除了重新认识此次挖掘整理工作的积极意义外，学界对其反思主要集中在挖掘成果的保管和深化研究两个方面。

首先，地方挖掘整理成果流失严重。如马廉祯通过研究认为：各地上交中国武术研究院的只是一部分获奖的“精品”，出于各种考虑，各省市挖掘整理办公室都保留了一部分资料。1986 年以后，各地的挖掘整理办公室陆续被撤销，有的将挖掘整理资料转给了文史办，有的则封存起来，或留个别人继续保管和整理。再后来，各地的文史办也多被裁撤，挖掘整理资料的归属便成了问题，这中间就不免有流失。[2]

其次，对各地上交的成果利用不充分。在 1986 年全国武术挖掘整理成果汇报会之后，所有展览的文献、录像、实物统一由中国武术研究院保管，但是这些珍贵的资料被束之高阁，未能被

〔1〕徐才：《成果丰硕 任重道远——在全国武术遗产挖掘整理总结表彰会上的讲话》，《中华武术》1986 年第 5 期。
〔2〕马廉祯：《武术挖整思变》，《体育文化导刊》2004 年第 7 期。

学术界充分利用，其科研价值未得到充分发挥。

最后，后续科学研究停滞不前。虽然，1987 年 8 月 6 日，国家体委在发布的《关于加强武术工作的决定》中重申：要继续做好挖掘整理武术遗产工作，今后要把挖掘整理工作经常化，有计划地对挖掘的成果进行系统的整理研究，把具有独特风格和科学价值的武术技法保存下来，并通过传授继承发展下去，但是，除了 1993 年出版的《中华武术拳械录》是与此次挖掘整理工作有直接关系的研究成果之外，再未见有基于这些珍贵的挖掘整理资料开展研究的成果推出。

改革开放以来，中国的社会发生了翻天覆地的变化，广泛流传于民间的传统武术却在时代变迁中不断变异、流失。在新时代，抢救武术遗产的任务更为严峻、紧迫。在这种情况下，对 20 世纪 80 年代的武术挖掘整理工作进行梳理、反思，从中吸取经验，对当前及今后做好武术文化遗产保护工作十分必要。

第四节　学校武术教育扎实推进

随着改革开放号角的吹响，我国各项事业百废待兴，作为学校体育重要组成部分的武术教育，快速进入恢复调整期。学校武术教育涵盖大、中、小学的各级各类学校，这个时期的学校武术教育融入教育大潮之中，学校体育教学大纲明确了武术教育发展的特质，增添了武技与传统养生的具体内容，明确了传统体育的运动形式与健身方法，对促进学生身心健康与传统文化熏陶具有重要意义。学校武术教育的扎实开展主要表现为有关武术教育政策的颁布实施、武术教材的编写及内容的增设、武术学科的进一步发展等。

一、学校武术开展的时代背景

20 世纪 80 年代，为适应改革开放以后的社会经济建设的需要，我国学校体育经历了重大改革。1983 年，邓小平提出了“教育要面向现代化，面向世界，面向未来”的教育发展方向。1985 年 5 月 27 日，中共中央做出了《关于教育体制改革的决定》（以下简称《决定》）。《决定》指出，我国的基础教育还很薄弱，学校数量不足，质量不高，学校以片面追求升学率为主要目标，影响了民族素质的提升。在教育思想、教育内容和教育方法上，不少课程内容陈旧，教学方法死板，未能很好地从小培养学生独立生活和思考的能力。《决定》提出面向现代化、面向世界、面向未来的教育指导方针，并解决教育同社会主义现代化建设特别是经济建设相互协调发展的问题，对教育要加大经费的投入，并决定把发展基础教育交给地方，开始有步骤地实施九年制义务教育。1986 年 4 月，全国人大六届四次会议通过《中华人民共和国义务教育法》，制定了普及义务教育的规划，有步骤地把实施九年制义务教育推向全国。

这一时期的学校武术在改革大潮中不断完善，在服务教育整体规划的同时，也实现了自身发展。

二、学校武术教育推进的举措

（一）中小学武术教学内容不断丰富

改革开放初期，学校武术教育的发展被提上国家议程，教育政策的颁布为学校武术教育开展提供了制度保障。1982 年，第一次全国武术工作会议上，徐才指出，要通过武术教学和有组织的锻炼，逐步做到受过中等教育的大部分人，都能对武术运动有一个基本的了解，并学会一套拳术和一种器械套路。同年，教育部下发《关于保证中小学生每天有一小时体育活动的通知》，使中小学体育活动得到进一步加强。由于武术运动简单易学，不受场地、器材的限制和天气的影响，适于在学校开展，因此这一时期，有的学校在贯彻德、智、体全面发展教育思想的过程中，积极利用武术课对学生进行身体和思想教育。如北京史家胡同小学，自 1984 年 9 月起便在体育教学中增设了武术课，并从校外聘请了 3 名具有一定教学经验的武术教练任教。“武术课深受学生喜爱，也丰富了他们的课外活动，逐步形成了学生课上、课下、校内、校外都练武术的好风尚。”〔1〕再如，北京第四十五中学，在 1986 年 9 月 26 日以成立武术馆的方式将武术引入学校教学中，通过武术技术训练和武德教育，锻炼了学生的身体、促进了学业成绩、培育了学生的思想品德，受到了学生、教师和家长的欢迎。〔2〕

改革开放初期的《体育教学大纲（试行）》明确提到，在注意科学性和增强体质的同时，要保留武术本身的风格和特点，并

---

〔1〕赵惠明：《培养能文能武的新少年——北京史家胡同小学开设武术课》，《中华武术》1985 年第 10 期。
〔2〕章明：《探索者的足迹——北京四十五中开办武术馆》，《中华武术》1986 年第 2 期。

简化了套路技术内容，还首次规定从高一开始，除了学习少年拳外，增加单人或双人攻防动作。武术技击对抗内容的提出，还原了武术本质特性，使武术的发展步入正确轨道。1987 年颁布的《全日制小学体育教学大纲》和《全日制中学体育教学大纲》是在 1978 年的大纲基础上进行修改的，是义务教育颁布实施前的一部过渡性大纲，仍保持了运动项目和人体基本活动能力相结合的分类方法，只是在六年级武术内容中规定“复习已学过的基本动作、套路或选择一套符合儿童特点的套路”，并指出：“武术是我国传统的民族传统形式和健身方法，是三至六年级的基本教材之一。要提高对我国传统的健身术的认识，重视民族、民间体育的手段和方法，认真进行教学，各民族地区，也可以选用本地区传统的武术和健身方法作为补充教材。”〔1〕这两个大纲明确强调了作为民族传统体育文化的武术具有的健身价值，重在提升学生体质健康。在 1988 年修订的《九年义务教育全日制小学体育教学大纲》中，武术内容除教授武术基本功、基本动作、组合动作、套路和攻防动作之外，又增加了五禽戏和八段锦的教学内容，进一步丰富了学校武术教育的内涵。

1988 年 11 月，《九年义务教育全日制小学体育教学大纲》经全国中小学教材审定委员会初审通过并在全国进行试验，1992 年正式试用，所以 1990 年版的体育教材与 1993 年版的体育教材在结构和武术教材内容方面并没有实质性变化。1990 年版的体育教材编写了“体育、卫生保健基础常识”“韵律活动和舞蹈”“民

〔1〕课程教材研究所：《20 世纪中国中小学课程标准·教学大纲汇编（体育卷）》，人民教育出版社，2001，第 92 页。

族传统体育”三部分新的内容，作为大纲试验时的试用教材。在1988 年出版的大纲中特别指出，编写教材要继承和发扬我国历史悠久的民族传统体育，在原有武术的基础上，发展、拓宽，增加我国传统的养生、健身术。这些大纲中还把原有“武术教材”改名为“民族传统体育教材”，打破了以往只把“武术”视为唯一民族传统体育内容的局限性。同年，人民教育出版社出版《义务教育六年制小学实验教材——体育（教师用书·部分初稿）》一书，但由于时间紧迫，在教材编写中出现很多问题。

（二）高校武术教育的蓬勃发展

为了武术运动发展的连续性、广泛性和深度，1985 年 3 月，经国家劳动人事部门批准，筹建武术研究院，日后作为武术高级学术研究机构，开展资料整理和理论研究工作。1986 年 9 月，北京体育学院成立了武术系。此后，上海体育学院、武汉体育学院、成都体育学院、西安体育学院、沈阳体育学院等几所体育院校也相继成立了武术系，从而确定了武术在体育院校专业中的重要位置。1987 年专业调整之后，高等院校除了专修、普修教材之外，还设置了武术史、武术理论基础等武术理论课程，实现了武术由技术专项课程转向技术和理论结合的专业课程体系方向发展。1988 年，《全国普通高等学校体育本科专业目标》中增添传统体育类的武术专业，标志着武术专业被正式纳入体育专业范畴。在高等学校教育中，武术的课程性质出现了武术专项课程与武术专修课程之分。在教材编写上更具针对性，分为通用教材、普修教材、专修教材。

（三）高等体育院校武术学科建设形成本硕招生体系

经国务院批准，1984 年，上海体育学院设立第一个武术硕士学位点（武术理论与方法）。1985 年 7 月 15 日—23 日，来自北京体育学院、上海体育学院、武汉体育学院、成都体育学院等体育院校的林伯原[1]、康戈武、郝心莲、张选惠、温力、郭志禹、陈峥、冯胜刚、杨宝生 9 名武术研究生齐聚上海体育学院，参加 1985 年硕士学位论文答辩（由于此时全国只有上海体育学院有武术硕士研究生授予权，因此，答辩工作由上海体育学院学位评定委员会组织，主持答辩的执行主席有章钜林、顾留馨、吴玉昆、陈安槐、马如棠、韦俊文、周力行以及评委蔡龙云、王菊蓉等）。这是党的十一届三中全会以来培养的第一代武术研究生，他们分别在北京体育学院、武汉体育学院、成都体育学院等体育院校攻读研究生课程，并通过了毕业考试。[2] 此后，北京体育学院、上海体育学院、武汉体育学院相继开始招收武术研究生。武术学科建设逐步形成，高层次武术教育人才培养初步见效。1987 年，隶属于中国体育科学学会的武术分会成立，这是武术学科正式形成的一个标志。[3]

（四）武术馆校的蓬勃兴起

随着国家改革开放大门的打开，中国不仅在政治、经济上取得了骄人的成绩，中国的电影文化事业也得到了巨大的提高。在

---

〔1〕林伯原即林伯源，其在北京体育学院就读时期及论文署名为林伯原。

〔2〕佚名：《武术硕士研究生答辩会拾英》，《中华武术》1985 年第 9 期。

〔3〕邱丕相、杨建营、王震：《民族传统体育学科发展回顾与思考》，《上海体育学院学报》2020 年第 1 期。

媒体的帮助下，李小龙将中国武术搬上荧幕，开创了电影界的奇葩——功夫片。正是由于李小龙的巨大影响力和当时国家的大力号召，一时间，兴起了“武术热”。武术馆、武术学校如雨后春笋般纷纷设立，报名习武的人数以万计。在1982年的全国武术工作会议上，提出关于“各地可以根据自己的条件建立各种武术社、辅导站、业余体校、训练班等”的倡议，在该倡议的指导下，各省、自治区、直辖市相继组建了不同形式和规模的武术馆校。[1]全国武术工作会议的召开，开启了学校武术教育新模式。武术馆校的开办成为武术教育扎实开展的佐证，是武术教育开始产业化发展的标志。大批武术馆校的创办，引领着武术教育的风向，为社会培养了大批武术专业人才。

这一时期，虽然大量涌现的武术馆校，为高校中的武术专业培养了大量储备人才，但是由于管理失范，武术馆校也出现了很多问题，在当时引起了广泛的关注。如有人没有真功夫，却以假乱真、大捞钱财；有人故弄玄虚，以“飞檐走壁”“踏雪无痕”等所谓“轻功”诱骗好奇求新的青少年[2]；有人则冒武术馆校之名，行骗钱发财之实，收费昂贵，既无胜任教学工作的师资力量，又缺乏必要的房舍、场地及设备，只是打出了招牌，到处发新闻、登广告，胡吹一通，且面向全国各地招生，致使许多不明真相的、天真烂漫的少年儿童千里迢迢前往投考，结果是交了不少钱，武艺没学到，文化无人教，生活乱糟糟，有学生提出意见

---

〔1〕纪贤凡：《新中国60年学校武术教育发展的回顾与展望》，硕士学位论文，苏州大学，2011，第15页。

〔2〕徐才：《登封滥办武校　希望彻底整顿》，《中国青年报》1986年5月20日。

或要求退学，即遭体罚，甚至打骂。[1]这些乱象，引起了群众很大的意见，损害了武术的形象，一定程度上阻碍了武术的传播。正如1986年5月20日徐才接受《中国青年报》采访时指出的，这些现象“并不是最近才发生”。事实上，国家体委一直在努力对武术馆校进行管理、引导，1983年8月18日下发了《关于对群众自办武术馆和私人教拳加强管理的意见》，随后又出台了《经营性武术组织管理规定》，对武术经营场所的管理部门、经营条件、申请和审批、权利与义务、奖励与惩罚等进行了规范和约束。这些文件的制定对武术馆校的各种乱象起到了一定的抑制作用。

三、学校武术教育的内容体系

“教什么”是学校武术教育的载体。改革开放初期，学校武术教育呈现多元化扎实推进的发展趋势。武术教育的内容设置，回归了武术技击的本质特性，纠正了人们对武术的片面认识。在武术教学内容中增添传统武术的内容，使练习武术更具有传统文化色彩，尤其融入传统养生与武术对抗的内容，增添武术理论、武术历史、拳种史等内容，注重理论与实践相结合。武术课程类型呈现多样化趋势，在中小学武术课程上按年级性质以课程的形式开展对应的武术教学（表1–1）[2]，呈现体系化课程的特点。

---

〔1〕武述文：《认真抓好民办武术馆校》，《中华武术》1985年第11期。
〔2〕汤立许：《建国60年来学校武术教育发展的嬗变与走向研究》，《西安体育学院学报》2010年第4期。

表 1–1 1988 年中小学武术教学内容修订情况

小学年级	武术教学内容	中学年级	武术教学内容
三年级	基本功：正压腿、侧压腿、正踢腿、侧踢腿、前俯腰、甩腰 基本动作：冲、推、弹、蹬	一年级	青年拳（单练）
四年级	基本功：斜压腿、后压腿、侧俯腰、翻腰 基本动作：摆、撩、穿、架	二年级	青年拳（对练）
五年级	基本功串连：正踢、侧踢、外摆、里合、蹬腿冲拳、弓步冲拳、仆步穿掌、翻腰	三年级	增加了五禽戏和八段锦的教学内容
六年级	基本功串连：正踢、侧踢、外摆、里合、蹬腿冲拳、弓步冲拳、仆步穿掌、少年拳（第一套）		

随着 20 世纪 80 年代武术热的兴起，各地武术馆校陆续开设，标志着武术半专业化教学训练模式开启，武术教学内容呈现地域化特征，如河南少林武术在武术学校中十分盛行。高等院校的武术专业以及体育专业的武术教学凸显拳种意识，如北京体育学院的查拳、上海体育学院的华拳、河南大学的少林拳等。

四、学校武术教育开展的启示

20 世纪 80 年代，学校武术教育随着改革开放的春风，快速进入了恢复调整期。教育政策的支持、武术教育环境的改善、学生对精神风貌的诉求为扎实稳步推进学校武术教育提供了制度保障与动力源泉，为学校武术教育的普及奠定了基础。

学校武术教育成为各级各类学校教育的重要组成部分，在课程内容、专业设置、学科建设上取得巨大进步。武术教育作为民族传统体育文化的重要组成部分，发挥着培育民族精神、弘扬传统文化的价值使命，为不同层次的武术人才培养夯实了基础。武术教育的健身价值、防卫价值、教化价值得以凸显，为武术教育的规范化、科学化发展奠定了基础。学校武术教育扎实推进表现于不同版本武术教材的出版、多类型的武术课程、不同层次武术人才的培养、武术专业与学科建设的逐步成熟等，对此后武术教育持续开展具有深远的影响。

然而，审视此时期的武术教育内容可知，中小学所开展的武术教育内容还是以 20 世纪 50 年代初的初级长拳、初级刀、初级枪等内容为主，并未实质性推进传统武术教育。在武术教学训练手段与教学训练方式上陷入了体育化教学模式，传统武术教育的理想功效并未释放出来。在高等体育院校的武术教育中，武术专业课程受到竞技武术的影响，也出现了教学内容以竞赛套路和竞技散打为主、武术普修类课程以初级三路拳和 24 式太极拳为主的内容体系，在继承传统武术方面显得不足。

第五节　武术科学研究日益活跃

党的十一届三中全会以后，国家处于百废待兴的态势，武术同样面临着如何继承、如何振兴、如何落实“百花齐放，百家争鸣”的国家文化发展战略等一系列问题，武术界迫切需要重新思考，确保武术的健康发展，而大力发展武术科学研究是必由之路。20世纪80年代，中国武术研究院和中国体育科学学会武术分会的成立就是明显的标志，《中华武术》《武术健身》《武林》等一批武术期刊涌现，成为武术研究及科普工作的重要阵地，对武术科研工作的发展起到引领和推动作用。

一、成立中国体育科学学会武术分会

中国武术研究院虽然有“研究”二字，但实质上，其主体功能是武术业务管理，难以有效承担严格意义上的科学研究的重任。在这样的背景下，需要成立一个专门的武术学术组织来团结和调动社会各界的武术科学研究力量，以保证学术研究工作的不断加强。为此，经过国家体委党组和中国体育科学学会理事会研究批准，于1987年6月25日，在全国武术学术研讨会期间，隶属于中国体育科学学会的武术分会正式成立。

会上，经过协商，选举产生了武术分会的组织机构：由徐才任主任委员，蔡龙云、刘秀政（女）、张文广三人为副主任委员，张山任秘书长，副秘书长由夏柏华、周荔裳担任。[1]

徐才在成立大会上发表讲话，提出武术分会应该坚持“团结、求是、预见”的武术学风，并对六个字进行了细致的讲解：

团结：武术有众多的拳种、流派和风格，武术研究者又来自不同学科，要把武术研究领域拓宽，研究质量提高，团结协作是武学学风的第一要义。要互相尊重，而不是互相歧视，要团结协作，而不是各行其是，不能自命“唯我正宗，唯我正确”。

---

〔1〕谢梅:《武术科学的春天——记中国体育科学学会武术学会成立》,《中华武术》1987年第8期。

求是：武术研究是个习科学、求真理的过程，必须坚持实事求是。对古的，要去粗求精，去伪存真，做出科学的解释和论证；对今的，要充分运用现代科学手段进行测试，掌握数据，努力做到持之有据，言之成理。求是，求真理，是应具有的武学学风。

预见：我们是面向社会、面向世界、面向未来的。不仅要研究武术的健身价值，而且要研究武术的社会功能（包括体育的、教育的、文化的、军事的）；不仅要研究武术的民族特征，而且要研究武术的国际意义；不仅要研究武术的过去与现在，而且要研究和预测武术的发展趋势和未来。科学是要预见的。可以幻想，可以假设，只有经过坚忍不拔的探索、实验和实践，才能到达科学结论的彼岸。〔1〕

成立大会之后，武术分会召开了第一次常务委员会会议，对此后的武术工作做了如下安排：

（1）开展学术交流活动：1988 年，召开 2 ～ 3 次专题学术会议（题目另定）。1989 年，召开第二届全国武术学术研讨会。

（2）开展决策咨询、技术咨询、技术服务及人才培养。

（3）不定期地出学会通讯，以沟通科研信息，待条件成熟时，出版学报。

（4）积极准备建立科研学组的工作。

（5）编辑出版学术研讨会论文选集。

武术分会的成立，使武术科研成为中国体育科学不可或缺的组成部分，使武术学术研究从分散的自在阶段走上了有组织、

〔1〕徐才：《徐才武术文集》，人民体育出版社，1995，第 89 页。

有领导的自为阶段，开创了武术科学的春天，标志着武术由传统经验技艺向现代体育科学转型。武术分会为武术研究提供了学术交流的平台，激发了广大武术科研工作者的工作热情，每届全国体育科学大会，武术都有分会场，大大促进了武术科研的发展。

二、创办武术科普杂志

20 世纪 80 年代兴起的武术热潮为武术科普杂志的创办创造了大环境，同时，创办武术科普杂志也是当时武术发展的时代要求。

1981 年 7 月，由广东体委武术协会和科学普及出版社广州分社主办的新中国第一本武术专业杂志《武林》开始发行。该杂志以“宣扬中国武术运动，发掘和整理中国武术遗产，团结武术工作者和爱好者，互相学习，交流经验，为推广和促进我国武术运动的普及和提高服务”〔1〕为宗旨，面向全国（含香港、澳门、台湾地区）、东南亚等地，运用各种文体形式，向具有高小以上文化程度的读者，介绍中国武术的渊源流派、历史故事、人物轶闻，介绍中国武术的新动向、新观点、新人才、新经验、新成就，介绍武术界的技术交流、友好往来，介绍武术、气功、技击、擒拿、摔跤等项目的技术基础、理论知识、锻炼方法、应用要旨、科研成果，介绍以武术为题材的文学艺术优秀作品。〔2〕《武林》杂志虽然只是一个地方性杂志，影响却非常大，第 1 期发行量达

〔1〕陈远高：《喜见武林今又绿——发刊词》，《武林》1981 年第 1 期。
〔2〕《武林》编辑部：《致读者》，《武林》1981 年第 7 期。

30 万册，第 2 期增至 70 万册，第 3 期又升至 100 万册，到 1983 年创刊两周年时每月发行量已达到 350 万册，成为国内、国外武术爱好者“长知识、学技艺，沟通信息的桥梁，交流武术经验和进行学术探讨的园地”〔1〕。

《中华武术》作为官方创办的杂志创刊颇费了一番周折。1981 年，《新体育》杂志社创办了季刊《武术健身》。这对当时国家体委武术处的触动很大，同时武术处也敏锐地察觉当时的武术界“迫切希望中央能有个立足全国、面向世界的武术权威刊物”〔2〕。为此，武术处在向国家体委党组汇报工作时提出了创办全国性武术杂志的愿望，他们的理由是：“广东的《武林》办得不错，可它是份地方刊物，有它的局限性；《武术健身》办得也不错，可它又侧重于一个方面，非武术专业刊物。咱们办一份统揽全局、高水平、带有指导性的武术专业刊物，是很有必要的。”〔3〕最终，经过国家体委党组讨论后决定创办一本专业的武术杂志。

决定做出之后，紧接着就是杂志的筹备工作。武术处最初拟定了上海体育学院、武汉体育学院和人民体育出版社三家作为候选筹办单位，三家单位均表示愿意接受筹办杂志的任务，最终，在人民体育出版社刘秀政的大力争取下，国家体委权衡利弊之后决定把筹办任务交给人民体育出版社。

人民体育出版社领受了筹备任务之后，召开编委会会议，确

〔1〕黄若谷：《喜看武林今更绿，百卉丛中绽武花》，《武林》1983 年第 7 期。
〔2〕昌沧：《人心齐　泰山移——忆〈中华武术〉杂志创刊前后》，《体育文化导刊》2002 年第 1 期。
〔3〕昌沧：《人心齐　泰山移——忆〈中华武术〉杂志创刊前后》，《体育文化导刊》2002 年第 1 期。

定了由刘秀政和曾编过《中国青年》杂志、当过报社记者的昌沧二人担任主编。随后，为了便于筹备工作的展开，初步确定了杂志的名称为《中国武术》，在征求意见的过程中，又听取了《体育文史》杂志编辑杨亚山的建议，改名为《中华武术》，这一字之改，更加突出了武术的民族特色。最终《中华武术》的刊名得到了国家体委的批准。

《中华武术》杂志的办刊宗旨、指导思想、读者对象和开设栏目等具体内容也在人民体育出版社的筹备工作中逐个明确。

办刊宗旨：弘扬祖国优秀传统文化——武术，造福于中国人民和世界人民。

指导思想：认真贯彻党和国家有关武术运动的方针、政策；加强爱国主义和共产主义思想的传播；大力提倡武术道德修养；实行“推陈出新”“百花齐放，百家争鸣”；团结广大武术工作者及各拳种流派，共同推动武术遗产的“挖掘、整理、提高、推广”。这虽是一份武术专业期刊，但也应视之为党和国家在武术战线上的喉舌。

读者对象：立足本国，放眼世界，为广大初中以上文化程度的海内外武术工作者、爱好者及青少年服务。

开设栏目:“专稿”“专论”“评述”“传统名拳”“名拳讲座”“入门讲座”“教学与训练”“练功方法”“人物春秋”“名人与武术”“武术健身”“探索求真”“武术史话”“知识之窗”“行家答疑（辅导站）”“术语选释”“武林轶事”“国际武林（武坛）”“外国人学武术”“武术天地”“武术之乡”“武术与文艺”“武术与银屏”“漫画、速写”“信箱”“书讯”“读者·作者·编者”等 30 多个专栏，除一些主要栏目外，其他栏目轮流出现，每期一般保持 18 个左右。[1]

1982 年 10 月 25 日，《中华武术》第 1 期赶在第一次全国武术工作会议之前顺利出版（图 1–3），首次出版的 120 万册，一经发行便被抢购一空，足见当时全国范围的武术热潮之盛，以及人们对这一权威杂志的期待之情。

图 1–3 《中华武术》创刊号封面

除了《武林》《武术健身》《中华武术》，在 20 世纪 80 年代全国各地又陆续涌现出几个影响力较大的武术杂志（图 1–4），如河南省体委的《少林与太极》于 1982 年创刊，黑龙江省体委主办的《精武》于 1983 年 4 月创刊，北京市体委主办的《武魂》于 1984 年创刊，湖北武当拳法研究会主办的《武当》于 1985 年创刊。这些杂志可以说是武术发展时代热潮的产物，但同时也对

[1] 昌沧：《人心齐 泰山移——忆〈中华武术〉杂志创刊前后》，《体育文化导刊》2002 年第 1 期。

武术的传播、推广起到了十分重要的作用。虽然这些杂志不是学术期刊，但在当时为武术研究者发表科普文章、开展武术交流和广大武术爱好者学习武术提供了平台，有力地破解了当时“武术的学术研究空气低迷，少有人著书，写了文章也无处发表”〔1〕的困境，极大激发了广大武术工作者的研究热情，促进了武术科研和普及工作的发展。

图 1-4　武术杂志封面

三、武术科研初结硕果

（一）第一本中国武术史著作

成都体育学院习云太副教授通过查阅和研究大量的文学史料、崖画、壁画、汉画砖、汉画石、碑刻、出土文物，并走访武术古迹胜地，搜集一切与武术有关的资料，运用辩证唯物主义和历史唯物主义的观点，于 1985 年完成并由人民体育出版社出版了中华人民共和国成立以来第一本由中国人撰写的《中国武术史》

〔1〕赵双进：《对八十年代武术工作的回顾与随想》，《体育文化导刊》2003 年第 5 期。

（图 1–5），首次系统介绍了中国武术自先秦至中华人民共和国成立前后的发展历程，全书共 25 万字，分两部分，第一部分共有四篇，分别介绍先秦时代、秦汉三国及隋唐五代时期、宋元明清和中华人民共和国成立前后的武术发展，第二部分为拳种、器械发展史，分为拳术和器械两篇。

事实上，1984 年，日本人松田隆智的著作《中国武术史略》经吕彦、阎海翻译并在中国出版。该书虽然是武术专门史的开山之作，但是缺点很明显，主要表现在书中仅罗列了中华人民共和国成立以前的部分资料，没有以发展的眼光进行规律性的探索，对于明朝以前的武术也几乎没有涉及。

习云太所著《中国武术史》作为中华人民共和国成立以来第一本武术史专著，填补了武术史研究的空白，对武术史的研究起到了一定的推动作用。

图 1–5 《中国武术史》（习云太著）封面

（二）第一本武术科学论文集

1987 年 6 月 23 日—27 日，中国武术协会、中国武术研究院、人民体育出版社、《中华武术》杂志社在北京联合召开了第一届全国武术学术研讨会。会议的研讨内容涵盖了武术的发展战略、定义和特点、历史与源流、生理机制、蕴含的哲理以及教学与训练共六大方面的问题。

这次大会有来自全国武术、科技、医疗卫生、文化教育以及部队的专业和业余武术工作者近 400 人参加。会议共收到论文 372 篇，经评审入选的论文有 46 篇，又从中评选出优秀论文 11 篇。这次大会是当时中国武术界规模最大的一次学术盛会，是我国武术科学化的一个里程碑。

1989 年，召开了第二届全国武术学术研讨会。1990 年，《中华武术》编辑部将 1987 年、1989 年两次武术学术研讨会的优秀论文汇集成《武术科学探秘》一书并出版（图 1–6）。全书分为“武术与中国文化”“武术与中国古代哲学”“武术与美学”“武术的历史与源流”“武术健身康复机制”“武术教学与训练”“武术发展战略的探讨”“武术定义的探讨”“新兴学科在武术中的应用及其他”“相关学科特约论文”共 10 章，收录了 106 篇文章。

图 1–6 《武术科学探秘》封面

《武术科学探秘》汇集了20世纪80年代武术科学研究的主要成果，涉及武术学科以及跨学科的最新研究成果，是20世纪80年代武术科学化水平的集中呈现。

（三）第一部中国武术辞典

党的十一届三中全会给各项事业带来了勃勃生机，为我国体育事业的发展创造了新的契机，《中国武术大辞典》也应运而生。由马贤达担任主编，马明达、刁云太、康戈武担任副主编的《中国武术大辞典》（图1–7），于1990年9月由人民体育出版社出版。

图1–7　《中国武术大辞典》封面

《中国武术大辞典》力求反映中国武术的历史久远与内容博大，全书共收录词条8,000余个[1]，涉及的内容涵盖一般词汇、

〔1〕中国武术大辞典编辑委员会编著《中国武术大辞典》，人民体育出版社，1990，第1页。

拳种、器械、制度、技术、典籍、人物等方方面面，可谓中国武术的大百科全书。

《中国武术大辞典》内容广博，词条解释科学、严谨，是一部权威的辞书，也是武术科学化的体现。

（四）武术基础理论研究成果

这个时期，武术基础理论研究最为突出的是 1988 年全国武术学术专题研讨会的成果。1988 年 12 月 20 日—24 日，全国武术学术专题研讨会在北京召开。在会议期间，由武术专家、学者、高级教练及初涉武术科研的新人组成的与会代表，对武术的定义、武德规范、武术套路和散手技术的发展方向进行专题研讨，并形成了初步意见，这也是此次研讨会的四项学术成果：

（1）武术定义。虽然代表们对武术的本质应该属于文化范畴还是体育范畴意见相左，但经过讨论最终达成的较为一致的意见是，从广义上看，武术既是文化，又是体育；从武术属于体育项目这一狭义的理解看，武术的定义应是：武术是以技击动作为内容，以套路和格斗为运动形式，注重内外兼修的中国传统的体育项目。

（2）武德规范。代表们一致认为，参加武术运动必须有共同遵守的道德规范，虽然各门各派都曾制定过不少武德标准，但是仍有必要制定练武的道德规范，只是内容不宜过多，文字应该简明扼要。最终经过讨论，代表们一致将武德规范定为“尚武崇德，强身养性”八个字。

（3）武术套路的发展方向。代表们在充分肯定 1960 年国家体委提出的“质量高、难度大、形象美”指导方向，以及在

1988年武术训练工作会议上为了扭转武术“舞蹈化”倾向而提出的“突出项目特点、加强攻防技能、严格动作规格”指导方针的积极意义的同时，认为武术套路的发展还要坚持创新，防止出现“千人一面，百年一贯”的局面，最终将武术套路的发展方向概括为：“突出项目特点、加强攻防技能、严格动作规格”和“高、难、美、新”相结合。

（4）散手技术的发展方向。代表们肯定了散手已经可以作为一项独立的武术竞赛项目奉献给世界的发展成绩，同时认为，需要进一步完善散手的理论体系、技术体系和训练体系，深入挖掘、整理传统的散手技法，加强散手训练的科学化和规范化。[1]

这次专题研讨会的四项学术成果，对此后武术的发展产生了深远的影响。武术定义的确定，为武术科研工作者明确了思考、认识武术的逻辑起点，有效改变了武术研究者间因对定义认识不同而各说各话、沟通困难的局面，为武术学术交流提供语境前提，促进了武术学术研究的规范化。武德规范的确立，为所有武术爱好者提供了基本的价值取向，为树立健康的武术形象发挥了重要作用。武术套路发展方向的确立，直接影响了武术套路技术的走向，但在之后的实际贯彻执行过程中，明显更加侧重“高、难、美、新”而忽视了“突出项目特点、加强攻防技能、严格动作规格”的方针，导致武术套路竞赛“体操化”“舞蹈化”，偏离“武”的本质的问题更趋严重。可以看出，武术套路在现实中的发展背离了当时研讨会代表们确定的发展方向。散手作为一个新兴项目，近十年的发展成绩得到了认可，在当时武术走向世界的背景下，

---

〔1〕周荔裳：《群雄荟萃议武术定义及其他》，《中华武术》1989年第2期。

通过完善自身理论体系、技术体系和训练体系来增强竞争力这一发展方向，是必然要求，同时从重视传统散手技法的研究方向可以看出，其意在突出散手的民族特征，应是为了回应社会上对散手是“拳击加腿”的批评。

1989 年，武汉体育学院江百龙等人经国家体委批准组成课题组，以“武当拳派的源流、拳系和内容研究”为题，对张三丰、武当武术的渊源、武当拳法的理论基础和武当武术的技术内容展开研究，对长期以来人们普遍认为“武当有剑而无拳”的质疑进行回应，同时立足武当武术的一系列基本问题所开展的专项课题研究，为此后武当武术的发展奠定了学术基础。该课题历经三年于 1992 年结项，并将研究成果《武当拳之研究》公开出版。

除此之外，科研机构的设立和武术刊物的创办激发了人们的研究热情，在解放思想的时代主旋律下，武术研究的视野逐渐拓宽，武术研究向多学科、多领域拓展成为这一时期武术科研的重要特征，如王卫东的《用系统论观点试析运动员的成长过程》、温力的《用逐步回归分析武术运动员运动后的心率、血乳酸浓度和糖酵解强度》、沈寿的《太极推手力学》、冯胜刚的《传统武术训练中固有的心理训练》及刘峻骧的《中华民族独特的人体文化——“武术文化学”刍议》等研究成果颇具代表性。

这一时期，武术界通过引入其他学科理论知识，突破了长期以技术研究和武术史学、武术基础理论为研究对象和领域的瓶颈，拓宽了武术学科研究的视野，虽然普遍存在研究深度不足的问题，但是这种多学科交叉的研究范式将武术科学研究及武术科学建设引入了一个崭新的时代。

第六节 中国武术开始走向世界

武术走向世界是武术界乃至国人的共同心声，吴图南、万籁生在中华人民共和国成立前撰写的著作中，就提出过武术走向世界的问题。1935 年，当时的中央国术馆就以“国术南洋旅行团”的名义在新加坡、马来西亚、菲律宾等东南亚国家和中国香港地区进行了 40 多场武术表演，获得了当地民众的普遍赞誉和好评。1936 年 8 月，在德国柏林第 11 届奥运会期间，中国体育代表团在正式竞赛项目中颗粒无收，但精彩的中国武术表演赢得了世界各国的赞誉和尊敬。1961 年，中国武术队随周恩来总理访问了缅甸。1974 年，中国武术代表团访问美国后，武术的对外出访活动开始变得频繁，逐渐有规模地向世界推广开来。1980 年，在国家体委组织的武术工作座谈会上，代表们明确提出，我国应该扛起“振兴武术、推广武术”的大旗。

然而，并不是所有人都支持武术积极地走向世界。直到 1982 年全国武术工作会议召开前夕，在武术的对外推广方面还存在着两种声音：一种认为武术的推广工作已经耽误了这么多年，现在一定要抓紧；另一种认为，武术是中国的国宝，有许多“绝技”和需要保密的东西，推广出去有泄密之嫌，因此不主张向国外推广武术。对此，李梦华等人认为，中国武术的精华是完全可以向国外推广的，没有什么可保密的，不要把糟粕的东西向外推广，要把科学的东西推广出去，武术走向世界是对世界体坛的贡献。[1]

---

〔1〕张山：《武林春秋》，人民体育出版社，2012，第 295 页。

1982年，徐才代表国家体委在全国武术工作会议上讲话，明确提出："把武术逐步推向世界，积极扩大中华武术的影响，海外朋友强烈要求我们担负起这方面的责任。我们的方针是立足于国内，同时积极地向国外推广。"在该次会议的会议纪要中写道："开展国际交流，积极稳步地向国外推广。当前，武术工作应立足国内，随着形势的发展，适当搞一些国际交流，派出一些武术团体和教练出国表演、传授或邀请国外人士来我国观摩武术大会，举办武术训练班。在条件成熟时，再考虑举办国际邀请赛或表演大会。无论采取哪种形式，都要积极稳步地进行，并注意政策和保守秘密。"〔1〕

1983年，国家体委又提出了向世界推广武术的几步设想：一是举办国际武术比赛；二是筹备建立国际武术组织；三是培养武术的技术骨干；四是加强武术的对外宣传和出版工作。此后，随着国家体委对这些计划的逐步落实，"把武术推向世界"的工作开始有计划、有步骤地展开。

一、举办国际武术比赛

（一）举办中国武术国际友好表演赛

举办国际武术比赛是武术走向世界的一项重要内容。然而，举办国际大型武术比赛和竞赛活动并不是一件容易的事情。为稳妥起见，武术主管部门决定先从小型表演、竞赛做起，不断积累经验，制定并完善规则。

1982年9月27日—29日，经国家体委批准，由中国江苏省

---

〔1〕赵双进：《对八十年代武术工作的回顾与随想》，《体育文化导刊》2003年第6期。

武术馆和美国全美中国武术协会联合发起、江苏省体育服务公司承办的中国武术国际友好表演赛，在南京五台山体育馆举行。由美国全美中国武术协会、加拿大武术协会、中国香港武术健身协会、菲律宾中华光汉国术馆总馆和中国江苏省武术馆派出的45名运动员参加了这次表演赛。另外，从事武术教学已近半个世纪的北京体育学院教授张文广，中国武术协会副秘书长李天骥，78岁的沙国政、72岁的何福生等武术宿老，陈式太极拳名家陈小旺，杨式太极拳名家杨振铎，吴式太极拳名家吴英华、马岳梁夫妇，孙式太极拳名家孙剑云，女子全国全能冠军王冬莲的教练庞林太等30余名武术名家也受邀参加了本次表演赛。[1]

这次表演赛是中国武术历史上的首次国际盛会，对于这次表演赛，人们表现出极大的热情。门票在售票当天就被抢购一空，可容纳一万名观众的南京五台山体育馆每天都被挤得水泄不通。

为更好地宣传中国武术，中国国际广播电台同时用多种语言向国外广播。在表演赛的闭幕式上，宣读了由张文广、李天骥、何福生、沙国政等武术名家和武术工作者致全国武术工作者、运动员、爱好者的公开信，希望大家以爱国之心、报国之志，共同促进中国武术走向世界。另外，国家体委武术处还派出了由张山为主导的调研组前往南京观摩赛会，了解海外参赛运动员对武术向外推广的热情和运动水平。此次赛会办得很成功，调研也很重要，为以后举办类似的国际武术活动摸索了经验。[2]

1982年的中国武术国际友好表演赛是一个良好的开端。此后，

---

〔1〕陈德荣：《走向世界的可喜一步——简评南京中国武术国际友好表演赛》，《中华武术》1982年第1期。
〔2〕昌沧等：《四牛武缘》，人民体育出版社，2004，第545页。

其他国际武术赛事相继举办。例如1984年4月22日—25日，由湖北省武术协会主办的国际太极拳邀请赛在武汉举办，共有来自美国、日本、泰国、新加坡、菲律宾、法国、联邦德国、瑞典、意大利、墨西哥以及中国香港、澳门地区的100多名运动员参加了比赛和表演。这也是我国第一次举办的国际性的武术单项比赛，它不仅推动了太极拳运动的发展，增进了各国运动员之间的相互了解和友谊，而且成为武术走向世界的良好开端。

（二）三届国际武术邀请赛的举办

1. 第1届国际武术邀请赛

1985年8月21日，第1届国际武术邀请赛在西安市的陕西省体育馆隆重开幕，参加比赛的运动员分别来自澳大利亚、加拿大、法国、日本、摩洛哥、菲律宾、新加坡、西班牙、泰国、英国、墨西哥、美国、中国共13个国家和中国香港、澳门地区。另外，还有比利时、意大利、波兰等国家的代表到会观摩比赛。

比赛进行了6天，分比赛和表演两大项，其中竞赛项目取前三名，表演项目评定优秀奖。比赛项目包括全能竞赛和单项竞赛，比赛内容分为3类9项，即拳术、短器械、长器械共3类，长拳、南拳、太极拳、形意拳、八卦掌、刀术、枪术、剑术、棍术共9项。表演内容不限，凡属中国武术都可参加，每人可报1～3个项目。为了有利于武术在世界范围内推广，个人全能需完成的项目较国内比赛少，运动员只需从拳术、短器械、长器械中各选一项参加比赛，即可评定与计算全能成绩。经过紧张、激烈的比拼，最终中国、日本、美国、西班牙、新加坡和中国香港地区的运动员取得了竞赛项目的名次，泰国、新加坡、菲律宾、英国、法国、加拿大、日本和中国澳门地区的20名运动员获得表演项目的优秀奖，比赛取得圆满成功。[1]

尽管中国选手夺得了全部的15枚金牌，但其他国家的选手也都给观众留下了深刻印象。例如，新加坡的王美平、日本的石原泰彦、美国的杰夫·福尔康、加拿大的弗雷德·维亭以及泰国的翁文玉等人都以精湛的技艺和良好的心理素质取得了好成绩，尤其是日本太极拳运动员，其水平已经接近了我国这次参赛运动员的水平。此外，有些难度和技巧性的动作，比如“旋子转体360度”“侧空翻”“鲤鱼打挺”等动作，美国、加拿大的运动员都完成得不错，并不明显比中国运动员差。[2]

2. 第2届国际武术邀请赛

第1届国际武术邀请赛的成功极大增强了中国武术协会工作人员的热情和信心。1986年在天津又举办了第2届国际武术邀请赛。赵双进认为，与第1届相比，1986年第2届国际武术邀请赛呈现出以下几个方面的特点：

（1）邀请赛冠名“天津日报杯”，更加体现了武术的文化色彩。以往赞助体育比赛的多是些大型企业，追求的是广告效应。《天津日报》《今晚报》出于弘扬传统文化、支持武术走向世界的目的，将比赛冠名“天津日报杯”，凸显了武术的文化属性。

（2）国际武术队伍得到壮大。与西安邀请赛相比，参赛国家与地区（包括派来观察员的国家）由18个发展到26个，增加

〔1〕郝心莲：《新中国武术发展史概论（续）》，《体育科研》1997年第1期。
〔2〕杨祥全：《现代武术史》，长江出版社，2011，第123页。

了巴西、加蓬、瑞典、尼泊尔等。参赛运动员增加到145人。

（3）技术水平有所提高。上海体育学院武术教授、该届邀请赛的裁判长邱丕相在赛后的一篇评述中写道："更重要的在技术上，诸如美国、日本、加拿大、英国等国急起直追，大大缩短了与中国的距离，尤其是长拳、南拳和刀、棍、枪、剑四种器械，技术面貌与去年的西安比赛相比，不仅大有改观，简直可以刮目相看了，在太极拳的比赛中，有的运动员的水平与中国运动员很接近，尤其是女子组中，中日两国展开了激烈的竞争，令人瞩目。"〔1〕

（4）暴露了矛盾。连续举办邀请赛，目的是壮大武术的声势，发展武术人群，促进国际性武术组织早日建立。而各国武术团体的现状与建立国际武术组织的要求还有一段距离，主要表现为武术团体的分散、不统一，未被本国或地区的体育机构承认，尤以后者更为突出。

3. 第3届国际武术邀请赛

1988年10月11日—21日，中国国际武术节分别在杭州、深圳成功举办，共有32个国家和地区的493人在武术节上参加了第3届国际武术邀请赛以及武术学术论文和武术气功报告会。〔2〕10月11日—15日，在杭州举行了第3届国际武术邀请赛。苏联、新加坡、联邦德国等32个国家和地区的485人参加了本届武术邀请赛。其中，参加套路比赛的195名运动员，经过3天5个单元的紧张角逐，总共90枚奖牌，分别被14个国家和地区

〔1〕邱丕相：《国际武坛兴盛的征兆——第二届国际武术邀请赛述评》，《中华武术》1986年第12期。
〔2〕杨祥全：《现代武术史》，长江出版社，2011，第127页。

的 44 名运动员获得。东道主中国队夺得 16 枚金牌中的 12 枚，另外 4 枚金牌分别被陈鹏飞（中国香港队）、陈爱兰（新加坡队）、木村丰彦（日本队）、吴树秦（英国队）获得。男女全能项目冠军分别为中国队的原文庆和彭英。

10 月 18 日—21 日，国际武术散打擂台邀请赛在深圳举办。有来自英国、法国、西班牙、瑞士、瑞典、意大利、比利时、波兰、苏联、墨西哥、加蓬、新加坡、菲律宾、中国共 14 个国家的 59 名运动员参加了 7 个级别的比赛，经过 3 天 8 个单元的角逐，中国队获得了前五个级别的冠军，后两个级别的冠军分别由墨西哥运动员和比利时运动员获得。这次比赛从技术方面看，中国队比外国队水平要高一些，踢、打、摔等技术动作比外国运动员全面，但从整个比赛的技术水平看则不是很高，技术比较单调，进攻的方法较少，进攻的成功率不高。多数运动员缺少防守的动作意识，大部分运动员没有明显的战斗意识。虽然比赛中还存在一些不完善之处，但毕竟是散打运动与国外的第一次交流，对国际散打项目的开展起到了推动作用。〔1〕

（三）武术成功进入第 11 届亚运会

1. 武术被列入第 11 届亚运会竞赛项目

1987 年亚洲武术联合会的成立，连续两届亚洲武术锦标赛的成功举办，以及亚洲奥林匹克理事会（以下简称亚奥理事会）项目委员会对武术进入北京亚运会的首肯，武术进入亚运会并成为正式比赛项目已经基本具备了条件，但是还没有得到亚奥理事会

---

〔1〕张山：《武林春秋》，人民体育出版社，2012，第 324 页。

全体会议的最终通过。为此，国家体委和中国武术协会做了充分的准备工作，借亚奥理事会主席科威特亲王法赫德来华视察亚运会筹备工作和在北京召开亚奥理事会执委会全体会议之机，最终使武术项目得到了亚奥理事会的认可。在1988年7月召开的亚奥理事会全体会议上，武术被列为第11届亚运会正式比赛项目。这是当代武术发展史上的一座里程碑。

2. 亚运会武术设项的确定

武术首次进入亚运会，相应地，设项问题也成为研究的热点。有人认为应该在亚运会比赛中多设项，以增加中国队的金牌总数。而张山有不同的意见，他认为武术“进入亚运会就是武术的胜利，不能靠武术来拿金牌”。武术的发展要着眼长远，为此他提出，在国外开展较好的武术项目是南拳和太极拳，可以就此设立单项比赛。长拳类是我国的强项，国外较为薄弱，可以考虑设一个全能项目，即长拳、长兵（枪、棍）和短兵（刀、剑）合并起来设一枚金牌。此外，对20世纪80年代的几次国际武术赛事的调查发现，从长拳、南拳、太极拳、刀术、剑术、枪术、棍术7个比赛项目的参加人数来看：1985年在西安举办的国际武术邀请赛7个项目的参加人数为213人次，1988年在杭州举办的国际武术邀请赛7个项目的参加人数为403人次，这说明了7个竞赛项目已被多数国家所接受。若将这7个项目作为国际武术正式比赛项目是符合客观实际的。[1]最后，经过大家讨论，张山的亚运会设项意见得到了认可，并被确定下来。1989年，由中国武术研究院审定的长拳、南拳、太极拳、刀术、剑术、枪术、棍术7个

〔1〕张山：《武林春秋》，人民体育出版社，2012，第323页。

项目被确定为第 11 届亚运会竞赛套路和国际性武术比赛的正式项目并被大多数国家所接受。

3. 亚运会武术竞赛套路的创编

1988 年，亚洲武术联合会决定成立技术委员会，由吴彬任主任。吴彬上任不久，就面临为亚运会创编统一的竞赛套路的问题。最后，经国家体委武术处、部分体育院校的专家及中国武术研究院技术部的共同探讨，决定由当时国内最好的运动员获得冠军时所使用的套路——赵长军的刀术、棍术，原文庆的长拳，杨世文的南拳，彭英的剑术、枪术，作为国际推广套路的蓝本，同时，考虑国外运动员的身体条件、技术程度，适当减掉难度偏高的动作，然后形成向外推广的标准国际武术比赛套路。1989 年前，为第 11 届亚运会量身定做的长拳、南拳、太极拳系列规定套路终于创编完成。〔1〕

4. 第 11 届亚运会的举办

1990 年 9 月 29 日—10 月 4 日，第 11 届亚运会武术比赛在北京海淀体育馆举行，来自中国、日本、新加坡、泰国等 9 个国家和中国香港、台湾地区的 96 名选手参加了比赛。此次比赛的仲裁委员会由 5 人组成，分别是主任张文广（中国），副主任吴彬（中国），委员陈英云（马来西亚）、李国庆（菲律宾）、林安和（新加坡）。比赛设有男、女太极拳、南拳、三项全能（长拳、短兵、长兵）共 6 个项目。中国派出了周树生为领队，庞林太为教练，原文庆、刘振岭、王增祥、陈思坦、何强、黄少雄以及王萍、彭英、苏自芳、高佳敏、陈莉红、梁艳华等优秀运动员

---

〔1〕杨祥全：《现代武术史》，长江出版社，2011，第 123 页。

组成的代表队参加比赛。经过激烈角逐，中国武术代表队夺得了全部 6 枚金牌和 5 枚银牌，为中国体育代表团在这次亚运会上夺得金牌总数第一立下了汗马功劳。

5. 台湾武术运动员参加亚运会武术比赛〔1〕

1979 年的“奥运模式”为两岸体育交流敞开了大门，但 1989 年 4 月以前，两岸的体育交流仅限在第三地，台湾运动员不能来大陆，大陆运动员也不能去台湾。1990 年亚运会开幕在即，台湾运动员渴望来北京参加亚运会。然而双方运动员的来往还存在一个迫切需要解决的问题——代表队的名称问题。

最终，经过协商，中国台北奥委会答应保证遵守国际奥委会的决议，答应大陆体育代表团在国际奥委会决议精神下可以去台湾访问，这样一来，台湾运动员来北京参加亚运会的障碍基本扫清。

值得一提的是，在北京亚运会上，台湾武术运动员有不俗的表现。其中卢建桦获得男子南拳第五名、詹明树获得男子太极拳第五名、柯端方获得女子三项全能第六名、欧晓玲和卓玉雀分别获得女子南拳第四名和第五名、黄谛纳和蓝孝勤分别获得女子太极拳第三名和第六名。这些成绩体现了台湾武术运动的水平。

二、建立国际武术组织

（一）国际武术联合会的成立

1. 1984 年武汉磋商

武术运动在世界范围的日益发展和普及，使成立国际武术组

〔1〕杨祥全：《现代武术史》，长江出版社，2011，第 129 ～ 130 页。

织的时机日趋成熟。经国务院批准，以中国武术协会的名义发出邀请，1984 年 10 月 26 日—11 月 5 日，法国、联邦德国、意大利、日本、墨西哥、菲律宾、新加坡、瑞典、美国、泰国等国家和中国香港、澳门地区的武术组织负责人到武汉参观全国武术比赛，就成立国际武术组织、举行国际武术邀请赛等问题进行了磋商，并共同签署了《备忘录》〔1〕。

武汉磋商决定由中国牵头，成立国际武术联合会筹备会。之后，国家体委内部开始前期筹备工作，1985 年 3 月 22 日，武术处向国家体委报送了由运动四司与国际司共同签署的《关于建立国际武术组织的请示》。随后，由国家体委与外交部向国务院呈报了《关于成立国际武术组织的请示》，次年获得批准。由此，筹备国际武术组织的前期工作顺利完成。

2. 国际武术联合会筹备委员会成立

武汉磋商还决定由中国牵头，尽快举行国际武术邀请赛。1985 年，在国家体委召开的竞赛工作会议上，得到省政府支持以及民营企业赞助的陕西省体委一举夺得了此次比赛的承办权。同年 7 月 19 日，在西安召开了国际武术邀请赛筹备委员会第一次会议，落实了筹备委员会的领导机构和委员名单。

1985 年 8 月 26 日，中国武术协会邀请了来自比利时、加拿大、法国、意大利、日本、墨西哥、菲律宾、波兰、新加坡、西班牙、泰国、英国、美国等国家和中国香港、澳门地区的武术组织代表就成立国际武术联合会筹备委员会进行了磋商和讨论。经过热烈

〔1〕武述文：《让中华武术造福全人类——与在外国武术界人士汇聚武汉以后》，《中华武术》1985 年第 1 期。

的发言和讨论，与会人员一致同意立即成立国际武术联合会筹备委员会。当晚，在陕西省体育馆的会议室召开了国际武术联合会筹备委员会第一次会议，中国、英国、意大利、日本和新加坡5个筹备委员国代表出席。会上，代表团一致认为国际武术联合会成立后，要团结国际武术界人士，为在世界上推广和发展武术运动积极地努力。

会议具体内容如下[1]：

（1）关于国际武术联合会筹备委员会会议、会址与办事机构：

①国际武术联合会筹备委员会主任由徐才担任。

②国际武术联合会筹备委员会会址设在中国北京。

③国际武术联合会筹备委员会设秘书处为办事机构。

④国际武术联合会筹备委员会第二次会议定于1986年国际武术邀请赛期间举行。

（2）关于国际武术联合会筹备委员会活动和工作。会议决定委托中国武术协会在举行筹备委员第二次会议之前，组织以下活动和工作：

①起草国际武术联合会章程和国际武术竞赛规程、规则，并广泛征求各筹备委员国和联络员团体意见，修改并提交筹备委员会第二次会议讨论。

②于1986年11月举办国际武术邀请赛。

③举办教练员培训班，为各个国家和地区培训教练员。

④继续组织介绍中国武术的视频拍摄工作和推广工作。

---

〔1〕赵双进：《从“古城会”到亚运会——1985年第一届武术国际邀请赛纪实》，《体育文化导刊》2004年第12期。

会议期间，欧洲六国（英国、法国、意大利、比利时、波兰、西班牙）代表还自发举行了联席会议，一致决定：

①1985年11月在意大利波伦亚市集会讨论成立欧洲武术联盟。

②取消以往习惯使用的“功夫”一词，一律改用“武术”。〔1〕

3. 国际武术联合会成立

1990年10月3日，以推动各个国家和地区武术团体的联合与统一，促进国际武术运动的发展为宗旨的国际武术联合会终于在北京正式成立，会员共有38个，其中31个国家和地区的代表参加了成立大会。

大会推选李梦华担任国际武术联合会主席，马来西亚的林敬益、英国的雷蒙·史密斯任副主席，新加坡、意大利、美国等国家的相关人士分别为执委会委员，秘书长为张全德，秘书处设在北京。李梦华表示，“这不仅是对我个人的信任，而且是朋友们对武术运动发源地——中国在推动武术运动方面所发挥的重要作用的普遍承认。”〔2〕国际武术联合会成立后，为便于在世界范围内推广武术，一般每两年举办一次世界武术锦标赛，同时确定了7个武术套路和9个级别的武术散打作为比赛项目，对武术的国际化发展起到了重要的作用。

4. 其他国际武术组织相继成立

在国际武术联合会筹备委员会的影响和带动下，各大洲的武术组织纷纷成立。1985年11月，在意大利波伦亚市成立了欧洲武术协会，会员有英国、法国、比利时、荷兰、瑞典、挪威、意

〔1〕赵双进：《从“古城会”到亚运会——1985年第一届武术国际邀请赛纪实》，《体育文化导刊》2004年第12期。

〔2〕李梦华：《为武术运动在全世界的广泛推广而努力》，《中华武术》1990年第11期。

大利、西班牙 8 个国家；同年 11 月，爱尔兰、联邦德国、波兰、瑞士被接纳为会员国，并在次年 5 月于比利时举办了首届欧洲武术锦标赛。1986 年 11 月 5 日，南美洲武术功夫联合会在阿根廷宣布成立，由 9 个国家组成。1989 年，由扎伊尔牵头成立了有 7 个国家参加的非洲功夫联合会。[1]

（二）亚洲武术联合会的成立

1986 年，在第 2 届国际武术邀请赛期间，由日本、泰国、斯里兰卡、新加坡、菲律宾、中国 6 个国家和中国香港、澳门地区的代表组成的亚洲武术联合会筹备委员会在天津成立。中国为筹备委员会主席国，秘书处设在北京。此后，经过近十个月的积极筹备，亚洲武术联合会于 1987 年 9 月 25 日—27 日在日本横滨举行的首届亚洲武术锦标赛期间成立（图 1–8）。

图 1–8　亚洲武术联合会成立大会参会代表合影

〔1〕郝心莲：《新中国武术发展史概论（续）》，《体育科研》1997 年第 1 期。

1987年9月25日，中国武术协会、泰国太极拳健身总会、菲律宾武术协会、尼泊尔武术协会、马来西亚中华武术总会、斯里兰卡全国武术学院、印度尼西亚太极拳协会和中国香港武术联合会、中国澳门武术总会筹备委员会等11个武术团体的代表出席了亚洲武术联合会成立大会。会议通过了《亚洲武术联合会章程》；选举徐才为亚洲武术联合会第一任主席，村冈久平（日本）、霍震寰（中国香港）为副主席；赵双进为秘书长；由徐才、村冈久平、霍震寰、李炯才（新加坡）、赵双进五人组成第1届执行委员会；执行委员会下设秘书处和技术委员会；确定亚洲武术锦标赛每两年举行一次。武术若想早日进入奥运会，要先成为亚运会比赛项目，为此，全体会员一致通过了《关于呼吁把武术列为第11届亚运会比赛项目的特别决议》，同时还确定1989年10月在香港举行第2届亚洲武术锦标赛。

亚洲武术联合会的成立是1986年第1届国际武术邀请赛期间播下的亚洲武术联合会筹备委员会这颗种子结出的果实，为武术进入亚运会赢得了时间，若错过了亚奥理事会项目委员会最后确定第11届亚运会比赛项目的机会，那么武术进入亚运会就是不可能的事。在亚洲武术联合会成立大会期间，亚奥理事会委派发展委员松平康隆（日本）以观察员身份出席大会，并观看了第1届亚洲武术锦标赛的比赛和表演。赛后，松平康隆公开表示："亚洲武术联合会的工作是卓有成效的，我个人认为目前已具备把武术列入亚运会正式比赛项目的条件和能力，我准备在8月份亚奥理事会项目委员会上正式提出报告，以促成此事。"1988年召开的亚奥理事会全体会议上，武术被批准为第11届亚运会正式比赛项目。

亚洲武术联合会的成立翻开了亚洲武术运动历史新的一页。1988 年 7 月，亚洲体育单项协会承认亚洲武术联合会为该协会会员。至 1992 年，亚洲武术联合会会员已发展为 21 个。同时，亚洲武术联合会的成立对其他洲际武术组织成立和国家、地区武术团体的联合也起到了积极的推动作用。

日本虽然从 1957 年就开始有太极拳运动，习武者人数也增长较快，团体也较多，但都各自为政，一直没有实现全国性的统一格局，1987 年 4 月，60 多个团体最终联合成立了统一的日本武术太极拳联盟。亚洲武术联合会的成立促进了日本国内武术团体的联合与统一，体现了日本武术的一大进步。而日本武术团体的联合、统一和日本武术太极拳联盟的成立，又为亚洲武术联合会的诞生和第 1 届亚洲武术锦标赛的举行做出了积极的贡献。〔1〕

亚洲武术联合会的成立也催生了香港武术联合会。长期以来，香港武术界门派林立，情况复杂，有大小武术团体 400 余个，实现统一困难重重。1985 年 8 月，香港武术团体参加了第 1 届国际武术邀请赛后，组织联合的呼声渐高。1986 年 1 月 24 日，各门派代表聚集探讨组建香港武术联合会的实际意义，提出大局为重、求同存异、互谅互让、群策群力的建会原则。1986 年 10 月，第 2 届国际武术邀请赛时，香港代表被选为亚洲武术联合会筹备委员会副主席。后来，香港武术界又多次共叙、重议建会之事，最终于 1987 年初成立了联合筹备委员会。香港武术联合会很快被批准注册，并得到香港业余体育协会及奥林匹克委员会的承认，

〔1〕赵双进：《从“古城会”到亚运会——亚武联诞生和亚锦赛开锣》，《体育文化导刊》2005 年第 2 期。

成为唯一有权代表香港参加国际武术比赛的统一组织。这也是香港武术联合会能承诺办第 2 届亚洲武术锦标赛的基础。[1]

三、培养武术技术骨干

1982 年首次中国武术国际友好表演赛前，江苏省武术馆已先后四次举办外国武术爱好者培训班。[2]随着武术在世界的发展和普及，许多国家纷纷要求中国举办教练员、裁判员和运动员培训班。为了满足国际武术爱好者的需求，推动武术的国际化发展，我国陆续举办了一系列的国际武术训练班，培养了一批国际武术技术骨干。

（一）举办面向世界的武术教练员训练班

根据国际武术联合会筹备委员会的决议，举办一期国际武术教练员训练班被列入 1986 年国家体委武术处外事工作计划的第一项内容。武术处人员在确定了计划后，首先选定办班地点。在众多可供选择的省市中，最终选择了武术基础好、有较好的合作共事经历、举办全国武术比赛的山东省济南市。经考察，训练班地点确定为济南市的舜耕山庄。训练班的教学工作全部委托给刚刚成立的中国武术研究院。

举办国际武术教练员训练班的公告一经发至国外，立刻得到响应，报名参加的有南美洲的阿根廷、墨西哥，北美洲的美国、

---

〔1〕赵双进：《从“古城会”到亚运会——亚武联诞生和亚锦赛开锣》，《体育文化导刊》2005 年第 2 期。

〔2〕陈德荣：《走向世界的可喜一步——简评南京中国武术国际友好表演赛》，《中华武术》1982 年第 1 期。

加拿大，大洋洲的澳大利亚，非洲的摩洛哥，欧洲的瑞士、意大利、比利时、荷兰、波兰，亚洲的日本、泰国、新加坡等国家和中国香港、澳门地区的学员，共计39名。〔1〕

1986年6月9日—23日，中国武术研究院在全国武术锦标赛期间举办了国际武术教练员训练班，这样可以让学员边接受培训，边观摩武术比赛。办班的内容主要包括初级拳、南拳、24式太极拳、刀术、枪术、剑术、棍术7项内容。要求在15天内每名学员自选3项内容，考核合格发结业证书。班内学习气氛浓厚，学员练功刻苦，除了下午规定的学习时间外，学员还在早晨及晚上加时自学自练。由于武术有许多专业术语，翻译成英语较麻烦，所以训练班采用了汉语、英语双语教学的办法，并请在北京学武术的美籍华人陈继光担任翻译。这次训练班请张文广、门惠丰编写了教材，蔡龙云讲理论课，陈昌棉教南拳，受到了大家的欢迎。这批学员是首次以国际武术联合会的名义培养的国际武术教练员，为世界各地播下了竞技武术的种子。〔2〕

首次办班的成功，使中国武术研究院信心大增。1987年2月，又在深圳举办了第2届国际武术教练员训练班。由冯志强、吴彬、陈昌棉、夏柏华、于立光、陈道云、邱建国、张郑、陈国荣等人主讲。另外，在这次训练班上还决定举办首届中国国际武术节。同年8月又在广州举办了第3届国际武术教练员训练班。之后，分别在北京、上海、杭州举办了数期国际武术教练员训练班。1989年6月在澳门举办了国际武术教练员训练班，这期训练班

---

〔1〕赵双进：《从“古城会”到亚运会——1986年办的两件大事》，《体育文化导刊》2005年第1期。

〔2〕杨祥全：《现代武术史》，长江出版社，2011，第125页。

第一次教授了亚运会正式比赛的7个套路。

（二）国际武术裁判员的出现

1978年以前，我国武术项目只有张文广是国家级裁判员。1979年11月28日，国家体委批准了蔡龙云、邵善康、王菊蓉等10人为武术国家级裁判员，1980年批准了陈盛甫、王新武、成传锐等15人为国家级裁判员。1981—1988年又有170人通过考核成为国家级裁判员。1990年又批准了杨玉峰、苏长来、翟金生等17人为国家级散手裁判员。国内的武术裁判员队伍有了很好的基础，接下来就要抓好武术国际裁判员队伍的建设。〔1〕

随着武术运动在世界各地的广泛开展及国际性武术比赛的增多，世界各国亟须建立自己的裁判员队伍。第1届国际武术邀请赛结束不久，蔡龙云在接受《武林》杂志记者郭辉的采访时就曾建议，世界各国不但要有自己的裁判员，还要有自己的教练员和武术家。〔2〕受国际武术组织的委托，中国武术协会分别于1987年、1988年、1989年、1990年、1991年连续五年举办了国际武术裁判员训练班，为各国培养了一大批武术裁判骨干。又经国际武术联合会批准，所有参加以上训练班的任课教师及参加考试后合格的学员均被批准为国际级武术裁判员，共计177名。

---

〔1〕张山：《武林春秋》，人民体育出版社，2012，第203～204页。
〔2〕蔡龙云：《谈武术国际邀请赛》，载《琴剑楼武术文集》，人民体育出版社，2007，第229页。

四、武术的对外宣传

（一）武术团出访新加坡

1983 年，在时任中国武术协会主席黄中的带领下，中国武术团访问了新加坡。此次出访是国家体委“把武术推向世界”战略确定后第一次派团出访，出访对象是当时在东南亚颇有影响力的新加坡国术总会。此次出访受到了中国和新加坡双方的高度重视。代表团一行 35 人，黄中任团长，赵双进担任副团长，国家体委国际司秘书处处长刘庆奇为秘书长，团员包括五届全运会武术比赛成绩名列前茅的陕西、湖南、湖北、云南、山东等省队主力队员，如男子全能冠军赵长军、女子太极拳冠军苏自芳等多位全运会冠军，还有轰动一时的功夫片《少林寺》中的重要演员丁岚、于承惠、孙建奎和刘怀亮。如此阵容，可见此行非同一般。[1]

这次出访表演获得了极大成功。武术团在可容纳 2,000 余名观众的新加坡国家剧场连续表演 9 场，场场爆满，盛况空前，当地社会反响强烈，报纸天天报道。《联合早报》如此形容武术团的表演：“中国武术团的表演，有渔阳鼙鼓动起来之势，百鸟争鸣、百花齐放之态，连连赢得全场观众掌声 182 次之多。”《海峡时报》形容表演是“跃身轻如燕子飞，出手快似闪电来，钢刀挥动凶如虎，铁索飞腾猛似虎”等。各路媒体对武术团的表演和武术运动员的高超技能不吝笔墨，大加称赞。此次出访不仅使中国武术走进了新加坡，加深了两国间的文化交流，同时意想不到地在东南亚以及中国香港、澳门、台湾等地都引起了热烈反响，为 1984 年在武汉进行的 13 国和地区武术团体负责人磋商奏响了

---

〔1〕赵双进：《对八十年代武术工作的回顾与随想》，《体育文化导刊》2003 年第 7 期。

前奏，为武术走向世界做了起步前的准备。[1]

（二）武术裁判员支援国外武术比赛

1984年6月20日，应日中友好协会的邀请，中国武术协会派武术代表团一行12人赴日本大阪参加由日中友好协会主办的“第一回全日本太极拳·中国武术表演会”的裁判工作。6月22日，武术团与上海、江苏先期赴日担任教练工作的7名同志汇合，组成19人的中国武术裁判队伍。

在仔细研究了日本武术开展的实际情况后，裁判队伍对中国《武术竞赛规则》做了一些细则的补充，统一了评分的方法和标准。大会总裁判长由张山担任，同时确定了裁判员的分工。自选太极拳A组裁判员有周永福、赵林燕、周元钧；自选太极拳B组裁判员有张继修、陈昌棉、钱源泽；太极刀、剑组裁判员有王培锟、徐淑贞、丁金友；拳术、器械组裁判员有安天荣、徐永顺、张成忠；顾荣、谢保君担任裁判组的临场翻译工作。裁判组的计分计时均由日方人员负责。这是我国第一支派出担任国外武术比赛裁判员的队伍，是中国《武术竞赛规则》在国外比赛中的第一批执行者，也是中国武术走向国际武坛的一个初步尝试。[2]

中国武术代表团此次赴日不仅担任了裁判工作，而且在闭幕式上进行了精彩的专场表演，博得了全场3,000余名观众的热烈掌声。6月27日，代表团在离开日本前夕，应东京武术界朋友的要求又做了一次专场表演，在1,400人的会馆中表演近两个小

〔1〕赵双进：《对八十年代武术工作的回顾与随想》，《体育文化导刊》2003年第7期。
〔2〕张山：《武林春秋》，人民体育出版社，2012，第234页。

时，无人退场。表演结束后，要求拍照、签名者甚多。[1]

此次中国武术代表团的日本执裁工作，促进了中国与日本武术界的交流，加深了相互间的了解。日本武术发展的现状以及此次大会组织工作的严谨、实效给中国代表团留下了深刻的印象，也引起了中国代表团的危机感，中国作为太极拳发源地，如果不对太极拳运动采取必要的措施就会落后，就有被超越的危险。[2]张山对此次比赛的体会有两点：一是大会组织有序、讲实效，充分利用时间；二是我国国内太极拳运动普及程度不及日本。受此启发，武术代表团回国后，我国的全国武术比赛便开始了改革，大大缩短了比赛赛期；同时将太极拳、剑列为全国单项比赛，并创编了太极拳、剑竞赛套路，制定了竞赛规则，进一步推动了太极拳运动的普及与提高。

（三）武术专家组出访欧洲三国

1984 年 12 月，中国武术专家组出访了欧洲三国（瑞典、意大利和英国），专家组的成员包括赵双进、蔡龙云、成传锐、温力、于立光、苏自芳、赵长军、杨世文、陈凤萍和担任翻译的罗晓中，共 10 人。此次专家组访问与以往武术表演团的出访有所不同，专家组的任务是：考察欧洲武术发展现状；建立与发展同欧洲武术团体的关系；全面介绍中国武术运动，以加快武术走向世界的步伐。中国武术专家组先后访问了英国伦敦、瑞典斯德哥尔摩以及意大利波伦亚等地。此次访欧是继中国武术走向世界战

---

〔1〕张山：《武林春秋》，人民体育出版社，2012，第 236 ～ 237 页。
〔2〕郝心莲：《新中国武术发展史概论（续）》，《体育科研》1997 年第 1 期。

略的又一重要举措，其和 1985 年在中国西安举办的国际武术邀请赛均对欧洲武术联合会的成立起到了积极作用。值得一提的是，此次出访也开启了中国武术协会与英国武术界的正式交往，尤其是赵长军的地躺拳表演震惊了英国武术总会领导层，令英国华人武术界扬眉吐气。〔1〕

（四）武术队访问澳大利亚

1987 年 7 月，在澳大利亚武术太极学院院长、澳籍马来西亚华人徐荣安的邀请下，赵双进带领中国武术队一行 11 人开始了对澳大利亚的悉尼、墨尔本、堪培拉三大城市为期 21 天的友好访问。拜访了澳大利亚全国体委，新南威尔士省和维多利亚省的体育部、教育部。中国武术队与澳大利亚相关机构官员、群众进行了深入的交流，通过在广场、体育馆以及学校进行直观的武术表演，让澳大利亚人民见识到了中国武术的真貌和中国文化的博大精深。在澳大利亚国家体育学院体育馆进行的武术表演吸引了包括几十名各国外交官在内的 1,500 多名观众观看，观众们被精彩的中国武术表演震撼和折服，鼓掌声、赞叹声响彻全场，贯穿表演全过程。表演结束后，我国驻澳大利亚大使张冉激动地说："回去请给国家体委带个口信儿：西方先进的东西要学，自己的文化遗产要发扬。武术是体育中有价值的运动，今后要多派这样的队伍到国外来传播，这叫扬己之长。"〔2〕

---

〔1〕赵双进：《对八十年代武术工作的回顾与随想》，《体育文化导刊》2003 年第 7 期。
〔2〕赵双进：《从"古城会"到亚运会——探访澳洲大陆》，《体育文化导刊》2005 年第 3 期。

（五）伊朗全国运动会武术表演

1990 年春，伊朗举行全国运动会，邀请中国武术队赴伊朗进行武术表演。中国武术协会应邀派赵双进率山东省和湖北省男运动员赴德黑兰。当时，西亚地区是推广武术工作的一个空白点。20 世纪 80 年代初，我国曾派一支小型武术队到伊拉克做过一次表演以后，再也没有过相关联系。中国武术队在当地的演出活动同样受到了热烈欢迎，甚至受到了伊朗副总统的接见，为中国武术在西亚的传播和发展打开了“市场”。〔1〕

〔1〕赵双进：《从“古城会”到亚运会——开垦西亚武术处女地》，《体育文化导刊》2005 年第 4 期。

第二章

武术事业的全面深化

进入 20 世纪 90 年代后，中国武术各项事业在 80 年代的坚实基础之上迅猛发展，国内、国外全面开花。武术运动管理中心的成立，“中华武术百杰”和“先进武术馆校”的评选，武术段位制的推行，以及武术组织规范化管理的探索，一系列举措使中国武术事业迈上了一个历史新台阶。

进一步修订完善《武术套路竞赛规则》，开始实行“切块打分”的评判方式，使武术套路竞赛更加注重客观、规范、量化、公平，以适应国内、国外武术发展的新要求；尝试运用商业手法组织散打赛事，修订规则，减少护具，突出比赛的观赏性，开启了武术散打商业性比赛的探索，为武术产业化进程开辟了道路。

推动竞技武术向前发展的同时，积极谋划传统武术在大众健身和地方经济建设中发挥作用，以“武术之乡”的评选、新拳种的认定、新内容创编推广促进传统武术的有效普及，按照“武术搭台，经济唱戏”的思路，举办各类传统武术交流比赛，推动地方经济发展。

学校武术在发挥健身价值的同时更加注重武术专业学科建设和武术专业人才培养，武术科研队伍不断壮大，科研水平和研究质量持续提高。在国际武术组织的努力下，借助科技力量不断丰富武术推广渠道，制定竞赛规则、创编规定套路，推动国际武术比赛规范化，推动世界武术锦标赛走向成熟，促成武术列为亚运会常设项目等多种举措并举，增强中国武术的国际影响力，并随着中国申奥进程的推进，武术国际化的发展目标开始向奥运会聚焦。

20 世纪 90 年代的武术事业，在改革开放四十多年的发展中发挥着承上启下的作用。

第一节　统筹规划引领武术发展

党的十三届四中全会以后，党和国家把弘扬民族优秀传统文化，继承和发展民族优秀文化遗产放在突出的位置。江泽民同志在党的十四大报告中强调："我们要继承和发扬中华民族优良的思想文化传统，吸收人类文明发展的一切优秀成果"。自 1982 年第一次全国武术工作会议以来，党中央和国务院对武术工作给予了极大的关怀和重视，体育界、教育界、卫生界、文化界、科学界乃至企业界对武术的发展和推广都做了很大的努力和贡献。总体来说，由于我国改革开放的大好形势，武术才有了如此快速的发展。

一、第二次全国武术工作会议召开

古话说："十年生聚，十年教训。"自 1982 年第一次全国武术工作会议至 1992 年第二次全国武术工作会议这十年来，中国武术可以说是"十年重振，十年开拓"。在党和国家的关怀下，在社会各界的支持下，在广大武术工作者共同努力下，十年来的中国武术发生了翻天覆地的变化，达到了一个新的高峰。

1992年12月5日—10日，第二次全国武术工作会议在重庆举行。这次会议是继1982年第一次全国武术工作会议之后的又一次武术盛会，对武术事业的发展具有承前启后的重要作用。此次盛会受到了国家领导层和社会各界的高度关注。

会上，中国武术协会主席、中国武术研究院院长张耀庭做了题为“深化改革，为武术工作登上新台阶而奋斗”的报告。报告分“十年的回顾”和“九十年代武术工作的展望”两部分。在“十年的回顾”中，他指出，“过去十年是武术工作大发展的十年”，“在国内和国际上都取得了十分可喜的成绩”。归纳起来，干了四件大事：①拨乱反正，重振武术，建立并健全了机构。②抢救遗产，全面挖掘，摸清了“家底”。③改革、完善竞赛体制，开拓了学术理论研究。④敞开国门，走向世界，建立了世界级及洲际武联组织。

张耀庭在报告中指出，这些成绩的取得，除领导的重视和武术工作者的努力外，还与海内外民众“对武术价值的认识逐渐深入，不断提高”“武术意识不断增强”等有关。他还提出了武术工作中亟须解决的几个问题：①管理体制不够健全。②技术体系、竞赛制度尚不够完善、健全。③学术理论研究工作薄弱。④武术宣传工作有待进一步加强。⑤社会武术的管理体制不够健全，必要的法规建设落后于现实的发展。⑥武术经济资源开发不足。

张耀庭在报告的第二部分“九十年代武术工作的展望”中提出了“继承、发展、推陈、出新”的方针，并指出要坚持以下原则：①坚持党的“一个中心、两个基本点”的基本路线，遵循我国体育发展与改革纲要的总方针发展武术。②在全世界进一步普及和推广武术。③按照武术规律发展武术。④遵循“双百”方针，挖掘整理武术遗产。⑤开发武术资源，树立武术产业观。

关于今后的工作安排，张耀庭提出了三个“大胆”，即“武术工作要大胆地试，大胆地闯，大胆地上”。到20世纪末，要实现武术“三步走”的战略目标：①第一步，要从现在起，用三年时间建立起体系严密、概念清楚、门类齐全的武术学。②第二步，力争到1997年，使全国1/3的县有武馆；编写出大、中、小学校武术教材；使全国1/3的大、中、小学校在校生都会一套武术套路；使2/3的大、中城市开有常设性的武术馆校、训练班点；力争使武术成为全国各类大型综合性运动会的常设项目。③第三步，到20世纪末，全国武术人口发展到1亿，武德教育深入人心。

为此，他认为要做好如下工作：①建设好武术发展的“根据地”——中国武术研究院和各省、自治区、直辖市分支机构。②对武术和气功的发展进行全国性的统一规划和统一管理，使之走向健康、有序和法制的轨道。③进一步加强群众武术活动的普及和推广，大力发展各类武术馆校和“武术之乡”的评选活动。④进一步研究、改革和发展现有的竞赛形式和比赛规则，建立国家队。⑤在国际上，组织、宣传、技术推广等各方面都要上一个新台阶。⑥建立、健全武术的理论研究体系，调动各方面的积极性，中国武术研究院决定聘请百余客座研究员。⑦建立国际武术发展基金，为武术发展积累必要的资金。⑧加强武术的宣传工作，到2000年争取成立“武术出版社”，统一经营武术图书、音像、期刊的出版和发行。

此次会议上，徐才做了“让武术在世界放异彩”的报告，转达了国家体委主任伍绍祖对开展武术工作的意见：从层次上讲，武术是高于西方体育的，不仅可以健身，而且是一种文化。但是对武术的内涵还探索得不够，唯象、唯理的东西整理得不够。之后，徐才从“四看四要”四个方面发表了个人对武术工作的想法：①从世界文化的格局看，要奋力弘扬武术文化。②从“潜奥运会项目”看，要努力发展武术运动。③从培育社会主义市场经济看，要奋力开发武术资源。④从武术工作的艰巨性看，要勇于挑起重担。

最后，徐才号召武术工作者和武术家们要加大自己的事业心和使命感，振奋精神，不遗余力。要从为民族、为世界、为未来的高度来认识这种事业心和使命感。要以“团结、为公、拼搏、创造”来自勉自励，奋力研究武术，发展武术，推广武术，促进东西方文化交流，让武术这颗璀璨的中华文化明珠在世界上放出异彩。

在本次全国武术工作会议期间，中国武术协会举行了第五届换届选举。张耀庭当选为第五届中国武术协会主席，张山等 32 人当选为副主席。在下设的四所机构中，张山任裁判委员会主任，吴彬任教练委员会主任，夏柏华任科研委员会主任，张耀庭任新闻委员会主任。新一届中国武术协会无论是机构、岗位设置还是人员规模都较往届有所增加，而且呈现出知识化、专业化、年轻化的特点。

二、国家体委武术运动管理中心成立

为进一步适应改革开放新形势，进一步理顺纵横关系，完善管理体制，经中央机构编制委员会批准，成立国家体委武术运动管理中心。1994 年 5 月 30 日，国家体委武术处更名为国家体委武术运动管理中心。武术运动管理中心为国家体委直属事业单位，与中国武术研究院为一套班子挂两块牌子。同时，中心又是中国武术协会的常设办事机构，具有对武术运动项目的全面管理职能。中心下设办公室、政治处、训练竞赛部、社会武术活动部、外事部、技术开发部、技术研究部、理论研究部、气功研究部、资料编辑部、总务处共 11 个部门。中心领导干部职数 5 人，各职能部门领导干部职数控制在 20 人以内。

武术运动管理中心的主要任务是：根据国家的体育方针、政策，统一组织、指导全国武术运动项目的发展，推动项目的普及、提高，并通过开展必要的经营活动，为本运动项目的发展积累资金。其具体职责如下：

（1）全面负责本运动项目的业务管理，研究和制定项目的发展规划、计划和方针、政策。

（2）负责和指导本项目优秀运动队建设和后备人才的培养。

（3）研究制定并组织实施本项目的全国竞赛制度、计划、规划和裁判法，负责本项目全国竞赛的管理，制定全国比赛规程，审定运动成绩。

（4）组织本项目的科学技术研究，进行器材的研制和开发，提高科学训练水平，组织宣传和出版刊物。

（5）开展国际交往和技术交流，提出本项目的国际活动计划，组织实施参加国际竞赛队伍的组织、集训和参赛事项，负责和指导在我国举办的国际比赛的审批和有关组织工作。

（6）积极开展与本项目有关的经营和服务活动。广开经费来源渠道，增强自我发展活力和后劲。

（7）搞好中国武术协会的组织建设。广泛联系和团结社会各界人士，充分发挥协会的桥梁和纽带作用。

三、武术事业各项内容的谋划布局

（一）武术竞赛人员的管理与表彰

1. 武术裁判员的管理与表彰

为推动武术运动在国际上广泛开展，规范各种技术职称，提高裁判员的业务水平，促进武术竞技水平的发展，国际武术联合会技术委员会于1995年8月制定了《国际武术裁判员管理条例》。此条例包括晋升国际武术裁判员的规定及国际武术裁判员管理办法两部分，对国际武术裁判员的晋升和管理等进行了规定，保证了国际武术裁判员的质量。随着武术运动的发展，1996年3月8日，国家体委办公厅又颁发了《武术裁判员管理办法》，对武术裁判员的组织管理，裁判员的权利和义务，裁判员的等级和报考条件、考试办法等进行了详细的规定。

为调动广大裁判员的积极性，推动裁判员队伍的建设和发展，国家体委对优秀的裁判员设有奖励制度。如1997年8月7日，国家体委为表彰1994—1997年四年间为体育事业发展做出突出贡献的裁判员，根据《1997年优秀裁判员评选条件和办法》的精神，经各省推荐申报、全国各单项协会审定，国家体委研究批准了孙涛、郭秀英、高正谊、林小美、徐淑贞、曹科润、刘玉萍、朱瑞琪、邱丕相、曾于久、赵斌共 11 位国际级、国家级裁判员为全国优秀裁判员；2001 年又批准陆根秀、刘玉福、贾惠卿、林小美、刘仕伦、霍瑞亭、林建华、曾蜀林、彭贵州、曹科润、曹淑杰、朱瑞琪、徐伟军、王玉龙、温佐惠、温力、姜传银、邱丕相、刘同为共 19 人为 1998—2001 年全国优秀裁判员。

2. 武术教练员的管理与表彰

1990 年 4 月 25 日，在国家体委岗位培训领导小组和中国武术研究院的领导下，成立了武术教练员岗位培训工作指导小组。由该小组研究并制定了《武术教练员岗位职责标准》和《各级武术教练员岗位培训教学内容》，为武术教练员的岗位培训奠定了良好的基础。1990 年，武术教练员采用了“一个系列、两套标准、三个层次、五个等级”的技术等级制度后，指导小组又制定了相应的岗位职责标准、培训内容、培训大纲及教材要求。规定每四年为一个周期，对武术教练员进行培训。

1991 年 11 月 20 日—1992 年 1 月 20 日，在上海体育学院举办了第一期武术高级教练员岗位培训班；1992 年 11 月 12 日—1993 年 1 月 12 日，在上海体育学院举办了一期武术中级教练员岗位培训试点班。在此基础上，武术岗位培训制度从 1996 年逐步走向正规。

为表彰教练员取得的优异成绩及对武术事业做出的贡献，国家体委对优秀的教练员给予了奖励。如 1997 年 1 月 7 日，浙江的袁绩澜和陈顺安、安徽的刘学智、四川的任刚四人获得“体育运动荣誉奖章”；1997 年 12 月 24 日，山西的庞林太、上海的丁金友、河南的聂建国、上海体育学院的赵光圣获得“体育运动荣誉奖章”；1999 年，授予河南的聂建国、广东的黄建刚、甘肃的刘广齐“全国跨世纪优秀中青年教练员”称号；1999 年，广东的黄建刚、广西的陈旭红、陕西的张根学、北京体育大学的管建民和孙民杰、上海体育学院的杨中平获得“体育运动荣誉奖章”。

3. 武术运动员的管理与表彰

1991 年 6 月 26 日，国家体委根据《运动员技术等级制度》重新修订颁发了《各项目运动员技术等级标准》；将武术套路和武术散手运动员技术等级标准合并为《武术运动员技术等级标准》，自 1992 年 1 月 1 日起执行。该技术等级标准不但对武术套路的技术等级标准进行了规定，而且对武术散手进行了规定。

1994 年，为适应全国武术竞赛发展的需要，促进武术人才的合理流动，国家体委武术运动管理中心制定了武术运动员资格注册制度，并于同年 12 月 27 日下发了相应的实施细则（自 1995 年 6 月 1 日起执行）。武术运动员注册制度规定每年的 10 月—11 月为注册时间，武术运动管理中心审核后颁发注册证。注册证是运动员单位、年龄的唯一证据。运动员每年注册一次，如需变更代表单位，必须重新注册。运动员只有凭借注册证才能参加国家体委主办的全国武术锦标赛及全国运动会。

为表彰运动员取得的优异成绩，鼓励运动员刻苦训练，再创佳绩，国家体委也设立了相应的奖励制度。如 1997 年 12 月 24 日，北京队的左娟、山西队的原文庆、上海队的伍刚、浙江队的吕丹、福建队的陈思坦、河南队的陈静、湖南队的杨金强、西藏队的刘泽东获得“体育运动荣誉奖章”；1999 年，北京队的刘晓蕾和简增娇、上海队的陈蓓、河南队的郑坤友、湖北队的邹云建、广东队的孔祥东和陈仓、广西队的黄春妮、陕西队的陈龙、前卫体协的邱慧芳、成都体育学院的王文军获得“体育运动荣誉奖章”。

运动员技术等级的制定实施以及对优秀运动员的表彰，对鼓励运动员勤学苦练、迅速提高技术水平起到了积极的推动作用。

（二）社会武术组织的规范与管理

1. 武术馆校的繁荣与治理

1982 年的第一次全国武术工作会议提出“大力开展各种形式的群众武术活动，允许民间开办武术馆授拳传艺”等政策方针，极大调动了广大社会武术工作者的积极性，在全国掀起了群众习武的热潮。各种形式的武术馆、站、社、校等纷纷成立。

1992 年 12 月的第二次全国武术工作会议又提出“力争到 1997 年，使全国 1/3 的县有武馆”，“使 2/3 的大、中城市开有常设性的武术馆校、训练班点”等内容。至 1994 年，各地武术馆校迅速崛起，并朝着系统化、多元化方向发展。一方面，武术馆校的建立形成了一个宣传推广武术、组织群众开展武术活动的广阔而坚实的基地，极大地推动了武术事业的发展。另一方面，由于私人武术馆校的操作多以营利为主要目的以及在运行中缺乏有效监管等原因，也产生了一些社会问题。比如：有的武术馆校大作虚假广告，招生骗钱；个别馆校纠结势力、横行一方；不少武术馆校忽视对学生内在气质、道德修养的培养等。这些问题给武术发展留下了隐患。

鉴于上述混乱情况的出现，1994 年，国家体委武术运动管理中心会同有关方面起草了《武术管理条例》。1995 年底，国家体委武术运动管理中心召开了一次社会武术工作会议，出台了《经营性武术组织管理规定》。1996年，国家体委武术运动管理中心培训部成立，此后出版了有关武术馆校的统一教材。《经营性武术组织管理规定》要求武术馆校应该有严格的办学条件，加大教学管理力度，健全管理体制，走法制化建设的道路。一系列政策的出台强化了武术馆校的管理，规范了武术馆校的经营。

2. 首批全国“先进武术馆校”的评选

为推动全国武术馆校的健康发展，更好地发挥武术馆校在实现全民健身战略目标中的作用，表彰先进，树立典型，国家体委武术运动管理中心于1995年3月下发了《关于开展全国百家名武术馆校评选活动的通知》，并于1996年5月下发了《关于开展首届全国先进武术馆校评选活动的补充通知》。首次评选于1995年进行，以后每三年进行一次。根据评选条件，先由各省、自治区、直辖市的体委、武协进行初评，向国家体委武术运动管理中心推荐，经检查验收、评定后，由国家体委武术运动管理中心命名，并颁发证书，通报表彰。

1996年12月5日，首批全国“先进武术馆校”和全国“武术之乡”命名表彰大会在北京同时举行。在全国“先进武术馆校”的评选中，有14个省、自治区、直辖市的47个武术馆校报名参加了评比。经过各级体委的层层选拔，最终在国家体委武术运动管理中心的严格评定下，评选出首批43个全国“先进武术馆校”。

3. “中华武林百杰”评选

为继承、弘扬中华武术文化，推动武术事业进一步发展，挖掘与发现各门派代表人物以及武术名家名师，经国家体委批准，由中国武术协会、中国武术研究院主办，被武术界称为“迟来的盛典”的中国首届“中华武林百杰”大型系列活动成为有史以来我国武术事业的空前壮举。“中华武林百杰”系列评选活动自1993年筹备，1994年实施，不仅包括“中华武林百杰”评选，还包括“十大武术名师”“十大武星”等评选内容，引起了海内外武术工作者及爱好者的广泛关注。

1994年7月20日，中国首届“中华武林百杰”评选活动开始。参加此次评选活动的评审委员共计24人，由老一辈武术家、著名武术教授、高级武术教练员、国际级武术裁判员、资深武术运动员、武术科研人员以及长期从事武术工作的行政人员、宣传人员的代表组成，可谓会集了武术界的精英。张耀庭在第一次全体评委会上用“开天辟地”四个字评价了此次“中华武林百杰”评选活动的历史意义和现实意义。在会上，他动情地说：“咱们评选的最后效果，应是‘四个对得起’：对得起整个社会，对得起我们武术事业的发展，对得起各级武术组织，对得起他本人。”

本次评选活动共经过大小会议24次，评审委员们畅所欲言、实事求是，真正做到了顾大局、识大体，大会不仅顺利完成了评选工作，而且委员们对武术事业的发展提出了许多宝贵的意见。大会最终评选出了120名“中华武林百杰”候选人名单，公布在1994年8月2日的《中国体育报》上，接受各界人士的监督、投票。

1995年12月，在山东省莱州市举行的全国社会武术工作会议上首次公布了评审结果：门惠丰等十人被评为“十大武术教授”，区汉泉等十人被评为“十大武术名师”，王常凯等十人被评为“十大武术教练”，王萍等十人被评为“十大武星”，曾志强等来自全国各地区、高校的百余人被评为“中华武林百杰”，并颁发证书。

（三）武术多种产业的兴起与管理

早在20世纪80年代，以《少林寺》为代表的武术电影掀起了全国范围的武术热，并由此带来了武术刊物的热销和武术馆校的大量涌现，武术产业随之逐渐兴起。1988年5月，徐才在全国体委主任座谈会上提出了“开发武术资源，以武养武”的倡议。同年的全国武术经济工作会议上第一次明确提出了“武术经济”的概念，并成立了专门的职能管理部门——中国武术协会经济开发委员会。1990年，国家体委研究决定将中国武术协会向实体化过渡，明确中国武术协会可以进行多种经营，为武术事业的发展筹集资金。

20世纪90年代以来，武术产业化在政策的推动下出现了一些新的动向。武术杂志通过武术培训介入武术市场，如《武魂》杂志设立了武魂武术培训中心，《武当》杂志于1992年成立武术开发基金会。图书、音像、器材、服装、培训班、博览会、年会、交流大会、擂台赛等有关武术的经营活动均有开展，形成了一个有出版社、工厂、商店、武馆、体育院校、各级体委以及政府参与的热闹的武术市场。河南郑州于1991年、1992年、1993年、1995年举办的四次少林武术节的经贸成交额分别为8亿元、24亿元、32亿元、52.5亿元，取得了良好的经济效益。[1]

虽然武术市场呈现一派热闹景象，但是武术产业尚处在起步阶段，还没有形成较大规模。例如，武术器材的生产方大多是一些民营的小型企业，全国上百家武术器材生产企业基本分布在河

〔1〕易剑东、张琴：《中国武术百年历程回顾　面向21世纪的中国武术》，《体育文史》1999年第1期。

北、浙江和河南，缺乏有明显规模优势的大企业。此外，一些武术节、博览会都有鲜明的“武术搭台，经贸唱戏”的目的。

1995年，中国体育高层经长期酝酿，终于在年初的体委主任工作会上大张旗鼓地提出“体育产业化”的发展规划，这一举措的提出正值第八届全国人大第三次会议召开前夕，尤其具有特殊意义。随后，国家体委武术运动管理中心所有中高层连续两天开会，重点研究适应体育产业化大趋势，促进武术产业化的问题。〔1〕

1998年，全国武术经济工作会议在北京召开，会议分析了武术经济开发的历史、当前的形势以及武术经济的十大资源，提出了抓住目前机构改革的机遇，以组建武术集团为突破口，带动整个武术经济发展的思路。本次会议还成立了中国武术协会经济开发委员会，并召开了中国武术协会经济开发委员会第一次全体会议，68名委员一致通过了《中国武术协会经济开发委员会章程》，预示着武术发展将进入一个新的时期。〔2〕正是20世纪90年代的社会环境和一系列政策的出台，为即将到来的新世纪中国武术产业大发展打下了坚实的基础。

（四）武术新闻宣传的组织与规范

武术的发展，离不开宣传。为了适应新形势下武术发展的需要，促进武术的全面发展，1995年3月25日，以“弘扬中华武术、振奋民族精神”为宗旨的国家体委武术运动管理中心武术新闻委员会成立。人民日报社、中央电视台、光明日报社、中国青年报社、

〔1〕宁远：《发招——武术产业化大趋势》，《中华武术》1995年第8期。
〔2〕易剑东、张苓：《中国武术百年历程回顾——面向21世纪的中国武术》，《体育文史》1999年第1期。

中国体育报业总社、北京电视台、中国新闻社、《中华武术》杂志社等28家热心武术事业的新闻单位派代表出席了会议。会上，张耀庭分析了国内外武术发展的大好形势，张山通报了1995年度各项大型的武术活动，参加会议的代表纷纷表示将在武术宣传方面做出新的举措。武术新闻委员会的成立为武术的宣传提供了组织保障，使武术的宣传更加规范化、系统化，对武术的传播起到了积极的推动作用。

1998年3月10日—13日，由中国武术协会、国家体委武术运动管理中心举办的全国武术宣传工作会议在北京举行，全国40多家新闻出版单位与会。会议研讨了有关加大武术宣传力度，促进武术更广泛地进入全民健身领域，加快进入奥运会和进入市场的步伐等问题；成立了新一届的武术新闻委员会；印发了《武术宣传工作组织管理实施办法》；专题讨论了武术新闻委员会工作框架和有关刊载武术广告的问题。时任中国武术协会主席李杰做了题为“加强宣传力度，促进武术发展”的报告，他指出，武术的宣传要根据“遵循武术发展的规律，坚持团结、稳定、鼓劲、正面宣传为主”的方针，为武术发展创造一个良好的舆论环境。他还提出了加强武术宣传力度的几项措施，包括颁布实施《武术宣传工作组织管理实施办法》，制定武术新闻委员会工作规范和武术广告守则等。

（五）武术电影产业的发展与突破

武术电影对武术的传播起到了巨大的推动作用，可以说，武术国际化传播的一大推动力量来自武术电影，很多外国人都是先看了“功夫片”才知道中国武术的。

20世纪90年代，计算机网络快速发展，这个时期的武术电影有了质的飞跃，电脑科技的运用使得武打场面、武术动作、环境效果有了新的突破，香港于1992—1993年相继拍摄了《新龙门客栈》《东方不败》以及“黄飞鸿”系列等武术电影，对中国电影业的发展产生了重要影响。同时，以武术为题材的电视剧也大量涌现，如《笑傲江湖》《天龙八部》《射雕英雄传》等电视剧一经推出便吸引了大量观众。

2000年，由好莱坞华人导演李安导演，周润发、杨紫琼、张震、章子怡等主演的动作影片《卧虎藏龙》以飘逸优美的武打动作设计和精心构造的中国传统韵味在好莱坞掀起了中国武侠热。该影片以最佳外语片、最佳摄影、最佳艺术指导、最佳原创音乐四项大奖在第73届奥斯卡金像奖颁奖典礼上满载而归，这也是华语武侠片一个新的巅峰。随后，武术动作片经典作品大量涌现，例如，2002年由张艺谋导演，李连杰、甄子丹等主演的《英雄》，2004年由周星驰自导自演的电影《功夫》，2005年由徐克导演、甄子丹等主演的《七剑》，2006年由李连杰主演的《霍元甲》，2008年由甄子丹主演的《叶问》等影片都是武术动作片的经典之作。

一方面，电影为武术推广提供了新的媒介，为武术传播搭建桥梁；另一方面，武术也为电影提供了一个广阔的市场，为电影的发展提供动力，武术与电影的结合开辟了武术电影的新空间。在中国电影历史长河中，以武术及以尚武崇德的武侠思想为主题的电影占据了重要位置。因此可以说，中国武术促进了中国电影的发展，中国电影推广和宣传了中国武术。

四、第三次全国武术工作会议

1996年10月28日—11月1日，为期五天的第三次全国武术工作会议在天津召开。这次会议是在深入学习贯彻党的十四届六中全会精神、《中华人民共和国体育法》和《全民健身计划纲要》的“大气候”下，在武术运动管理中心领导班子下大力气狠抓内部管理卓有成效的“小气候”下召开的，来自全国各省、自治区、直辖市的138名代表参加了会议。

伍绍祖因在上海参加全国农民运动会，未能参加该次盛会。作为一个武术爱好者和领导人，他发来了贺信《我热爱武术》。在信中，伍绍祖重申他在1994年中华武术散手擂台争霸赛新闻发布会上的讲话精神，认为“武术应该属于高层次的科学，是高层次的体育”，“武术属于体育，但高于一般的体育”〔1〕。

李杰在会上做了题为“抓住机遇，求实奋进，开创武术工作新局面”的总报告，明确提出了此后四年武术工作的指导思想、工作方针、任务和措施。大会进行了中国武术协会的换届选举，产生了新一届武术协会的领导班子，修改了《中国武术协会章程》，为以后武术工作的顺利开展奠定了良好的基础。

第二节　竞技武术全面稳定提高

20世纪90年代是竞技武术快速发展的黄金时期。武术套路稳步发展，散手项目开始崛起，武术竞赛内容和制度不断丰富和

〔1〕伍绍祖：《我热爱武术——伍绍祖王仕致第三次全国武术工作会议的贺信》，《中华武术》1996年第12期。

完善。国际武术组织的成立、武术规则的制定以及一系列重要赛事的举办标志着中国武术开始以一种崭新的姿态登上历史舞台。1991年前后，国家体委先后修订和颁布了《武术散手竞赛规则》《武术运动员技术等级标准》《武术套路竞赛规则》《国际武术散手竞赛规则》《太极推手竞赛规则》，一系列竞赛规则的制定为多元化的武术竞赛内容的开展提供了保障。国内赛场上，1992年第四届全国大学生运动会首次将武术列为正式比赛项目。此外，武术在全国少数民族运动会、全国大学生运动会、全国农民运动会上都被列为正式比赛项目。1993年的第七届全国运动会武术比赛设金牌7枚，1997年第八届全国运动会武术比赛金牌数量增加到15枚，第九届全国运动会武术比赛金牌数量也有增加。国际赛场上，1991年10月，第1届世界武术锦标赛在北京举行，散手被列为表演项目；1993年5月，第10届东亚运动会在上海举行，武术首次被列为正式比赛项目；1993年在马来西亚吉隆坡举行的第2届世界武术锦标赛，散手被列为正式比赛项目。武术竞赛制度的不断完善以及一系列重要武术赛事的成功举办推动了竞技武术的强势发展。

一、第二次全国武术训练工作会议

继1986年第一次全国武术训练工作座谈会以后，1994年12月11日—14日第二次全国武术训练工作会议在天津召开。来自全国27个省、自治区、直辖市、行业体协及6所直属体育院校主管武术工作的同志，武术优秀运动队的领队、教练员共80人参加了会议。

为筹备这次会议，武术运动管理中心花费了近一年的时间。会上，在原先掌握的情况和问题的基础上，集中了全国富有武术实践经验和较高理论水平的高级教练和教授专家，组成调研组，将全国分为东、南、西、北、中等地区分别进行深入调查研究，草拟好文件后，又到基层去验证，最终出台了《关于当前武术发展中若干问题的思考》《关于当前武术发展中若干技术问题的说明》的主报告，同时还就武术发展中的一些关键问题，起草了《中国武术段位制》《全国武术演武大会》，并分别提出了关于修改武术套路和武术散手竞赛规则、规程的原则及意见，为这次大会研究武术的改革和发展方向提供了纲领性的依据。〔1〕

出席大会的代表，都是来自各省、自治区、直辖市体委，长期从事武术基层工作，有着丰富实践经验的主管、主教练和领队。代表们分为3组，每组30人左右。大会经过了激烈的讨论和反复论证，与会代表进行一番审慎研讨后，一致认可“突出项目特点，严格动作规格，强化攻防意识，继承、发展、创新”的训练方针；对武术套路发展提出了“高、难、美、新”的要求，对散手运动的发展提出了“技法全面，实力为本，快、准、巧、变，落在实战”的要求；经过讨论基本通过对武术套路和散手竞赛规则的修改意见。大会还对武术段位制和“演武大会”方案等问题进行了研讨，针对武术宣传和科研也制定出了方针和政策。〔2〕

---

〔1〕昌沧：《武术技术发展的里程碑——散记1994年全国武术训练工作会议》，《中华武术》1995年第2期。

〔2〕杨战旗：《着力改革　走向世界——中国武协主席张耀庭答记者问》，《中华武术》1995年第3期。

在总结会上，张耀庭感慨地说：“一个人否定自己是最难的，但必须不断地否定自己，在前进发展中，否定自己是坚持真理的重要标志。”通过4天的认真研讨，许多意见基本达成一致。大会明确了武术的技术发展方向，完善了武术的竞赛办法，研究了传统武术的继承与发展，制定了今后武术发展的方针和政策。

二、《武术套路竞赛规则》的修改与完善

武术套路是武术体系中的一个重要内容，竞赛规则对武术套路的发展变化起着重要的导向作用。1996年10月28日，在天津举行的第三次全国武术工作会议上，根据会上提出的“突出项目特点，严格动作规则，强化攻防意识，继承发展创新，体现高、难、美、新”的武术技术发展方向，国家体委审定并颁布了新的《武术套路竞赛规则》，主要特点有：

（1）实行切块打分。由评判动作完成分和评判演练水平分的裁判员各3～5人组成，其中动作完成分为6.8分，演练水平分为3分。

（2）设置“指定动作和创新难度动作”，并规定对完成创新难度动作的运动员给予0.2的加分作为鼓励。

（3）增加了指定动作。由国家体委主管竞赛部门每年年底公布下年度比赛自选套路的指定动作内容、规格要求、动作分值。

（4）建立竞赛监督委员会。该机构主要是对竞赛工作的评估及对裁判员、教练员、运动员及工作人员进行监督。

1996年版的《武术套路竞赛规则》明显促进了武术套路运动的发展，推动武术套路向“高、难、美、新”的方向发展，以往的“重速度、轻动作规格”的现象有所改观，武术套路体系逐步

规范化，形成了比较完整的技术内容。但是，1996 年版的《武术套路竞赛规则》也不可避免地存在一些问题，如规则烦琐、不易操作等，需要武术工作者站在长远的武术发展角度去不断修改和完善。

三、散打（手）项目在国内外的再度崛起

1991 年，武术散手被列为第七届全国运动会的正式比赛项目，虽然只设一枚金牌，但这对散手运动的发展起到了巨大的推动作用。同年 5 月，中国武术研究院在焦作召开了首届全国散手训练工作会，会后下发了《1991 年全国武术散手训练竞赛工作会议纪要》。这次会议对加强散手运动队的训练、竞赛、科研和管理起到了积极的作用。1994 年 12 月，第二次全国武术训练工作会议明确散手技术的发展要坚持"执法全面，实力为本，快、准、巧、变，落在实战"[1]的原则，为散手技术的发展指明了方向。1996 年 10 月，国际武术联合会技术委员会在北京举行会议，审议并通过了国际武术（套路、散手）教材和《国际武术竞赛规则》修改稿，加快了武术走向世界的步伐。

在第七届全国运动会上，散手项目分为 9 个级别，分别为 48 公斤级、52 公斤级、56 公斤级、60 公斤级、65 公斤级、70 公斤级、75 公斤级、80 公斤级、85 公斤级，共设 1 枚金牌，只设男子组比赛。第八届全国运动会武术项目的金牌数量有了大幅度增加。武术套路项目的金牌数量从 6 枚增加到 12 枚；散手项目的金牌

---

〔1〕昌沧：《武术技术发展的里程碑——散记 1994 年全国武术训练工作会议》，《中华武术》1995 年第 2 期。

数量从 1 枚增加到 3 枚，即 52 公斤级、56 公斤级、60 公斤级小级别团体，65 公斤级、70 公斤级、75 公斤级中级别团体，80 公斤级、85 公斤级、85 公斤以上级大级别团体各 1 枚。在第八届全国运动会上，参加散手比赛的单位增加到近 30 个，使比赛更加激烈，也促进了散手技术水平的提高。为了推动散手运动的开展，适应国际比赛的要求，第九届全国运动会的散手项目金牌数量又增加 3 枚。

在国际性武术比赛中，散手项目也逐渐得到认可并快速发展。1991 年，在北京举行的第 1 届世界武术锦标赛上，散手被列为表演项目，赛会同时制定了《国际武术散手竞赛规则》。1993 年，在马来西亚举行的第 2 届世界武术锦标赛上，散手被列为正式比赛项目，标志着散手正式进入世界竞技体育比赛的行列。在之后每两年举行一次的世界武术锦标赛上，散手都被列为正式比赛项目。1996 年，在菲律宾马尼拉举行的第 4 届亚洲武术锦标赛上，散手被列为正式比赛项目。1998 年，在泰国曼谷举行的第 13 届亚运会上，除武术套路项目比赛外，还将散手列为正式比赛内容，并设立了 5 枚金牌，这是散手第一次被列为综合性运动会的比赛项目。在该届亚运会上，中国队获得了 5 个级别的全部冠军，极大地鼓舞了广大武术散手工作者。

散手项目开始尝试进入商业性比赛。1994 年 8 月，中国武术研究院、中国武术协会主办的“’94 中华武术散手擂台争霸赛”在广州市拉开帷幕，诞生了中华人民共和国成立以来第一位“武状元”——陈超，开启了武术散手商业性比赛的探索。

此外，散手护具也经历了改革与发展。“全护式”的护具设置在散手运动发展初期起到了重要的作用。随着散手运动的普及、运动技术水平的提高，散手护具的改革成为散手发展的必然趋势。1998 年，中国武术协会科研部在户县、沧州、青岛三地进行了 3 次散手去除护具试验赛，为散手运动的进一步改革做准备。1998 年 11 月，“中美搏击赛”在北京首都体育馆举行，这次比赛是中国功夫与外国搏击技术第一次真正意义的交流，不仅为散手运动脱掉护具做了进一步探索，同时为中外搏击技术的交流做了准备。1999 年，为了使散手进一步规范化、市场化并与国际接轨，散手正式改名为散打。同时，在比赛中的护具由“全护式”改为“点护式”，除保留手套、护齿、护裆外，脱掉其他护具，从而使武术散打以一个崭新的形象出现在体育舞台上。

从总体上看，散手运动已初步形成了系统科学的组织程序，较完善的竞赛体制、竞赛规则及裁判法；培养了一批散手教练员、裁判员和运动员，使这项运动得到了进一步发展，加快了其走向世界的步伐。

四、太极拳、太极剑和太极拳推手比赛的探索

太极拳、太极剑和太极拳推手比赛是 20 世纪 80 年代后期兴起的唯一以拳种单列的全国比赛。其比赛项目分为三类：太极拳（42 式、杨式、吴式、陈式、孙式太极拳）、太极剑竞赛套路和太极拳推手。太极拳推手最初只进行男子比赛，设 9 个级别：48 公斤级、52 公斤级、56 公斤级、60 公斤级、65 公斤级、75 公斤级、80 公斤级、85 公斤级、85 公斤以上级。此外，比赛规程还规定选报太极剑和太极拳推手的运动员必须选报太极拳。

1989年，散手改为正式比赛项目后，为规范比赛的同类性，太极拳推手比赛与武术散手分开进行，太极拳推手被划归到太极拳、太极剑的比赛中，成为“全国太极拳、剑、推手比赛”，这使武术的赛制日趋合理。但是比赛规则不完善，运动员训练水平不一、裁判员执裁水平有待提高等问题接踵而至。为解决这些问题，1990年4月，国家体委武术处组织了一次由太极拳专家、教练员和运动员参加的规则研讨会，再次对太极拳推手的竞赛规则进行了修改，在保持太极拳推手民族特色的基础上增加了技术得分，突出推手的技巧性。1991年，经国家体委审定正式颁布了《太极拳推手竞赛规则》。1992年4月，在山东济南举行了第一届全国太极拳推手观摩交流大会，大会分三步进行了观摩交流：第一步是安排本队理论讲座和自我表演；第二步是各队交叉比赛；第三步是专家与运动员交流技艺。〔1〕

继1992年大会之后，又于1993年9月在杭州举行了由北京、上海、山东、河南等十多支代表队，以及30余名专家、学者、特邀代表参加的第二届全国太极拳推手观摩交流大会。大会期间，以座谈会讨论、比赛观摩、技术交流等方式，分别对太极拳推手的竞赛形式、竞赛规则、技术体系等方面进行了研讨和试验。〔2〕对太极拳推手中出现的一些技术问题，比如原来大家认为太极拳推手中不应该出现“顶牛”的现象，通过讨论大家对“顶牛”问题有了理性的认识，认为在如下三种情况下，“顶牛”现象出现是正常的：一是技术水平在初级阶段的选手，由于掌握的方法少，

---

〔1〕杨祥全：《现代武术史》，长江出版社，2011，第169页。
〔2〕郝心莲：《新中国武术发展史概论（续）》，《体育科研》1997年第1期。

可能出现“顶牛”；二是两位选手力量相当，但是技术手段不多，可能出现“顶牛”；三是力量和技术都差不多，势均力敌时可能出现“顶牛”。

对于这次会议，张山认为在如下四个方面取得了重要成果[1]：一是找到了传统推手与竞技推手理论上的差距；二是对太极拳推手规则提出了很好的修改意见；三是建议竞技推手挖掘并借鉴传统推手的训练方法和手段；四是应该进一步加强太极拳推手的理论和技术研究。

中国武术协会评价这次大会达到了“认真负责、团结协作、敢于探索、科学求实”的目的[2]，并对今后太极拳推手工作做了如下安排：

（1）举办裁判员培训班，提高执裁水平。

（2）编写相应的太极拳推手教材，使技术系统化、规范化。

（3）制定、出版较完善的竞赛规则。

（4）有条件地扶植龙头单位，以点带面。

（5）在短时间内促成太极拳推手成为正式竞赛项目。

1994年，对太极拳推手运动而言是重要的一年。该年经国家体委审定首次颁布《武术太极推手竞赛规则》（1994年6月），在北京举办了首届太极拳推手竞赛规则裁判员培训班，全国太极拳、剑、推手比赛更名为“全国武术太极拳锦标赛”，而且使人更为欣喜的是首设了女子推手项目，并经武术运动管理中心批准，太极拳推手竞赛成为全国武术锦标赛项目。太极拳推

〔1〕杨祥全：《现代武术史》，长江出版社，2011，第169～170页。
〔2〕郝心莲：《新中国武术发展史概论（续）》，《体育科研》1997年第1期。

手由此成为正式比赛项目，标志着太极拳推手进入一个新的发展阶段。

1999年，由张山主编，张继修、冯志强等20多人参加编审的《中国太极推手》一书的出版，更是有力地推动了太极拳推手运动的教学、训练、普及与运动技术水平的提高。

五、武术优秀运动队的发展

（一）武术优秀运动队发展概况

武术优秀运动队是我国高层次的武术专业队伍，是培养武术人才的基地，也是推动竞技武术发展的中坚力量。武术优秀运动队始建于20世纪60年代初期，80年代步入快速发展期，是推动竞技武术发展的龙头。

据1992年对上海、江苏、福建、河北、河南等14个省、自治区、直辖市的调查，一线武术教练员有49人，一线武术运动员有262人，二线武术运动员有218人，三线武术运动员有2,742人，武术传统项目学校有43个，已逐步形成了从武术优秀运动队、运动技术学校到业余体校、传统项目学校的一条龙训练体系。[1]

武术优秀运动队的创建为武术技术训练提供了组织上的保证，使武术训练进入系统科学的轨道。武术优秀运动队在技术训练发展方向、队伍建设等方面都取得了可喜的成绩，为武术运动的发展做出了突出的贡献。

---

〔1〕郝心莲：《新中国武术发展史概论（续）》，《体育科研》1996年第4期。

（二）北京武术队的建立与发展

北京武术队成立于 1974 年 11 月，前身是北京业余体育运动学校（现为北京市什刹海体育运动学校）武术班。1974 年，北京业余体育运动学校武术班夺得全国武术比赛少年组团体冠军。同年，组成中国少年武术代表团出访美国，受到尼克松的称赞。由于成绩突出，1974 年 11 月，经北京市体委批准，北京武术队正式组建，吴彬和李俊峰担任教练，领队是韩昭英。从 1974 年到 1986 年，北京武术队获得了历届全国武术比赛的团体冠军。自 1974 年建队至 1997 年，北京武术队共获团体冠军 11 次，获个人前六名奖牌 526 枚，其中金牌 147 枚、银牌 108 枚、铜牌 96 枚。

北京武术队培养出了数量众多的武坛名将：李连杰、王建军、李志洲、李霞、郝志华、戈春艳、梁长兴等，他们都曾是叱咤武坛的风云人物。20 世纪 90 年代更是人才辈出：亚运会冠军壮晖，世界冠军耿贞晖，世界冠军邸广文，世界冠军江邦军，全国冠军及世界冠军左娟，世界冠军简增蛟，世界冠军刘晓蕾，世界冠军孔祥东，集全国、亚洲、世界冠军于一身的刘青华，亚锦赛冠军王晓娜，东亚运动会冠军卡力等，他们都在全国乃至世界武坛闯出赫赫声威。此外，还有商昱、邱东星、石昆等一大批武术冠军。

北京武术队还是个影星辈出的地方。教练吴彬曾与张丰毅、王姬一起合演了《塞外夺宝》；队员李连杰因主演《少林寺》而一炮走红，成为红遍世界的武打明星；王群、吴京、王珏、寇占文、崔亚辉、严平、薛建、戈春艳、孙建明、黄秋燕等也分别在《少林小子》《大刀王五》《南北少林》等几十部影视作品中担任主角。

北京武术队曾先后出访日本、美国、英国、西班牙、爱尔兰、泰国、叙利亚、菲律宾、缅甸、澳大利亚等国家，还加入了中国武术团并先后访问过意大利、罗马尼亚、埃及、土耳其、摩洛哥、法国、墨西哥、越南、阿尔及利亚、突尼斯等国家，成为向世界推广武术运动的主力军。武术队的出访表演增进了中国运动员同各国人民之间的友谊，为祖国人民赢得了荣誉。

第三节　传统武术有效推广普及

20 世纪 80 年代中后期，在中国武术研究院和中国武术协会的统一领导下，群众武术活动发展十分迅速，各地武术协会及武术馆（站、社、校）如雨后春笋般不断涌现，形成了空前广泛的群众性武术活动网络。[1] 1987 年，国家体委发布了《国家体委关于加强武术工作的决定》，从 12 个方面提出加强武术工作的具体要求和措施，大力普及群众性武术活动便是其中之一。这为 20 世纪 90 年代传统武术的推广与发展提供了政策支持。1992 年，第二次全国武术工作会议提出，在“继承发展，推陈出新”方针的指引下，到 20 世纪末实现“三步走”的战略目标，其中最后一步明确了武术的推广普及目标即“到本世纪末，全国武术人口发展到一亿，武德教育深入人心”[2]。1995 年，国务院颁布《全民健身计划纲要》后，在继承中发展，在推广普及中服务大众健

〔1〕张耀庭：《回顾与展望》，《中华武术》1992 年第 11 期。
〔2〕昌沧：《为武术工作登上新台阶——记第二次全国武术工作会议》，《中华武术》1993 年第 1 期。

身、服务新时期的社会建设，成为20世纪90年代传统武术发展的主要特征。

一、开展“武术之乡”评选

随着武术运动在全国范围的蓬勃发展，国家体委决定通过表彰那些武术活动开展得好的地区，树立典型，总结和推广其先进经验，推动全国城乡武术深入发展。1991年春，国家体委正式下发《关于开展全国“武术之乡”评选活动的通知》，明确提出了要有1/5的武术人口，1/3的学校要设立武术课，机关、厂矿、乡镇要有经常性的武术活动等10条评选标准，并要求全国“武术之乡”评选活动以县、市、区（相当于县级）为单位参加评选，各省、自治区、直辖市体委按照标准先在本地进行初评，符合条件者向全国“武术之乡”评审委员会推荐，由评审委员会下基层检验后，将合格者报国家体委批准命名。该文件下发后，在全国范围内引起了强烈的反响，各级体委和政府部门对此高度重视，并将创建全国“武术之乡”纳入政府工作，各地掀起了争创“武术之乡”的热潮。截止到1992年6月30日，国家体委收到18个省、自治区、直辖市36个单位的评选申请。

经过各地初评和评审委员会的考核验收后，国家体委于1992年最终批准了天津市南开区等35个单位成为首批全国“武术之乡”，并在第二次全国武术工作会议上进行了命名表彰。

随后，为充分发挥“武术之乡”的先进带头作用，推动社会武术继续发展，国家体委又在1993年下发《关于进一步开展全国“武术之乡”评选活动的几点意见的通知》，进一步要求：第一，建立抽查和普查制度，对全国“武术之乡”每年抽查一次，抽查数约占全国“武术之乡”的1/5，三年普查一次，与三年评选一次“武术之乡”同步进行；第二，建立全国“武术之乡”的比赛制度，每两年举行一次。

同年8月25日—30日，在河南省温县陈家沟举办了首届全国“武术之乡”武术比赛，来自全国各地“武术之乡”的430余名领队、教练员、运动员参加了比赛。最终，套路团体和散手团体冠军分别被河南温县和河南登封市夺取。

此后，全国“武术之乡”武术比赛每两年举办一次，从2009年的第七届开始，武术套路比赛与散打比赛分开举办，从2011年第八届开始改为每年举办一次。

1995年，国家体委下发《关于开展第二届全国武术之乡评选活动的通知》，并于1996年12月批准全国14个省、自治区、直辖市的27个县为第二批全国“武术之乡”，同时，在表彰大会上，还有42人获得“全国武术之乡贡献奖”荣誉称号。

由于国家体委在评选“武术之乡”时对参评地区的武术组织建构、武术场地设施、武术人员力量、武术推广普及等各方面提出了具体的要求，这些客观的、量化的条件要求在实践中为全国各地发展武术提供了明确的方向指引。与此同时，获得“武术之乡”的称号对于地方来说，既体现了国家体委对其武术工作的认可，同时也意味着获得了一块打响地方品牌的“金字招牌”。20世纪90年代的“武术之乡”评选活动有效激励了全国各地继续开展武术的挖掘、继承和普及，同时对实施全民健身计划、培养体育后备人才、推动社会经济发展发挥了重要的作用。

二、传统武术内容增加

20 世纪 90 年代，国家体委通过武术协会实体化、“武术之乡”评选等措施，有效推动了武术的推广普及，也促使民间武术活动的不断兴盛。在此过程中，传统武术在内容上也有新的发展，主要表现在木兰拳、少北拳相继被认定为新拳种和太极拳推手对练等新练习形式创编两个方面。新拳种的评定扩大了 20 世纪 80 年代武术挖掘整理工作的成果，传统武术拳种数量增至 131 个；新的练习形式的出现，适应了新时期社会对武术内容的新需求。

（一）木兰拳

木兰拳的出现，是传统武术适应新时期大众健身新需求的结果。20 世纪 70 年代，上海民间拳师杨文娣在崆峒派花架拳的基础上吸取太极拳、传统舞台艺术等的优点并结合自身的实践经验演化创编了木兰花架拳，最初的内容只有后来流传的木兰拳一、二、三路。杨文娣去世后，她的弟子在传播木兰拳的过程中，结合各自的理解，形成了各具风格的多个流派，主要的代表有：王倩娥所传的王式、卓文健所传的卓式、施慧鹤所传的施式、应美凤所传的应式、凌洁所传的凌式等，其中应式的流传最广、影响力最大。1988 年秋，上海市木兰拳协会正式成立。1989 年，上海大世界武术竞技交流中心主任李钢召集木兰拳各流派，开始组织大规模的木兰拳交流活动，并申报建立了中国木兰拳大世界总会，同时推举应美凤为示范代表，全面推广杨文娣留下的三个基本套路。在上海大世界集团领导和上海武术院领导的支持下，李钢邀请李福妹、胡洪、李尊思、白云飞等一批上海武术名家，以及民间木兰拳各流派代表，对木兰拳原有的套路进行整理，进一步提炼并增加了一些新的内容，最终创编了由12个套路组成的中国木兰拳综合系列套路，并拍摄了第一部木兰拳教学电影——《中国木兰拳》，该影片被译成多国文字向世界传播。

1992年10月，由中国武术协会和上海市体育总会全力支持和主办，首届全国木兰拳邀请赛在上海体育馆举办。1994年2月，经上海市教育委员会批准，上海市木兰拳教育培训中心成立。1995年5月，在上海市第十届运动会的开幕式上，上海市木兰拳协会的640名运动员表演了大型团体操。

1995年6月18日—20日，国家体委武术运动管理中心社会武术活动部组织有关专家在江苏常熟召开了木兰拳评审会，就木兰拳的属性、套路等进行了评审。评审组经过热烈讨论，最后经无记名投票表决，一致认为木兰拳基本属于武术，但在技法上需要进一步改进，从而真正与武术接轨；在理论上加强研究，不断升华，自成体系，从而更好地指导实践，这标志着中国武术第130个拳种的诞生。

为了积极贯彻国家体委发出的关于全面推广中华体育健身方法征集成果的文件精神，1996年8月16日—21日，国家体委武术运动管理中心培训部和上海大世界木兰拳艺术院在北京联合举办了首届全国木兰拳教练员、辅导员培训班，来自国内20多个省、自治区、直辖市和香港、澳门地区，以及东南亚和欧美等国家的300多名学员参加了培训。

（二）少北拳

少北拳是张荣时在先后随吴鹤令、王辑清、赵国伦、了空和尚所学拳术的基础上，经过数十年的潜心研究和归纳整理后创编而成。1968年，《少北武术纲要》的出版标志着少北武术理论的完善和技术的成熟。据《少北武术纲要》一书的论述，少北拳的全部内容可用“双功四术”加以概括。所谓双功，是指少北九术功与六根功；所谓四术，是指少北拳术、器术、功术和巧术四大类术法及其指导理论。

张荣时自20世纪60年代末期开始在辽宁正式传授少北拳，1995年11月，少北武术研究总会在辽宁锦州成立，张荣时任终身总裁。海内外学练少北拳的人数总计已达17万。

1996年3月27日—29日，国家体委武术运动管理中心社会活动部组织专家在辽宁锦州召开了少北拳评定会。武术运动管理中心成立了评定工作领导小组，张耀庭、方嵩山、张山、王国琪为领导小组顾问，郝怀木为领导小组组长，李德绪、陈曦为小组成员。少北拳协会还邀请了徐才、马贤达、夏柏华、翟金生、王培锟、江百龙、韩建中、刘幼贞参加评定活动。评定组通过组织少北拳械的演练，听取张荣时对少北拳的源流历史、理论体系、技术内容的全面介绍并提问答辩，观看少北拳的有关功法、技术套路的视频，阅读少北拳的有关文字资料等多种方式对少北拳进行了全面、深入的了解。后根据20世纪80年代初国家体委武术挖掘整理小组对于认定拳种的有关“源流有序，拳理明晰，风格独特，自成体系”的要求，经过讨论，一致认为少北拳基本上是源于少林而又有所创新且有别于少林的一个拳种。至此，中国传统武术第131个拳种正式获得国家体委武术运动管理中心的认可。

（三）太极拳推手对练套路

1992 年，门惠丰和吴彬应邀到日本进行武术交流活动。他们在交流过程中发现，太极拳推手项目的推广不理想，因为当时日本人认为“太极拳推手是一种生拉硬拽的活儿，不太文明”。门惠丰与吴彬二人由此联想到国内对太极拳推手同样存在种种误解，人们或者认为太极拳推手是“二人转”“双推磨”，无法表现武术的特征；或者认为太极拳推手就是“推小车”，谁劲儿大谁准能赢；或者认为太极拳推手只不过是中国式摔跤的“抢把”等。为推动太极拳推手运动的普及与提高，他们由此产生创编太极拳推手对练套路的想法。这一想法得到了张耀庭的支持，中国武术研究院决定开展太极拳推手的科学研究，并召集各地太极拳名家到北京进行研讨。

研讨活动包括以下几次：一是进行太极拳推手的挖掘整理工作，先想法子将各路太极拳名家的推手绝活和蕴藏在民间的精华挖掘出来，奉献给社会。于是，这些名家被划分为几个小组，每组两人，以便配对演练、切磋、交流、比较。二是将各组集中，按顺序上场表演，在精彩纷呈中优中择优，共同选定一些优秀的单招、组合，再进行归纳串编。三是客观借鉴。活动期间展示了已故沙国政先生传授的传统杨氏太极拳推手对练，以及一些早先的传统太极拳对打等。随后门惠丰对自己创编的太极拳推手对练套路的框架进行介绍，他说：“这个框架以‘易有太极，是生两仪，两仪生四象，四象生八卦’（《易·系辞上》），即太极演绎生万物的思想为理论基础，以清代王宗岳的《太极拳论》为主旨，借鉴各类太极拳之精华，进行创编。”[1]

最终，经过研讨，一致同意由门惠丰执笔，完成了太极拳推手对练套路的具体构思和创编，并通过了国际武术联合会和中国武术协会的审定。太极拳推手对练套路共分为四个部分，即基本功、基本动作、基本套路和路线示意图。套路又细分为14组，除起势、收势外，依次为合步四正手、合步单推手、合步双推手、绕步缠臂採靠、合步四正手、活步四正手、大捋、顺步四正手、活步捋挤、托肘挤靠、连环步四正手、合步四正手。此后，中国武术研究院举办了太极拳推手对练套路的骨干培训班，并将该套路陆续在《中华武术》杂志上刊登推广，1994年又发行了该套路的教学录像带，从而使该套路迅速普及，为太极拳推手的普及做出了贡献。

（四）传统武术规定套路创编

张耀庭曾表示传统武术是竞技武术之根、之源，竞技武术的发展必须建立在继承传统武术的基础之上，普及武术运动，就有必要对传统武术加以改造和发展。[2]为了推进传统武术规范化、系统化、科学化进程，更好地通过竞赛带动传统武术在国内外的推广普及，国家体委武术运动管理中心从1995年开始，先后组织专家对形意拳、八卦掌、南拳、少林拳、太极拳、劈挂掌、八极拳、通臂拳、螳螂拳等流传广泛、影响较大的传统武术拳种开展系统研究和整理，并创编竞赛规定套路。人民体

〔1〕昌沧等：《四十武缘》，人民体育出版社，2004，第160页。
〔2〕佚名：《加强社会武术工作的发展与管理》，《中华武术》1996年第2期。

育出版社自1998年开始，以“中国武术系列规定套路”丛书的形式陆版了中国武术协会组织创编的各拳种规定套路。该套丛书的编写体例有两大特点：一是内容全面，系统介绍了各拳种的历史、基本功、徒手套路和代表性器械套路；二是对将拳术套路按照难度分为初级套路、中级套路和高级套路三个档次。这次对主要的传统武术拳种进行规定套路的创编，实际上是20世纪90年代传统武术为实现高质量的推广普及和竞赛而进行的一次小范围的挖掘整理。此外，1999年10月，国家体育总局（国家体委于1998年更名为国家体育总局）武术运动管理中心组织审定并通过了“木兰拳二十八式”“木兰单扇三十八式”“木兰单剑四十八式”三个规定套路和《木兰拳竞赛规则》，并将木兰拳列为台州国际传统武术暨绝技大赛的比赛项目，按照统一的规则和套路进行比赛。

三、竞赛撬动推广普及

为贯彻《全民健身计划纲要》，推动民间武术活动的开展，使真正的民间武术能在高水平、大范围的活动中得到更广泛的交流，使武术的竞赛活动与民间武术活动同步发展，为配合武术业余运动员段位制的实行和“全国先进武术馆校”、全国“武术之乡”的评选，1995年国家体委武术运动管理中心决定将全国武术观摩交流大会改为“全国武术演武大会”。为了解决参赛水平滑坡、参赛人数减少、传统特点弱化等问题，全国武术演武大会在参赛资格、参赛人数、参赛项目等方面都做出了相应的改变。例如：规定全国武术演武大会每年举行一次，各省、自治区、直辖市及行业体协除组织一个队外，还可选拔两个在本地区有代表性的武术协会、武馆（社、校）等社会团体参赛。参赛项目分为两类：第一类是凡流传在各地民间的有益于人体健康、合乎科学、有影响、具有地方特色和风格的拳术、器械套路或功法；第二类是长拳、刀术、剑术、枪术、棍术竞赛套路或自选套路均可。比赛按年龄段分为青年组、成年组、中年组、老年组。1997 年 11 月 18 日—20 日全国武术演武大会在广西南宁举行，来自全国各地的 300 多个亮相的套路中有 121 个获奖，其中一等奖 27 个，二等奖 38 个，三等奖 56 个。

“武术搭台，经贸唱戏”是 20 世纪 90 年代初期武术产业发展的显著特征，通过举办武术赛事推动地区经济、文化、社会发展，一时成为风气。这一时期，各种武术节、武术邀请赛，从北至南，赛事不断，仅 1995 年一年就举办了北京体育大学第五届国际太极拳比赛、第二届太极拳修炼大会、国际八卦掌联谊会第二届年会、河北沧州武术节、河北深州国际形意拳比赛、河北永年国际太极拳年会、郑州国际少林武术节暨少林寺建寺 1500 周年庆典、河南温县国际太极拳年会、湖北武当武术公开赛、长沙全国擂主争霸赛、江西南昌国际木兰拳比赛等活动，形成了一个以京广线为中心的武术热潮。这些赛事的共同特点是由社会集资，体现了社会办体育的精神。各地政府也看到了举办这些活动对推动当地的经济、文化、社会发展的积极作用。如 1992 年郑州国际少林武术节期间签订的订单金额达到 80 亿元之多；沧州第四届武术节与国外签订经济项目 21 个，成交额达 4.7 亿元人民币。由于举办武术比赛可以带动地区经济发展，传统武术的发展便会得到地方政府的大力支持。一方面，地方政府会积极主动挖掘、保护当地传统武术资源，推动当地本土拳种推广普及；另一方面，举办赛事增进了交流，从而推动各拳种跨地域传播，进而提高了传统武术在全国范围的普及度。

四、段位制的实施与推广

为推动武术运动的发展，提高武术技术与理论水平，振奋民族精神，增强人民体质和建立规范的全民锻炼体系，中国武术研究院自 20 世纪 80 年代始即组织有关专家就建立武术段位制体系问题开展研究和探讨。1992 年，在第二次全国武术工作会议上提出了“要建立一套包括专业和业余、国际和国内的完整的武术运动员、裁判员等级制”。1994 年 3 月，成立了由中国武术研究院技术部和北京体育大学（北京体育学院于 1993 年更名为北京体育大学）武术系联合组成的研制工作小组。同年 6 月 28 日，在北京召开了由 30 多位专家、学者参加的讨论会，会上将段位制体系正式定名“中国武术段位制”。1995 年 3 月，召开了由中国武术研究院技术部和北京体育大学武术系、科研处有关人员参加的工作会议，确定了分理论、技术、评价、组织管理和服饰 5 个部分进行实施细则的研究，并成立了领导小组和工作小组。之后，随着一系列工作的持续推进，1996 年 7 月召开了中国武术段位制及实施细则专家审定会。最终，经国家体委批准，中国武术段位制于 1997 年下半年开始实行。[1]

段位制是一种根据个人从事武术锻炼和武术活动的年限，掌握武术技术和理论水平、研究成果、武德修养，以及对武术发展

---

〔1〕张山：《武林春秋》，人民体育出版社，2012，第 210 ～ 211 页。

所做出的贡献，全面评价习武者武术水平等级的制度。武术段位制设晋级和晋段两部分。段前级由低至高依次设置为一级、二级、三级；段位由低至高依次设置为初段位（一段、二段、三段），中段位（四段、五段、六段），高段位（七段、八段、九段）。荣誉段位由低至高依次设置为：荣誉中段位（荣誉四段、荣誉五段、荣誉六段），荣誉高段位（荣誉七段、荣誉八段、荣誉九段）。

武术段位的适用对象是从事和参与武术运动，自愿申请晋级、晋段者。荣誉段位只授予对武术发展做出一定贡献和重大贡献者。中国武术协会是武术段位制管理和考评的最高机构，下设段位办公室、考评委员会、检查委员会。申请晋级、晋段者通过相应的考评后获得由中国武术协会授予的段位等级、证书和徽章。其中，初段位徽章为鹰，分为青鹰、银鹰、金鹰；中段位徽章为虎，分为青虎、银虎、金虎；高段位徽章为龙，分为青龙、银龙、金龙。段位装为黑色，近似中山装，5 颗纽扣上镌有“武”字，左胸位置根据不同段位绣有鹰、虎、龙的图案，颜色分别为铜、银、金色。

中国武术段位制自正式实施以来，得到了广大武术爱好者的极大关注。1998 年 4 月 16 日—18 日，全国武术段位制工作会议暨中国武术段位制授段仪式在北京召开。会上，国家体育总局武术运动管理中心首次向 112 人颁发了武术段位证书。其中，张文广、蔡龙云、何福生被授予“九段”称号（图 2-1），习云太、马振邦、门惠丰等 26 人获得“八段”称号，朱瑞琪、徐伟军、阚桂香等 83 人获得“七段”称号。4 月 17 日，在人民大会堂举行了隆重的授段仪式。〔1〕

〔1〕张山：《武林春秋》，人民体育出版社，2012，第 212 ～ 213 页。

图 2-1　张文广（中）、蔡龙云（右）、何福生（左）被授予“九段”称号

为确保段位制工作顺利开展，国家体育总局办公厅于 1998 年 4 月 2 日同时下发了《〈中国武术段位制〉1998 年实施方案》《〈中国武术段位制〉1998 年武术段位人员审批办法》《〈中国武术段位制〉组织管理暂行办法》《〈中国武术段位制〉考评暂行办法》等文件，进一步规范了武术段位制的推广。

第四节　学校武术教育硕果累累

1991—1999 年，学校武术教育经过恢复调整期后，进入了全面深化发展阶段。这一阶段，学校武术教育在武术专业人才培养、本科专业设置改革、学科建设、科学研究等方面迈上新的台阶，取得一系列成就。

一、高等武术教育的全面发展

经过20世纪80年代的恢复发展，尤其是随着体育专业院校培养的专业人才陆续进入高校任教，进入90年代时，武术在高校中的发展已取得一定成效。1992年，在国家教育委员会（以下简称“国家教委”）的支持下，中国大学生体育协会民族传统体育分会正式成立，其中就设有武术专业委员会。

（一）普通高等教育中的武术

1992年，在武汉举行的第四届全国大学生运动会首次将武术列为表演项目，上海队和湖北队分别获得了本次运动会武术比赛的男、女团体冠军。此后，在1996年的第五届全国大学生运动会上，武术被列为正式比赛项目，说明20世纪90年代初武术在全国范围的高校实现了普及，与此同时，大学生也具备了一定的武术运动水平。

1994年5月29日，在北京中医药大学举办了北京高等学校武术比赛，来自北京23所大专院校的近200名运动员参加了本次比赛。经过激烈角逐，北京中医药大学队以6枚金牌、9枚银牌、3枚铜牌的成绩夺得团体冠军。获得第二至八名的分别是北京航空航天大学、北京理工大学、清华大学、北京师范大学、北京大学、北京针灸骨伤学院、中国人民大学。

同年12月4日—7日，在北京医科大学举办了全国高等学校武术比赛，来自15个省、自治区、直辖市35所高等院校的200多名选手参加了中华人民共和国成立以来举行的首届全国大学生武术赛会。比赛共设长拳、南拳、太极拳、刀术、剑术、枪术、棍术、其他拳术、其他器械9个竞赛项目，此外还设有初级长拳、初级剑术、简化太极拳、32式太极剑4个教学项目。比赛结果为上海中医药大学、河南中医学院、甘肃政法学院和福建中医学院（并列）、北京理工大学、新疆中医学院、南开大学、北京针灸骨伤学院、河北大学分获团体总分第一至八名。26枚金牌也各有得主。这次高校武坛盛会，论技术与全国优秀运动队相比不可谓高，论规模与全国1,059所高等院校相比不可谓广，但其意义和收获却令人振奋。

比赛期间召开的研讨会上，时任国家教委体育卫生与艺术教育司副司长曲宗湖指出：民族体育不仅应该成为学校体育的必修课，而且应该作为民族文化教育的必修课。学校武术要面向全体学生，把育人放在第一位。要使每名小学生到研究生都学会一套拳、一套刀或剑，理解我国民族体育的内涵，并继承发扬，终身受益。武术应列为学校教育、校园文明建设和学生业余文化生活的重要内容。〔1〕

（二）高等武术教育专业发展

1997年，国家教委将民族传统体育列为体育学下属的二级学科，武术学科和专业有了新的变化。

1993年7月，国家教委重新颁布了《普通高等学校本科专业目录》，武术为教育学科体育学门类专业。1997年，国务院学位委员会和国家教委在重新规划学科建制时，一级学科体育学下

〔1〕李德印、李士信:《习文备武　奋发成才——喜看首届全国高等学校武术比赛》,《中华武术》1995年第2期。

所设的民族传统体育学，即由原来的武术专业拓展而来，并涵盖传统养生体育、民族民间体育、少数民族体育等内容。1998 年，教育部（国家教育委员会于 1998 年更名为教育部）颁布新修订的高校本科专业目录，其中体育专业也增设了民族传统体育专业，这标志着民族传统体育学科得到教育界的充分重视。高校武术课程内容随之发生变化，即在原有的武术类课程基础上，增加了传统体育养生、民族民间体育等内容。此后，一些体育院校陆续将武术系更名为民族传统体育系，也有一些学校从武术在民族传统体育专业中的地位及其在世界上的影响力的角度考虑，仍沿用武术系这一名称，但其相关的教学内容已经拓展到了民族传统体育的范畴。

民族传统体育专业建立之后，本专业的师资队伍数量与质量相继得到了较大幅度的提高，武术工作者也相应拓展了教学、训练和研究等领域的范畴和内容。同时，民族传统体育专业围绕武术、中国传统体育养生、民族民间体育三个领域逐步建立新的课程体系，一批新开发的理论课程相继进入课堂并出版发行了配套教材，如《民族传统体育概论》《中国传统体育养生学》《民族民间体育》等。

除了专业设置上的变化，20 世纪 90 年代的武术在学科建设上也取得了重大突破。1996 年，国务院批准上海体育学院获得“武术理论与方法”博士学位授予权，标志着我国第一个武术博士学位培养站成立，本科、硕士、博士高层次人才培养体系正式形成。

武术学科理论研究成为研究重点。20 世纪 90 年代，一批武术科研骨干系统研究武术学科体系，如周伟良在《试论现代武术理论体系及其研究范畴——武术学体系刍议》一文中建议将武术这门学科正式定名为武术学，并认为武术是一门在体育科学中处于下位层次的综合性学科。他在文中对武术学的理论体系提出了自己的构想，认为“在结构上，武术学可分为基础学科、应用理论研究和专业技术研究三个层次”。温力在《论武术学科理论体系框架的构建》一文中认为，武术学科理论体系是由武术和相关学科相互渗透形成的若干相互联系、相互制约的知识层面所组成的系统化了的理论整体，该体系由武术的中国传统哲学和社会科学基础、武术的生物学和其他学科基础两部分组成。张选惠等则在《试论武术的学科结构体系》一文中认为，武术学科由基础理论知识、专业技术知识、技术理论知识和应用理论知识四大部分构成，并对各部分具体内容进行了初步的解释。除此之外，类似的研究还有蔡宝忠等的《武术理论体系的构建与研究的多元化》、李成银的《创建武术理论体系框架的理论思考》、白洪顺的《武术理论体系框架研究》等。在众多学者的研究成果的推动下，武术学科的概念正式形成。

1996 年，由徐才任主编，集门惠丰、王培锟等 12 名专家之力的《武术学概论》一书出版，这是中国武术史上第一本系统阐述武术学理论体系的著作。全书分上、下两篇，共 19 章。其中上篇 13 章，全面阐述了武术的概念及其价值、武术的历史、武术的文化内涵及其与相关学科的关系；下篇 6 章，全面阐述武术的体育属性，论述了武术的分类，武术的教学、训练、竞赛、科研及组织管理。20 世纪 90 年代，武术学科理论体系的构建成为武术界专家、学者的研究热点，这也反映出当时实践中的武术虽然已经成为一个专业、一个学科，但尚未形成成熟的学科理论体系。

出于现实教学的需要，这一时期，武术专业教材也相继出版，如1991年的体育学院专用教材《武术》、1996年的高等学校教材《武术》等系列教材。武术教材的出版，标志着武术学科的日渐成熟，为培养专业人才提供了重要的保证。

随着国家相关文件的出台、学科教材的出版、武术人才培养规模的扩大、学科研究成果的丰富、武术研究队伍的稳定等，学校武术教育发展成为专门化的武术人才培养模式、独立的武术专业层次、系统的武术学科。这一阶段的学校武术教育理论体系研究、学科与专业建设、武术研究队伍与人才培养已独立发展，并趋向成熟，为学校武术教育的持续深化发展奠定了基础。

二、中小学校武术教育的发展

中小学校武术教育的发展前提是国家政策的保障。随着国家九年义务教育的推进与实施，中小学武术课程不断深化、改革与发展。1992年，国家教委颁布的《九年义务教育全日制小学体育教学大纲（试用）》和《九年义务教育全日制初级中学体育教学大纲（试用）》规定，武术在小学体育课中每学期为6学时，初中为8学时；基本部分的教学内容规定小学从三年级开始学习传统的五禽戏、武术基本功、基本动作、组合动作、武术操、少年拳，初中为健身拳、青年拳单练与对练、八段锦等内容。同时，两个大纲为武术课程教材编写、目标培养提供了指导依据。为了弘扬中华民族文化，在中小学校推广普及武术，1993年国家体委在《国家体育锻炼标准》中增加了武术内容，并从1993—1994学年度在北京市、河北省的部分区、县的中小学进行试点。

国家体委会同国家教委等有关部门组成了增加武术试点工作领导小组，下设工作小组。同年，北京市、河北省的体委和教育部门分别举办了《国家体育锻炼标准》增加武术试点工作教师培训班，118名体育教师参加了培训。1996年，国家教委颁布的《全日制普通高级中学体育教学大纲（供试验用）》，武术类课程在一定程度上得到重视。

我国学校武术教育所取得的巨大成就，得益于社会经济的变革，也得益于学校武术教育顺应时代潮流，与时俱进，不断进行适时的调整、改革与创新。但是，中小学武术教育在取得成绩的同时，也暴露出一些问题。

在中小学武术教育实践中，武术教师受体育思想的影响，教学模式单一，教学内容陈旧，教学效果有所下降。中小学校普遍存在武术教学管理体系不完善、教学方法过于死板、教师和学生之间缺乏必要的沟通和交流、无法调动学生学习主动性等问题，这在一定程度上阻碍了学校武术教育的深化发展。例如，中小学武术的教学便存在不容乐观的现象，如中小学武术教学内容一直以来都注重武术健身性的教育，而忽视武术技击和健心性的教育。这样的教育使得中小学生不但不能领悟到武术教育的真谛，还造成中小学生对武术有所误解。

三、民间武术馆校的蓬勃发展

1992年，第二届全国武术工作会议的召开为学校武术教育深化发展指明了方向，会议文件明确提出“力争到1997年使全国1/3的县有武馆”“使2/3的大、中城市开有常设性武术馆校和训练班点”的建设目标。此时期，武术馆校的繁荣发展成为学校武术教育发展成果的显著标志。我国民办武术馆校从20世纪80年代中期再度兴起后，发展迅猛，到90年代末期，这类民办武术学校已遍及大江南北，形成了与公立业余武术学校并存的不可忽视的教育实体。据有关资料介绍，在短短十几年内，全国除西藏自治区外，几乎所有省、区、市、县都有这类民办武术学校，学生人数多则上万，少则也有数百。据不完全统计，到1995年初，全国有一定规模、较为完备的武术馆校有1.5万所以上。〔1〕武术馆校的出现，培养出大量的武术专业人才，为武术的推广普及提供了专业人才保障。此外，高等院校培养出大量的高层次武术专业人才，助力学校武术教育的进一步繁荣发展。

武术馆校作为武术教育中一支不可忽视的重要力量，得到了国家体委的重视。长期以来，武术馆校的教学质量亟待提高，而影响教学质量的主要因素则是缺乏系统、优质的教材。鉴于此，中国武术研究院从1994年开始调研，决定编写《全国武术馆（校）教材》（图2–2）。1995年3月16日，在张山的主持下，成立了该教材的编委会，主编为张耀庭，副主编由张山及夏柏华担任。该教材本着传统性、实用性、系统性、通俗性的原则编写，全套由6册组成，分别为《武术基础理论与基本功 基本技术》《初级拳械套路》《中级拳械套路》《拳械竞赛套路》《传统拳械套路》《对练套路、散手和推手》。该套教材于1997年由北京体育大学出版社出版。

---

〔1〕宁远：《发招——武术产业化大趋势》，《中华武术》1995年第5期。

图 2-2 “全国武术馆（校）教材”第一册《武术基础理论与基本功 基本技术》封面

20 世纪 90 年代，武术馆校的繁荣昌盛是武术教育发展的一道亮丽风景线。各大、中城市所开设的武术馆校或训练基地，培养了大批武术后备人才。国家政策的引导，为武术馆校的开设提供了政策性保障。武术馆校培养的武术专业人才步入社会后，成为武术教育推广的主力军。

这一时期，武术馆校虽然在规模和数量上都得到了巨大发展，但由于武术馆校建立之初，国家各项管理制度不完善，在武术馆校的发展中出现了一系列问题。特别是这个时期的武术馆校已发展成为一种产业，受武术师资队伍参差不齐、教学内容繁杂等因素影响，人才培养质量难以保证，文化学习和武术训练安排不平衡，对学生未来发展造成一定负面影响。甚至有的武术学校及习武场所未经主管部门审核、审批便擅自办学；有的武术学校及习武场所存在严重治安隐患，容易引发治安灾害事故和人身伤亡事件；有的办学宗旨不端正，利用虚假广告谋取群众钱财；有的疏于管理，导致违法犯罪分子混迹其中，成为藏污纳垢、滋生违法犯罪活动的地方。[1]

为加强武术馆校的科学化管理，1995年，国家体委武术运动管理中心下发《关于开展全国百家名武术馆校评选活动的通知》，评选活动实质上是以所列出的评选条件为导向对全国武术馆校进行正面引导，促进民办学校武术教育的规范化、规模化发展。

第五节　武术科研成果层出不穷

随着武术事业改革的深化发展，武术科研队伍逐渐壮大、科研学术研究氛围愈加浓郁、武术研究领域逐渐扩大，武术科学研究呈现出蓬勃发展的局面。这一时期，武术科学研究得到国家的重视，高等院校的武术教师、武术研究生成为武术科学研究的主力军；武术研究观念更新，跨学科研究被重视。武术教材呈现多样化，武术课题入选国家社会科学基金项目，国际化武术科研会议成功举办，武术科研团队逐渐形成。

一、武术科研目标的确立

1992年12月，在第二次全国武术工作会议上提出的关于到20世纪末武术发展“三步走”战略中，第一步就是要用三年时间建立起体系清楚、概念清晰、门类齐全的武术学。四年后，在1996年的第三次全国武术工作会议上，徐才在发言中提出“五

[1]《公安部、教育部、体育总局关于加强各类武术学校及习武场所管理的通知》，《教育部政报》2000年第9期。

个中心”建设目标，其中之一就是把中国建设成为国内外武术研究中心。

对比两次会议对武术科研提出的工作目标可以看出，20世纪90年代，在中国武术协会、中国武术研究院的带领下，武术科研工作先是着力加强自身建设，构建武术学，打牢学科发展的根基。此后，根据形势变化，将发展视野放大至国内外，进一步提高自我发展要求，努力建成世界的武术科研中心。

20世纪90年代的武术科研工作正是在这种自强不息、奋斗不止的拼搏精神引领下，解决一个个理论难题，突破一个个现实困局，使中国武术发展不断走向成熟。

二、武术科研的组织建设

（一）中国体育科学学会武术分会换届

中国体育科学学会武术分会于1987年成立，于1994年进行了换届选举，第二届主任委员为张耀庭，副主任委员为张山、夏柏华、吴彬，秘书长为王玉龙，副秘书长为潘一经、张广德、李士信，换届后委员达80人，秘书处仍设在中国武术研究院。

（二）上海体育学院成为武术科研前沿阵地

上海体育学院成立于1952年，于1988年成立武术系。1996年，国家教委成立了由全国著名综合类大学和体育学院的9名教授组成的学位评定委员会对我国首个武术学科的博士点进行评议，经过专家组反复评议和挑选，由9名国家教委体育学科委员会的专家投票，并经过国务院学位办公室的批准，中国武术有史以来首个博士学位授予权及授予点在上海体育学院诞生。起初，博士点专业名称为武术理论与方法，1997 年更名为民族传统体育学博士点并招生。1998 年，国家体育总局在上海体育学院设立武术科研基地。2000 年 6 月 27 日—28 日，在上海体育学院举办了我国首届武术博士毕业论文答辩会，著名武术家蔡龙云教授和著名体育史学家周西宽教授等 11 名专家组成答辩委员会，博士研究生程大力的毕业论文《少林武术通考》、周伟良的毕业论文《传统武术训练理论论绎》和田金龙的毕业论文《太极劲的技理研究》顺利通过答辩委员会的评审，三人成为我国首批武术博士。

首个武术博士点的设立标志着武术已经由一项流传于民间的传统技艺成为一门培养高层次专门人才的学科，标志着武术正式迈入学术领域的最高殿堂，这在武术学科发展史上具有里程碑意义。

（三）各地武术学术活动日渐活跃

20 世纪 90 年代的武坛是一个学术气氛浓厚的年代，其中一个重要表现就是，在这一时期不但官方建立起了负责宏观领导的武术研究院，与北京体育大学、上海体育学院等专业院校和各综合院校中武术专业相互配合、共同推进科研工作。而且，基于中国武术拳种、流派具有鲜明的地域性特征，还产生出大量地方单一拳种的武术研究组织。

例如，螳螂拳在青岛市的传承历史悠久，门派众多，许多拳师在研究和发展螳螂拳方面有很深的造诣，在改革开放的政策指引下，他们与不少国家建立了广泛的联系，并取得了很好的成绩。1993 年 12 月 2 日，青岛市螳螂拳研究会宣告成立。该研究会经过充分酝酿，联合了各个门派，汇聚了岛城螳螂拳名家及传人，成为权威性的螳螂拳组织。还有，清代雍正、乾隆年间河南汜水县（今荥阳市）人苌乃周创立的苌家拳派，被称为河南三大拳派之一。1994年11月4日，河南荥阳苌家拳研究会在荥阳成立。1995年4月22日，在陕西省首届地方拳种观摩赛的基础上，在我国武术名家、高级教练马振邦的倡导和组织下，陕西地方传统拳种研究会正式成立。该会团结全省各地方拳种的老拳师、老武术家及关心陕西地方传统拳种发展的武术工作者和爱好者，积极开展陕西地方传统拳种的学习和交流活动，认真挖掘、整理、研究、继承这一优秀文化遗产，不断提高陕西地方传统拳种的运动技术水平，使其向高质量、高水平的方向发展。此外，1996年8月8日，布学宽研究会在山西省晋中市成立。山东省形意拳、心意拳研究会于1995年5月7日在济南成立。

这一时期，各地方成立的研究会传播拳艺、研究拳理蔚然成风，成为传统武术研究的重要组成部分。

三、20世纪90年代武术科研的主要特点

（一）多学科交叉趋势明显增强

武术既是一种身体运动形式又是一种文化样式，其自身内容上的复杂性决定了武术学科是一门综合性学科。武术作为一门综合性学科的特征，在20世纪90年代的武术研究过程中体现得越来越明显。其中，最为典型的特征就是多学科交叉现象普遍存在。这一时期的武术研究工作者，在研究武术问题时已经能够跳出单一的武术领域，并熟练地运用文化学、社会学、历史学、哲学、传播学和体育学等学科知识以及运动生理学、运动训练学、生物化学和运动生物力学等自然科学阐释武术理论，既扩大了武术学科研究的视野，又促进了武术与其他学科之间的交流。

（二）研究主题具有鲜明的时效性

科学研究的最终目的是服务现实发展。中国武术研究院和中国体育科学学会武术分会的设立，对 20 世纪 90 年代的武术科研工作开展起到了一定的引导作用，其表现就在于这时期的武术科研在研究主题上呈现出较为明显的时效性特征。例如，随着武术学科建设的发展，武术学科理论体系的研究成为 20 世纪 90 年代的研究热点，有多篇高质量的学术论文发表，《武术学概论》一书出版。此后，由于健身气功的兴起以及 1995 年《全民健身计划纲要》的实施，武术健身机理、健身效果以及武术在全民健身中发挥作用的实现路径等研究成为 20 世纪 90 年代中后期的研究热点。除此之外，由于正式提出武术进入奥运会的设想，有关武术入奥的专题研究成为研究热点、重点。1999 年在上海举办的全国武术论文报告会上，武术进入奥运会的设项研究就是大会主题之一。与此同时，在这一时期武术开始探索市场化、产业化的过程中，武术发展的市场化、产业化研究也成为研究热点。

（三）研究质量逐步提高

随着对武术认识的加深、武术科研层次的深入以及武术科研队伍的不断强大，20 世纪 90 年代武术研究成果的质量不断提高，一方面表现在这一时期的武术研究开始走向精细化、深入化，另一方面则表现在研究成果得到越来越多的认可，如各类体育期刊大多设有民族传统体育栏目。有学者对 12 种国内公开发行的体育期刊所做的统计结果表明，1995—2000 年，这 12 种期刊共发表有关武术方面的论文 276 篇。其中，《对武术运动员负荷强度和耐力水平的研究》《论中国武术的文化教育及其价值》《论井展与奥林匹克精神相融合的武术文化教育》《试论武术的民族文化特征及其走向世界》，入选了第25、26、28届奥运会及第11届亚运会体育科学大会。这标志着武术学科逐步成熟，并开始在世界体育舞台上与体育的主流学科进行对话。[1]

四、20世纪90年代武术研究的主要成果

（一）武术概念的深入研究

概念是人们认识、研究事物的逻辑起点，也反映了人们对事物本质的认识。武术具有悠久的历史，但从理论的视角界定武术的概念，却是相对较晚的事。中华人民共和国成立后，尤其是改革开放之后，出于学科建设和理论研究的需要，武术概念的界定也显得越来越重要。改革开放之后，随着武术技击项目——散手的开展，人们开始在定义武术概念时注重武术对抗的思想，1983年出版的《武术》一书中将武术定义为“以踢、打、摔、拿、击、刺等技击动作为素材，遵照攻守进退、动静疾徐、刚柔虚实等规律组成套路，或在一定条件下按照一定的规则，两人斗智较力，形成搏斗，以此来增强体质、培养意志、训练格斗技能的体育运动”。

进入20世纪90年代后，武术概念又有了新的进展，先是1991年出版的体育学院专修通用教材《武术》中将武术定义为以技击动作为主要内容，以套路和格斗为运动形式，注重内外兼修的中国传统体育项目。在这一概念中，肯定了武术的技击本质，并将武术定性为传统体育项目。1996年高等教育出版社出版的高等学校教材《武术》中，又在武术的运动形式中增加了功法一

〔1〕邱丕相等：《武术学科的科学化历程与学科研究展望》，《体育科学》2004年第4期。

项，这一变化表明了人们已深刻认识到武术功法在武术内容体系中有不可或缺的重要地位，说明人们对武术的认识更加全面了。同时，武术概念也是这一时期武术学者研究的热点，学者们基于自身对武术的认识，提出了不同的武术概念，丰富了人们对武术本质的认识。如杨红兵认为“武术的概念就是技术搏击”〔1〕，可谓简洁明了，直言武术技击本质。

除此之外，关于武术的文化属性和体育属性之争，邱丕相认为，“从广义上说，武术的定义并不是体育能够涵盖的；从它的功能上来说，也不局限于体育”〔2〕，并将武术与军事武艺、武术运动区分开来。这一认识以更高的学术视野观察武术与搏杀意义上的军事武艺及体育意义上的武术运动，有力推动了武术概念的理论研究。

（二）武术史书的出版

20 世纪 90 年代出现了个人及集体出版的多部中国武术史方面的图书。如 1993 年，台湾文津出版社出版了由张纯本、崔乐泉合著的《中国武术史》，按历史年代分述各朝代武术的发展历史，史料运用相当丰富，尤其是运用了诸多考古史料。另一部较为著名的《中国武术史》是林伯源编著的，该书于 1994 年出版，内容体系亦是按武术发展历史朝代先后论述，其史料相当丰富，并有较多的考证，相对习云太的著作，其对民国时期的武术、抗日战争时期的武术活动做了更详尽的描述，且对明、清两代的武

〔1〕杨红兵：《试析武术的概念》，《安徽体育科技》1994 年第 1 期。
〔2〕邱丕相：《对武术概念的辨析与再认识》，《上海体育学院学报》1997 年第 5 期。

术论述较为深入。1997 年，由国家体委武术研究院编纂的《中国武术史》（图 2-3）出版，这部武术史由武术研究院主持，邀请了当时国内众多武术史学者合作而成。

图 2-3 《中国武术史》（国家体委武术研究院编纂）封面

值得注意的是，在 20 世纪 80 年代的武术挖掘整理工作之后，地方武术史著作也开始出现，如 1989 年广东省体委率先出版《广东武术史》，此后《湖南武术史》（1990 年）、《沧州武术志》（1991 年）、《重庆武术志》（1993 年）、《湖北武术史》（1994 年）相继出版。

这一时期先后出版的多种个人或集体完成的中国武术史研究专著及教材，满足了高等教育武术史教学的需要。这些武术史研究成果尽可能地吸收了当时多学科的最新研究成果，如考古学、历史学、教育学等，极大地丰富了武术史研究成果。因此，这一时期的武术史研究达到了一个较高的水平。

（三）武术理论专著的出版

随着武术在国家学科体系中的地位不断提升，武术学理论的构建成为20世纪90年代武术学者研究的热点，而最具标志性的成果是1995年人民体育出版社出版的由江百龙主编的《武术理论基础》一书。该书是武汉体育学院主导并组织成立由江百龙、陈青山、陈圣华、李建平、孙汉香、秦子来等来自多个学科的专业教师、教练员构成的研究小组，对武术学科专业理论进行多学科、多层次、多形式研究的成果。

《武术理论基础》比较系统、简要地阐述了中华武术的本质和特征，对武术的文化形态、系统、层次进行了全面总结与综述，深入挖掘和研究了武术的渊源和体系，并从不同的角度探讨了武术理论渊源和自身的理论体系。《武术理论基础》的内容除了导论共有五章。第一章就武术文化问题进行了全面的综述，通过对武术文化形态、特色、系统、层次的剖析，全方位揭示了武术的本质，为深入挖掘和理解武术理论的渊源和体系准备了立体投射的空间和坐标；第二章从武术与古代哲学等多个方面探讨了武术的理论渊源；第三章论述武术自身的理论体系；第四章实质上是在第二章的基础上从运动生理学、运动生物力学等现代体育专业理论角度认识武术理论，从更为宽广的时空角度，立体地、多侧面地揭示了武术的理论渊源；第五章以“武术理论的研究和展望”为题，提出了当时武术理论研究存在的问题。

这一时期另一项具有标志性意义的武术学理论成果便是1996年出版的《武术学概论》一书。该书由徐才担任主编，张山和周荔裳为副主编，集合全国十余位武术界、社会科学界、自然科学界对武术理论有较深造诣的专家、学者联袂编写，内容分上、下两篇。上篇共有十三章，除了详细论述武术的概念、社会价值及历史外，采用了同《武术理论基础》相同的研究范式，即通过研究武术与古典哲学、中国伦理、生理学和心理学等其他专业理论的连结点来阐释武术学理论；下篇从武术技术内容、教学、训练、竞赛组织与管理、科学研究、管理体制六个方面介绍了武术自身特有的理论内容。

相较于《武术理论基础》,《武术学概论》在内容上更为丰富，各部分论述展开得也更为深入，可以说是20世纪90年代武术学理论研究的集大成之作。

值得注意的是，在20世纪90年代初出版的由成都体育学院旷文楠所著的《中国武术文化概论》一书。该书以武术文化为切入点，将中国武术视为一立体的文化系统，这一系统内部表现出多层次的文化结构。它主要由三个层面构成：其最外层为武术的行为—器物层次，即所谓文化系统的“显性式样”，主要包括武术的符号化的技术和器械等；中层是武术的相对隐性层次，包括与武术行为直接相关的诸如规律、规则、礼仪、组织形式、传播方式、文化构造和成分、理论架构等；最内层或最深层则主要是中国武术所蕴含和折射出来的深层文化心理结构，包括价值观念、思维方式、审美情趣、道德规范、宗教情感及民族性格特征等。它还从中国武术的整体文化形态和内在结构、功能、价值入手进行深入、系统的探讨。

（四）武术辞书的涌现

20世纪90年代，武术科研开始进入高速发展阶段。这一时期，武术基础理论研究领域陆续出版了多部大型的武术辞书，打破了长期以来缺乏大型专业辞书的现状，成为这一时期武术科研不容忽视的成果。

1990年，首先由马贤达主编并出版了中国武术领域的第一部辞书《中国武术大辞典》。此后，1993年在全国武术挖掘整理工作的基础上，由中国武术研究院主编并出版了《中国武术拳械录》，是武术挖掘整理工作的重要成果之一。1994年，人民体育出版社出版了由昌沧、周荔裳主编的《中国武术人名辞典》，该书的编纂是我国武术史志的基础工程，属于人物志性质的大型工具书，由全国各省、自治区、直辖市体委及武术协会集体组织编写审定，参加编纂的作者近千人，历时4年，收入词条6,517条，共计120余万字，其收词范围广而严，荟萃了我国有史以来的武状元、名武将、名侠士、武术理论家及至当代武林精英。徐才在该辞书的序言中对此书给予了高度评价，他认为："这本《中国武术人名辞典》也可说是中国盛世的一个武术盛举，填补了中华武术文史编纂工作的一个空白。"[1] 1994年11月，江苏科技出版社出版了由张山主编的《中华武术大辞典》。在20世纪90年代出版的几部大型辞书中，争议最大的当属1998年中国大百科全书出版社出版的《中国武术百科全书》。该书编委会由全国各地33名著名武术专家、教授和学者组成，可谓阵容强大。同时，武术从《中国大百科全书》的体育卷中独立出来，单独成书，可见规格之高。但是，这样一本备受重视和期待的辞书，出版后效果并不理想。

〔1〕徐才：《徐才武术文集》，人民体育出版社，1995，第351页。

第六节 武术国际推广稳步前行

20 世纪 90 年代，武术国际化工作继续在第一次全国武术工作会议上制定的“积极稳步地把武术推向世界”的方针指引下稳步推进，从 1990 年国际武术联合会成立、武术成功进入亚运会开始，到1999年83个国家和地区成为国际武术联合会会员。其间，武术国际化发展目标越来越明确、国际武术组织的影响力越来越大、国际性武术比赛越来越规范，随着时代的发展、科技的进步，武术国际化推广渠道也日渐丰富。这一时期，武术国际化发展成果丰硕，在中国武术推向世界进程中具有承上启下的重要作用。

一、武术国际化发展目标不断明确

武术国际化经过 20 世纪 80 年代中后期的发展，在迈入 90 年代时已小有成果。1990 年第 11 届亚运会在北京举行，这是武术第一次登上国际综合性运动会的殿堂，标志着武术在亚洲推广的阶段性成功。同年，国际武术联合会在北京成立，为武术冲出亚洲走向世界提供了组织保障。

在第二次全国武术工作会议上，“在全世界进一步推广和普及”作为这一时期武术发展的四个具体要求之一被提出。这一要求强调了“全世界”这一推广范围，实际是对 20 世纪 80 年代武术在亚洲范围推广所取得成果的肯定，同时也为 90 年代武术国际化发展指明了方向——冲出亚洲，走向世界。

在第三次全国武术工作会议上，进一步提出“要把中国建设成世界武术的中心”的目标，徐才在会上发言并将这一工作目标细化为“五个中心”，即“把中国建成国内外武术活动的中心、武术培训的中心、武术研究的中心、武术资源开发的中心、武术学习的中心”。这一时期，随着武术在全世界范围的推广和普及，武术管理部门开始意识到加强国内武术发展是武术国际化取得进步的基础和保障。同时“五个中心”的工作目标也反映出，武术管理部门在构建以中国为中心，向世界各国推广发展的武术国际化战略格局时，不再是笼统模糊的口号式愿景，而是有了更加明确、可操作的实施方案。

随着北京申办第 28 届奥运会工作被提上日程，武术进入奥运会逐步被视为成功走向世界的重要标志，并逐步成为武术国际化工作的重点。1997 年，在意大利召开的国际武术联合会代表大会上，中国首次提出了竞技武术进入奥运会的设想。1998 年，国际武术联合会向国际奥委会递交了竞技武术入奥申请书，标志着到 20 世纪 90 年代末，武术国际化工作的重心开始向“竞技武术入奥”这一目标转移。

二、国际武术组织影响力持续增强

（一）国际武术联合会努力扩大影响

1994 年 10 月 22 日，国际单项体育联合会第 28 届代表大会在摩纳哥蒙特卡洛举行，国际武术联合会委派张耀庭作为特邀代表出席了会议，在当天上午的代表大会上通过了理事会的决定，国际武术联合会是同时申请入会的 4 个国际运动组织〔1〕中唯一

〔1〕分别为国际武术联合会、国际冰球联合会、世界台球联合会及世界飞碟联合会。

被接纳成正式会员的组织，中国武术国际化又向前迈进了一步。此后，国际武术联合会在自身组织建设方面迅猛发展。

1995 年 8 月 17 日，在美国巴尔的摩召开的国际武术联合会执行委员会第七次会议及第三次代表大会上，对执委会进行了改选，伍绍祖接替李梦华当选新一届国际武术联合会主席，张耀庭任秘书长，其他职位及人员与第一届相同。大会还一致同意接纳了申请入会的 17 个国家为新会员，国际武术联合会技术委员会也在此次大会上成立。

1997 年 11 月 3 日，第四届国际武术联合会代表大会在意大利奥委会主会议大厅举行。会议通过了修改国际武术联合会章程和竞赛规则的议案，并接纳毛里求斯、委内瑞拉、格鲁吉亚、亚美尼亚、奥地利、加拿大为正式会员，南非、喀麦隆为临时会员。至此，国际武术联合会拥有 77 个会员协会，从而达到了国际奥委会单项协会所要求的会员协会数量。

在国际武术联合会的努力下，1998 年 6 月，大洋洲武术联合会在新西兰首都惠灵顿成立。至此，国际武术联合会拥有 4 个洲际会员组织，符合了被国际奥委会承认的基本要求。同年 11 月 2 日，国际武术联合会通过国际奥委会执行委员何振梁向国际奥委会主席萨马兰奇递交了加入国际奥委会大家庭的申请，同时也以快件方式将申请邮往国际奥委会，如此操作是因为国际武术联合会希望能够在最近的一次国际奥委会执行委员会会议上讨论并通过这项申请。1999 年 6 月 20 日，在韩国汉城（现称首尔）召开的国际奥委会 109 次全会上，国际武术联合会获得国际奥委会的临时承认，并于 2002 年正式成为奥林匹克大家庭的一员（按照国际奥委会的章程，任何一个新进入的国际组织都要有两年的临时期，两年后如果没有争议，该组织就被正式承认），这是中国武术发展中的又一历史性突破，也是中国武术走向世界的重要里程碑，标志着中国武术在世界范围内的发展开始走向新的高潮。至此，中国武术在走向世界的征程上又迈出了重要的一步。

截止到 1999 年 11 月，国际武术联合会第三届执委会进行换届选举时，其会员数已从 1990 年刚成立时的 38 个增加至 83 个，这也在一定程度上反映了 20 世纪 90 年代武术在海外的发展势头迅猛。

（二）亚洲武术联合会推动区域发展

亚洲武术联合会自 1987 年成立以后，大力推动武术进入亚运会，为武术在全亚洲的推广普及开展了大量工作。在 20 世纪 90 年代，武术事业取得了丰硕的成果，也使得亚洲武术联合会在亚洲的影响力大大提升。

1. 武术成为亚运会常设比赛项目

1987 年，亚洲武术联合会成立后，推动武术顺利成为 1990 年第 11 届亚运会正式比赛项目，亚运会期间的武术比赛也大获成功。但是，根据亚奥理事会的规定，新设项目需在亚运会上连续举办 3 次才能转为常设项目，否则就要淘汰出局。所以此时武术在亚运会中的地位并不牢固。

1990 年 9 月 29 日，亚洲武术联合会第 3 次代表大会在北京举行，会议修改了《亚洲武术联合会章程》，徐才在大会上做了亚洲武术联合会工作报告。报告明确了亚洲武术联合会五项工作计划：

第一，争取把武术列为第 12 届亚运会比赛项目。

第二，为亚洲各国武术运动发展再做贡献。

第三，进一步完善竞赛制度和技术规范。

第四，健全和巩固各会员协会，扩大其社会影响并加强交流。

第五，筹集武术发展基金。

1994年，第12届亚运会由日本东京承办，武术能够继续成为第12届亚运会正式比赛项目，离不开日本武术太极拳联盟的大力支持。亚洲武术联合会第二任秘书长村冈久平在日本亚运会项目设置论证会上说："武术不仅是中国的一个运动项目，也是我们东方、我们亚洲奉献给全人类的一个体育项目，因此，设置武术项目，不仅是从日中友好考虑的。"〔1〕他的观点得到了日本武术界、体育界及亚奥理事会的重视与支持。最终，武术成功成为第12届亚运会的正式比赛项目。1992年3月4日，在北京举行的第5次亚洲武术联合会执行委员会会议上，村冈久平向大会通报了第12届亚运会武术比赛将于1994年10月在广岛举行，为了平衡奖牌分布，激发各国参与的积极性，这次会议决定：第12届亚运会武术比赛，每个国家和地区在一个项目中最多只能报2名运动员，以避免一个国家和地区垄断该项目的所有奖牌。

1994年，比赛如期举行，中国、印度尼西亚、日本、哈萨克斯坦、韩国、马来西亚、蒙古、尼泊尔、菲律宾、新加坡、越南以及中国台北、中国香港、中国澳门共14支武术代表队的78名运动员（其中男选手43名、女选手35名）参加了此届比赛。从此次比赛结果来看，中国队获得5枚金牌，在参赛各国家和地区

---

〔1〕周荔裳：《圆满，成功！——广岛第十二届亚运会访谈录》，《中华武术》1994年第11期。

代表队中虽然仍然优势明显，但从奖牌分布相对均衡的情况看，各国家和地区水平正在迅速提高，差距已经明显缩小。

至此，武术已经两次进入亚运会赛场了，1998 年能否继续成为亚运会正式比赛项目显得异常关键。但是，由于武术是泰国的弱项，其在前两届亚运会中毫无建树，故此次作为东道主，泰国有可能取消武术项目。对此，我国先是提前一年派了知名老教练钱源泽前往泰国组建、执教其国家队，又把几位泰国运动员带到北京进行特别训练，同时散打项目的增设也使泰国看到有夺牌的希望。后经多方努力，终于实现了武术登上第 13 届亚运会的愿望。〔1〕

在第 13 届亚运会武术比赛赛场上，中国运动员包揽了散打比赛的 5 枚金牌，在套路比赛 6 枚金牌中的 5 枚也均被中国队获得。从第 13 届亚运会开始，武术成为亚运会常设项目，有了亚运会比赛的驱动，武术在亚洲推广和发展的势头更加强劲了。

2. 推动武术进入亚洲区域性运动会

1990 年的第 11 届亚运会成功举办后，武术在亚洲的影响力迅速提升。在菲律宾武术协会和东南亚各国武术组织的多方努力下，1990 年 11 月，在马尼拉，由马来西亚、新加坡、印度尼西亚、泰国、文莱、越南、老挝、柬埔寨、缅甸、菲律宾 10 国参加的全体会议上，决定将武术列为第 16 届东南亚运动会正式比赛项目，比赛设有长拳、太极拳、南拳、刀术、棍术、枪术、剑术 7 个项目，男女共设 14 枚金牌。1991 年 11 月，马来西亚、新加坡、泰国、越南以及菲律宾 50 余名运动员经过激烈角逐，由李俊峰训练的菲律宾队在比赛中以较大优势获得了男子太极拳、女子太

〔1〕邱丕相：《亚运会武术比赛回眸与断想（3）》，《中华武术》2006 年第 3 期。

极拳、剑术、枪术、男子刀术、南拳、女子长拳、棍术等项目的10枚金牌。

1992年，武术被列为首届东亚运动会正式比赛项目。1993年5月9日—18日，首届东亚运动会的武术比赛在上海市静安体育馆举行，东亚地区的中国、日本、韩国、蒙古以及中国台北、中国香港、中国澳门7个代表队的65名运动员参加了6个项目的比赛。经过激烈竞争，中国队获得5枚金牌、1枚银牌、3枚铜牌，日本队获得1枚金牌、2枚银牌，除蒙古外其他6个代表队均有奖牌入账，说明东亚地区各国家和地区武术发展水平已较为均衡。

值得注意的是，亚洲地区竞技武术水平的快速提高与我国高水平运动员、教练员的技术支持密不可分。如李夏、孙建明分别执教日本男队、女队；邱建国曾帮助新加坡队提高南拳水平；李俊峰曾担任菲律宾国家队主教练；钱源泽帮助泰国筹建国家武术队等。

3. 推动亚洲各国家、地区武术组织建设

（1）日本武术太极拳联盟实现统一。日本早在1957年便开展了太极拳运动，长期以来，团体较多，各自为政，直到1987年4月，在中国武术协会的帮助下，60多个团体才联合成立统一的日本武术太极拳联盟。联盟成立之后，大大方便了中国为日本武术界提供技术支持，对于日本武术整体竞技水平的提升起到了促进作用。

（2）泰国武术组织实现统一。1991年6月6日，泰国两大武术组织——泰国武术总会和泰国武术太极拳总会携手合作，成立泰国武术联盟总会。自此，泰国拥有了统一的武术管理组织，大大推动了武术运动在泰国的开展。

三、国际武术比赛规范化稳步推进

（一）审定《武术国际推广教材》

为适应国际武术发展的需要，国家体委武术运动管理中心于1996年3月6日—8日在上海体育学院举行了《武术国际推广教材》审定会。张山及国内武术权威人士蔡龙云、何福生、刘玉华、马贤达、习云太、陈昌棉、庞林太、曾乃梁、康戈武、王常凯等参加了教材审定，此外，参加教材编写的门惠丰、吴彬、王培锟、邱丕相、朱瑞琪、温力、刘同为、陈国荣、李自力等及有关部门的负责人宦鸿贤等也参加了审定工作。《武术国际推广教材》顺利通过审定，为当时70多个国际武术联合会成员协会的运动员、教练员提供了一套系统的武术教材，同时也为下一步制定武术段位制提供了理论依据。《武术国际推广教材》包括初级、中级、高级三个部分，此次审定的是初级教材，其内容有长拳、刀术、枪术、剑术、棍术、南拳、南刀、南棍、太极拳、太极剑共10个项目。初级教材具有易学、易懂、易掌握的特点，既体现了基础性和普及性，又与高层次的技术训练相衔接，同时还与国内即将实施的武术段位制接轨。

此后，1996年10月4日—6日，在北京召开的国际武术联合会技术委员会第二次会议上，审议通过了《武术国际推广教材》中级、高级部分。从此，武术在海外推广有了统一的教材，大大提高了海外武术推广的规范性、统一性。

（二）创编第二套国际武术竞赛套路

到 1999 年，第一套国际武术竞赛套路已经使用了十年，这套竞赛套路在 20 世纪 90 年代的国际比赛中发挥了示范作用，对武术的推广普及发挥了积极作用。此外，有了统一的竞赛套路，也使得国际武坛上涌现出了一批优秀选手和一批高水平的教练员及国际裁判员，从而有力地推动了武术国际化进程。

随着 20 世纪 90 年代国际武术形势的发展和各国技术水平的不断提高，后期开始有会员协会建议国际武术联合会创编新的国际武术竞赛套路，以适应国际武术技术水平不断提高的需要。国际武术联合会技术委员会根据会员协会的建议，并考虑到第一套竞赛套路已有十年历史的实际情况，报请国际武术联合会同意后，委托中国武术协会具体落实创编新套路的工作。

中国武术协会对创编新的竞赛套路给予了高度重视，将此项工作列为 1999 年的年度重点工作之一，并指定由竞赛部和外事部主要负责。1999 年 4 月 1 日—15 日，中国武术协会选调了有经验的教练员、专家庞林太、马春喜、刘同为、张耀宁、李巧玲、殷玉柱等在什刹海体育运动学校展开第二套国际武术竞赛套路的创编工作。

在 4 月 2 日的动员会上，李杰为创编套路组做了动员，并提出了具体要求。动员会确定了第二套国际武术竞赛套路的创编原则：

（1）传统性：突出本项目的特点，减少项目之间的类同感。

（2）竞技性：适当提高套路难度，增加可比性。按竞赛规则要求设计套路。项目间的运动量、动作难度应基本相当。

（3）科学性：注意套路的布局合理、动作顺畅，符合运动规律和人体解剖结构，避免运动损伤。

（4）国际性：既考虑适当提高套路的难度，也要从当前国际武术发展的实际水平出发，注意套路发展的连续性和可行性，要有利于技术水平的不断发展。

（5）观赏性：在创编套路时要有新的思路，要综合考虑。注意体现武术的艺术性。[1]

创编组根据上述原则，通力合作，到4月7日便初步完成了套路（仅需更新长拳、刀术、剑术、枪术、棍术5个套路，原有的太极拳、南拳竞赛套路暂时未改）的创编和录像工作。为了广泛听取意见，中国武术协会于4月8日召开了审定会，李杰、张山、吴彬、吕克·本扎及日本武术太极拳联盟的石原全美、中国武术培训中心的陈志忠等38人参加了会议。参会人员进行了热烈的讨论，新编的竞赛套路基本得到了审定会的认可，同时也有人提出了宝贵意见。

审定会后，编写组根据意见对套路进行了调整，为了保证录像的质量，编写组又延长3天的时间训练运动员。最终，1999年11月，在香港召开的国际武术联合会代表大会上，通过了新创编的第二套国际武术竞赛套路。

（三）首批国际武术裁判员产生

国际武术联合会筹备委员会成立后，委托中国武术协会分别于1987年、1988年、1989年、1990年、1991年连续五年举办

〔1〕张山：《国际武术竞赛套路（第二套）创编完成》，《中华武术》1999年第6期。

了国际武术裁判员训练班，为各国培养了一批武术裁判员。

此后，这些裁判员经历了两届亚洲武术锦标赛和其他洲际比赛及第 1 届世界武术锦标赛等国际大赛的历练，业务水平有了大幅提高，基本达到了国际级水平，因此，国际武术联合会决定向他们颁发首批国际武术裁判员证。

于是，1991 年，经国际武术联合会批准，所有参加国际武术裁判员训练班的任课教师及参加考试后合格的学员均被批准为国际级武术裁判员。这样，第一批国际级武术裁判员就此产生，共计 173 人。1992 年又批准吴彬为国际级武术裁判员。此后，国际武术联合会还委托中国武术协会于 1995 年 6 月 1 日—12 日在上海举办了国际裁判复考班，35 名国际裁判获得了四年有效的执行裁判证书；1997 年在北京举办的“’97 国际武术裁判考试班”等国际武术裁判培训活动，均提高了裁判员的业务能力和裁判水平。

拥有一支强大的国际级武术裁判队伍，使得国际性武术比赛的规范性、公正性得以保障，有力地促进武术通过竞赛走向世界这一战略目标的推进。

（四）制定国际武术竞赛规则

为了与国际接轨，武术竞赛规则制定应科学、规范，具有可操作性，体现出公平性、可比性、客观性、多元文化性、竞技性和可观赏性等现代体育特征，包括从参赛者本人的条件到参赛工具在一定程度上的整齐划一，使评价上升到更高的层次。武术运动本身渗透中国传统文化精神，所以，在推向世界的过程中，就必然和奥林匹克规则靠近，从而加快武术的国际化进程。而可比性、客观性、可操作性与多元文化性是武术套路竞赛规则制定的理论依据，且竞技武术是中西体育文化融合的产物，国际武术联合会技术委员会一直致力于发展武术运动，在制定竞技武术套路竞赛规则时贯彻这些原则，使得竞技武术套路的可持续发展得以保证。因竞技武术套路的竞技性主要以动作的“高、难、美、新”来体现，因此 20 世纪 80 年代后，随着洲际武术比赛与世界武术锦标赛的成功举行，国内外竞技武术套路的技术水平普遍提高，赛场内外都要求改革竞赛规则，增加难度动作。

正是在这种历史背景下，国际武术联合会技术委员会确立了武术套路技术发展的方向为“高、难、美、新”，制定了科学、规范、成熟、具有可操作性的竞技武术套路竞赛规则。如 1991 年颁布实施的《武术竞赛规则》，奠定了当今武术套路竞赛的基础；在 1996 年的《武术套路竞赛规则》中增加了创新难度分（0.2 分）的规定，其用意是加快竞技武术套路的难、美化进程，进一步向进入奥运会的目标靠近，加快竞技武术套路发展。

四、武术国际化推广渠道日渐丰富

（一）以赛事促进发展

1. 世界武术锦标赛

1990 年的国际武术联合成立大会上做出了举办第 1 届世界武术锦标赛的决定。随后，国际武术联合会于 1991 年 1 月 31 日召开了新闻发布会，秘书长张全德在发布会上宣布，第 1 届世界武术锦标赛将于 1991 年 10 月 12 日—18 日在北京召开，武术套路是该次比赛的正式比赛项目，男女均设三项全能（拳术可在长拳、南拳、太极拳竞赛套路中任选，短器械可在刀术、剑术竞赛套路中任选，长器械可在枪术、棍术竞赛套路中任选）以及长拳、南拳、太极拳、刀术、剑术、枪术、棍术共8个项目。此次比赛还将传统武术和散手比赛设为了表演项目。1991年10月12日，比赛如期举行（图2–4），来自五大洲41个国家和地区的490余名运动员在为期5天的比赛中展开了对16枚金牌的角逐。最终，中国队获得12枚金牌、日本队获得2枚金牌，中国香港队和菲律宾队各获1枚金牌。此次比赛中，在长拳项目上，中国队仍然占有绝对优势，派出的运动员全部获得了金牌。

图2–4　第1届世界武术锦标赛开幕式

第1届世界武术锦标赛的举办标志着中国武术实现了由国际性武术赛事向世界性武术竞赛转变的阶段性目标。从此，中国武术正式成为一项世界性体育项目。在20世纪90年代，世界武术锦标赛共举办了5届，每一届都有不同程度的新进展，赛事不断走向成熟。

第2届世界武术锦标赛于1993年在马来西亚首都吉隆坡举行，共有52个国家和地区的400名运动员参加比赛。参加套路14个项目比赛的运动员达562人次，参赛单位与人数明显增多。该届比赛上散手成为正式项目，设8个级别。

第3届世界武术锦标赛于1995年在美国巴尔的摩举行，共有 68 个国家和地区的 800 名运动员参赛，参赛单位与人数达历届之最。

第 4 届世界武术锦标赛于 1997 年在意大利首都罗马举行，比赛项目设置上同前一届，增加了南刀、南棍、太极剑为表演项目。

第 5 届世界武术锦标赛于 1999 年在中国香港举行，共有 55 个国家和地区的 362 名运动员参赛。竞赛项目中增加了南刀、南棍和太极剑，散手增加到 11 个级别。中国队参加了 5 个级别的比赛，取得了 48 公斤级、52 公斤级、56 公斤级三个级别的冠军；俄罗斯队获得 65 公斤级、80 公斤级两个级别的冠军；伊朗队获得 75 公斤级和 90 公斤以上级两个级别的冠军；韩国队、阿塞拜疆队、埃及队、乌克兰队分获 60 公斤级、70 公斤级、85 公斤级、90 公斤级冠军。散手项目由中国一统天下的局面已经打破，尤其是在大级别的比赛中，伊朗和乌克兰等国家显现出优势。[1]

世界武术锦标赛是世界上级别最高的武术比赛，首届的成功举办得益于 20 世纪 80 年代对“将武术推向世界”这一工作方针的有效执行，而后四届不断取得的新突破则体现了国际武术联合会成立之后对武术国际化的重要贡献。一方面，项目设置逐渐丰富、完善，说明国际武术联合会成功地将更多的武术内容推向了世界；另一方面，其他国家在各个项目中竞争力逐渐增强，说明国际武术发展的质量不断提高。

2. 亚洲武术锦标赛

1989 年的亚洲武术联合会代表大会决定，第 3 届亚洲武术锦

〔1〕关铁云、关硕、王乃虎：《略论竞技武术国际发展中的问题及建议》，《沈阳体育学院学报》2004 年第 1 期。

标赛于1992年举办，并从第3届起将散手列为正式比赛项目，同时为了加强武术理论研究，会议还决定在赛事期间召开武术学术研讨会。

1996年11月，第4届亚洲武术锦标赛在菲律宾马尼拉举行。菲律宾对比赛高度重视，拉莫斯总统于10月9日签署公告宣布1996年11月为第4届亚洲武术锦标赛比赛月。此次比赛中，套路比赛设长拳、南拳、太极拳、剑术、刀术、枪术、棍术和太极剑8个项目，男女共16枚金牌，中国队摘取了参赛的8个项目的8枚金牌，东道主菲律宾队获得5枚金牌，中国香港队获得2枚金牌，新加坡队、马来西亚队、日本队、越南队、韩国队和中国澳门队各获1枚金牌（由于有并列冠军，故金牌总数不止16枚）。

从结果来看，亚洲各国及地区武术运动员水平明显提高，与中国队的差距已经迅速缩小。这样的趋势，在散手比赛中表现得更为明显，中国队在散手8个级别比赛中共获得了3枚金牌，伊朗队获2枚金牌，泰国队、韩国队、中国台北队各获1枚金牌。可以看出，到1996年，中国队在散手比赛中的优势基本被亚洲各国及地区追平，这也从侧面反映出20世纪90年代散手运动在亚洲发展势头迅猛。

3. 国际散打（手）对抗赛

1991年，北京国际武术散手擂台邀请赛举行。此次比赛，中国队派出了王世英、邓家坚、杨建芳、贾伟涛、乔立夫、韩志成6名运动员分别参加52公斤级、56公斤级、65公斤级、70公斤级、75公斤级、80公斤级共6个级别的比赛，6名队员均获得各自级别的冠军，而60公斤级和85公斤级冠军分别由加蓬运动员恩戈马·让·于贝尔和罗马尼亚运动员塔巴拉·马尔塞尔夺取。在这次比赛中，意大利、波兰、罗马尼亚和苏联等欧洲队，与 1988 年的国际武术节散手比赛相比，有了长足的进步，无论在身体素质还是技术方面都表现出令人瞩目的优势。[1]

此外，1998 年 5 月 26 日—31 日，在深圳世界广场举办了首届全球散打搏击拳王争霸赛。为了备战亚运会，又于 10 月 17 日举办了“中欧散手搏击对抗赛”。为探索散打运动职业化道路，以市场运作的方式于 10 月在北京举办了首届国际武术散手—拳击对抗赛。这些国际对抗赛的举办极大地推动了国内外武术产业市场的兴起，产生了明显的经济效益，有力地推动和促进了武术产业的国际化发展，而且扩大了散打（手）在世界上的影响，最后形成互补和共赢的关系。

4. 国际传统武术交流赛

竞技武术的确立，是走向现代竞技体育和国际奥林匹克运动的必由之路。同时，鉴于中国武术的丰富多彩，博大精深，必须大力发展民间武术、社会武术。[2]因此，徐才曾提议：“除了组织世界武术锦标赛进行竞技武术比赛外，还要组织能够吸引各个拳种、各个门派、各个武术团体参加的国际武术博览会。”[3]20 世纪 90 年代，中国各地举办了多次突出传统武术拳种特色的国际武术交流活动，推动了传统武术国际化的发展，在一定程度上平衡了国际武术发展中竞技武术一枝独秀的局面。

如，1991 年 8 月 13 日，北京体育学院举办了“国际武术太极拳表演交流大会”，吸引了来自日本、澳大利亚、意大利等

---

〔1〕温力：《英雄打擂动京华》，《中华武术》1991 年第 4 期。
〔2〕徐才：《两条腿走路》，《中华武术》1994 年第 8 期。
〔3〕徐才：《两条腿走路》，《中华武术》1994 年第 8 期。

11个国家的24支队伍300余名中外太极拳爱好者参赛。同年9月10日—15日，在河南郑州举办的中国郑州国际少林武术节，为了突出少林特点，在项目设置中，个人单项拳术设置为少林拳、南拳和太极拳。此外，还有从1992年开始举办的每两年一届的上海国际武术博览会、于1993年9月1日举办的烟台国际螳螂拳表演赛、1994年首届世界太极修炼大会、1994年河南温县举办的第一届中国陈家沟国际太极拳锦标赛、1995年开始举办的河北深州国际形意拳交流大会等。

（二）多外事出访表演

1. 派教练组援助印度尼西亚

1996年，印度尼西亚召开第10届全国运动会，在其国家武术协会主席林民官的推动下，武术被列为正式比赛项目。为了办好本次武术比赛，印度尼西亚武术协会向中国武术协会发出邀请，中国武术协会于1996年9月5日派出由9名教练员组成的教练组援助印度尼西亚。中国教练组此次援助主要做了三件事：第一，开展裁判员培训。教练组于9月5日晚抵达印度尼西亚，次日便举办裁判员培训班，先将43名印度尼西亚裁判员根据报名项目分成套路、散手两个班，然后同时进行各自规则、裁判法的讲解、学习，裁判实践评分，并通过严格的考试择优录用了10名套路裁判员和13名散手裁判员参加印度尼西亚第10届全国运动会武术比赛的裁判工作。第二，组织比赛。经印度尼西亚武术协会申请，印度尼西亚体育运动委员会批准，中国专家牵头组织了本次武术比赛。首先，中国教练组对赛事的筹备进行了细致的安排，从准备竞赛表格，至抽签编排竞赛日程、秩序册、成绩公报，再到场地器材布置及裁判安排和现场组织竞赛等事无巨细。其次，为了保证比赛的公正，在裁判组构成上做出了合理的分配，规定大会仲裁委员会主任和总裁判长均由中方担任，套路和散手副总裁判长、裁判组长由中印尼双方各出 1 人组成。裁判工作严格按国际武术联合会制定的竞赛规则执行，套路打分裁判每场由 3 名中方、2 名印尼方裁判员组成，而且每场比赛印尼方上场的裁判员每个参赛单位只许有 1 名。这样的安排使得本次比赛打破了以往在印度尼西亚国内武术比赛中东道主成绩好的局面。再次，帮助选拔国家队。为了帮助印度尼西亚把真正代表国家最高水平的运动员选入国家队，教练组要求全体中国教练员在每名运动员上场比赛时都要做好详细记录，最后提出印度尼西亚国家队建议名单，并提出马上把国家队集中在一地请中国教练员突击训练的建议。

2. 出访澳大利亚引轰动

1995 年 3 月 24 日—4 月 9 日，以北京体育大学武术系主任贺子文副教授为团长的中国武术代表团出访澳大利亚。3 月 25 日晚，中国武术代表团与澳大利亚蒙纳士大学、澳大利亚太极学院联合举办了一场别开生面的武术套路、太极拳、导引养生功的表演。北京体育大学的师生为此次表演准备了 34 个节目，充分展示了中国武术拳术、器械及导引养生功的独特魅力，可容纳 500 人的大会堂座无虚席，精彩的表演博得阵阵掌声。表演结束后，中国武术代表团和蒙纳士大学及澳大利亚太极学院负责人等就技术交流、学术研究以及巩固和发展武术套路、太极拳、导引养生功在澳大利亚的进一步开展进行了研讨。

（三）出版物传递信息

在中国武术国际化的进程中，武术书籍杂志的出版、传播同样起到了至关重要的作用。如中国向全世界推介的《中国功夫》杂志，是一份以推介中国传统武术、传播中国传统武术文化为宗旨的中英文期刊。其以科学、客观的态度，用实事求是的历史观来研究并推介中国传统武术各种拳系拳种、流派的形成、特点、理论和技术，深刻地介绍、揭示、研究博大精深的传统武术文化的方方面面。《中国功夫》杂志设有多个介绍武术文化、武术家、武术理论和技术、武术实践与反映武术价值的栏目，如“武术家”“名家功夫”“名师论武”等，向世界各地科学、客观、权威地传播中国传统武术文化，从而为世界各地的中国传统武术拳系、拳种功夫承传者、中国武术爱好者、世界各地武术家、各社会团体、中国传统武术文化研究者提供学习、研究、交流的平台，并成为各地武术爱好者友谊的纽带，成为海外华人、外国友人全面、系统学习、了解中国传统武术文化的一个窗口，对中华传统文化的继承、弘扬和发展起到积极的促进作用。[1]

国外的许多武术期刊对中国武术文化的传承也起到非常大的功用，如“日本的大型季刊《武术》《武艺》几乎篇篇是地道的中国传统武术介绍；英国的《空手道与东方艺术》，美国的《功夫精深》《黑带》，荷兰的《武术家》，法国的 *Dragon*、*Energie*、*Génération Tao*、*Karaté* 等都刊登了许多宣传和研究武术的文章”[2]，这些都扩大了中国武术在国外的传播范围。

---

〔1〕朱向东：《二十世纪中国武术的国际化寻绎》，硕士学位论文，苏州大学，2006，第 24 页。
〔2〕易剑东、张苓：《中国武术百年历程回顾——面向 21 世纪的中国武术》，《体育文史》1999 年第 1 期。

（四）网络带来新发展

中国自 20 世纪 90 年代初接入互联网以来，各级各类武术研究机构、武术协会、武术馆校等，都开始在互联网上建立自己的主页或网站，及时、准确、快速地向全世界发布最新的武术信息、产品介绍等，成为推动中国武术走向国际化的重要途径之一。如精武体育总会在 20 世纪 90 年代利用精武网站，对各种武术赛事、出访、会议、交流等展开信息发布，传播至全球。又如，博武国际武术网由北大文化集团全力打造，依托北大高科技和丰厚的文化资源优势，经过长时间精心建设、推广，发展成为全球最大的综合性武术网站，在国内外产生广泛影响，同国外媒介建立起良好的沟通和广泛的合作关系。数年来，博武国际武术网主办、协办、参与策划、报道了多个大型国内外武术活动，影响遍及世界各地，每天都有大量的国内外武术爱好者、研究者、机构登录该网站阅览信息、探讨交流、共享世界武术资源。

1998 年 1 月 7 日，《中华武术》杂志总第 162 期纸质版与电子版同步推出，开启了其网络发行时代。利用网络的即时性，及时高效地向世界输送最新的武术资讯；利用网络的便捷性，将武术内容传播到世界各地，大大扩大了武术的传播范围；利用网络，用多媒体的方式生动形象地向世界各地输送武术内容，提高了武术传播的质量。

第三章

武术事业的蓬勃发展

进入21世纪之后，随着中国加入WTO、北京成功获得奥运会举办权等一系列大事的发生，武术在2000—2008年这一阶段，一方面着力服务国家发展需要，另一方面加强自身建设。中国武术“散打王”争霸赛、全国武术形象大赛等一系列商业赛事的成功举办，拉开了中国武术产业化的序幕；竞技武术围绕着成为奥运会比赛项目这一目标，以“高、难、美、新”为指引，从完善规则、提高裁判员水平、整顿赛风赛纪等方面全面提升竞技化水平；在《全民健身计划纲要》的实施和筹备北京奥运会双重推动下，群众健身热情不断高涨，传统武术（尤其是太极拳）充分发挥自身优势服务大众健身，一些特定群体的传统武术赛事的出现以及武术段位制改革新举措的落实都有力地促进了传统武术在大众健身领域发挥积极作用；学校武术更加突出学生的主体地位，在教学内容和理念上开始呈现多元化的特征；为了应对全球化进程带来的文化冲击，武术国际化方面，通过发展武术产业、打造国际赛事品牌等方式提升武术的文化竞争力；同时，开始借助孔子学院、派遣留学生及申办奥运会等方式提升武术文化的国际影响力。

总体而言，21世纪初期的武术发展遵循着三条主线：一是探索武术产业化，增强武术自身实力；二是努力推动武术入奥，扩大武术的国际影响力；三是服务大众健身，突出发挥武术的社会功能。

第一节 武术产业探索有序展开

2001年12月11日对中国来说是个历史性的时刻，这一天，中国正式加入WTO，成为其第143个成员。成为WTO成员后，中国开始全面参与WTO的各项工作，以更加开放的姿态面向世界，国家的宏观经济形势逐渐好转，产业结构逐渐升级，投资环境也进一步改善。与此同时，中国武术产业也迎来了历史性的机遇和高速的发展。

一、武术产业发展历史机遇

（一）第四次全国武术工作会议

在伟大的世纪之交，中国武术也迎来了辞旧迎新的时刻。2000年11月20日，第四次全国武术工作会议在安徽合肥召开。会议期间，与会代表并对《2001—2010年武术发展规划》《武术礼仪》《中国武术协会会员管理办法》三份征求意见稿进行了讨论。此外，选举产生了新一届的领导机构，并宣布了中国武术协会裁判、教练、产业开发、科研、传统武术和新闻6个专业委员会人员名单。

（二）第五次全国武术工作会议

自第四次全国武术工作会议结束后，特别是2001年7月，北京取得了2008年奥运会的举办权，为武术争取进入奥运会提供了难得的历史机遇。本着“以发展促申奥，以申奥促发展”的原则，武术申奥被视为武术工作的重中之重，全面推动和促进了武术事业的发展，武术工作也取得了令人瞩目的成就。

2005年11月10日—11日，第五次全国武术工作会议暨中国武术协会代表大会在山西省太原市召开。国家体育总局武术运动管理中心主任王筱麟做了题为“抓住武术事业发展的难得机遇，加快全国武术事业的科学、全面、健康发展”的工作报告，与会代表就武术的持续发展问题进行了深入探讨，分别从“力争武术进入奥运会”“狠抓赛风赛纪见成效”“竞技武术长足发展”“支持传统武术，发展社会武术”“科研为先，理论为根”等方面回顾了过去五年武术发展所取得的成果；从“缺少武术发展的战略眼光”“训练工作不能适应国际武术发展的形势”“武术国际推广缺乏系统性”“人才缺乏”“会员制和段位制推广力度不够”等方面审视了武术发展的不足；从“全力备战奥运”“进一步加强社会武术”“大力开展科研工作”“加强民办武术学校建设”“用战略眼光继续开展会员制”“完善推广武术段位制”等方面展望了武术发展的未来。

会上，近百名代表对中国武术协会领导机构进行了选举。最终，李德生当选为中国武术协会名誉主席，李铁映、霍英东当选为中国武术协会名誉顾问，王筱麟当选为中国武术协会主席。会议还审定通过了《中国武术协会章程》。

（三）武术产业高速发展

在21世纪初的中国，体育产业尚处于起步、探索阶段。这一时期，经济的快速发展以及北京申办2008年奥运会的成功，为中国的体育产业腾飞创造了契机。武术在中国体育产业化中，具有得天独厚的优势和极其丰富的资源，有着巨大的市场价值和开发前景。

20世纪90年代末期，武术已开始进入产业化阶段，其标志是引进了一些现代企业开发的理念，开始了系统化的研、产、发的运作；中国武术协会成立了产业发展委员会；在北京、上海等地出现了在工商部门注册的专门武术产业开发机构；有一批经济专家介入武术活动的策划、运作，产生了相当规模的产值。可以说，2000年以前的武术产业开发已初具规模。〔1〕

第四次全国武术工作会议上提交的《2001—2010武术发展规划》也提出长达十年的武术发展总目标：建立和完善与社会主义市场经济相适应的武术管理体制和运行机制，初步建成能充分发挥武术健身、防身、修身、竞技、文化和产业等多种功能的现代武术体系。第四次全国武术工作会议以后，武术产业化越来越受到关注并呈迅速发展之势。

21世纪初，在《2001—2010武术发展规划》指引下，武术产业进入高速发展阶段。如运用商业手法运作的中国武术“散打王”争霸赛取得巨大成功，产生了柳海龙、苑玉宝等一批家喻户晓的散打明星运动员；武术图书、音像制品出版呈井喷之势，北京王府井书店和外文书店所经营的武术教学录像带占据了整

〔1〕王友唐：《武术产业商机无限》，《中华武术》2001年第7期。

个教学录像带售卖区的一半，种类达百种；武术资源成为各地开发旅游业的重要依托，如河南省旅游局将少林拳和太极拳作为重点发展对象，连续成功举办了几届少林武术旅游节，吸引了大批旅游观光者。21世纪之初的武术产业呈现出一片欣欣向荣的景象。

二、武术商业赛事继续推进

（一）散打商业赛事蓬勃发展

随着中国加入WTO，国内的武术赛事也越来越具有国际化的特征，极大地激活了我国的武术竞赛市场，同时也促进了武术竞赛水平的提高。这一时期，中国武术协会不断尝试中国散打与国外其他搏击项目的交流，积极开展各种散打对抗赛、社会武术交流赛、商业性表演等，这一系列赛事从竞赛形式、竞赛方法、竞赛规则、竞赛制度等方面，极大地完善了武术项目原有的较为单一的竞赛体系，从而形成了颇为多样的武术竞赛市场。

2000年3月25日，中国武术散打职业联赛暨首届中国武术“散打王”争霸赛开赛。赛事完全按照市场规律来运作，现代化的灯光、音乐和舞美设计以及现场主持人的解说，包括经过专业人士包装设计的运动员发型、服装、出场亮相动作等，大大提高了武术散打运动的魅力。中国武术“散打王”争霸赛取得了巨大成功，并掀起了武术散打的热潮。武术向产业化、商业化改革得到了全社会的肯定。

2001年12月25日，中国武术“散打王”争霸赛总决赛在珠海举行。此次比赛，天天酒店（中国）出资700万元获得了承办权，“散打王”的奖金也由过去的30万元提高到了40万元，各级别的冠军、亚军和季军的奖金也分别增加到5万元、2万元和1万元。同时，赛事还设立了“神腿王”“铁腿王”“快摔王”“铁膝王”“敢斗奖”5个奖项，奖金各为1万元。为了使总决赛更具观赏性，此次比赛还邀请了电影《卧虎藏龙》的武术指导出任现场总导演，并邀请了演艺明星到场助兴，可谓是名副其实的重金打造、明星云集的又一武术盛会。之后，又分别于2002年、2003年连续两年举办了中国武术“散打王”争霸赛。该赛事的举办也最终成就了中国散打名将柳海龙“王中王”的个人成就，使他成为散打界的一颗明星。

中国武术“散打王”争霸赛的最终目标是成为中国乃至世界成功的职业赛事之一，以职业赛事为根本，以商业操作为主线，将娱乐融入竞技，以竞技体现娱乐，带动整个武术产业的发展。中国武术“散打王”争霸赛是中国武术商业赛事的里程碑，在全国掀起了武术散打的热潮。与此同时，中国功夫—泰拳对抗赛、中国功夫—日本空手道对抗赛、世界自由搏击大赛等重要赛事也相继开赛。散打商业赛事的多样化，极大地推动了武术产业的发展。

（二）举办全国武术形象大赛

2002年12月23日，首届全国武术形象大赛首次新闻发布会在北京新华通讯社新闻发布大厅举行。

首届全国武术形象大赛是由国家体育总局武术运动管理中心、中国武术协会主办的一项前所未有的活动。这项赛事以武术为特色，以“新世纪、新面貌、重武德、讲正气”为主题，融合时尚性、知识性、趣味性，旨在弘扬中华民族优秀的传统文化，挖掘中华武术的深厚内涵，将传统武术文化精髓与现代艺术和时尚相结合，将中华人文精神与现代奥林匹克精神相融合，展示武术文化的独特内涵和现代美感，充分展现中华武术健康、活力、积极向上的良好形象，从而吸引更多人投身到武术锻炼中来，促进全民健身运动的开展。

与以往武术比赛不同的是，首届全国武术形象大赛把时尚与文化引进武术技能，竞赛内容包括武术技能、综合素质、形象才艺三大部分，其中武术技能占60%，综合素质分占10%，形象才艺分占30%。武术技能展示是本次大会的基础比赛项目，要求选手在充分体现武术基本形式的基础上，打破传统套路的限制，同时融合音乐、舞台等艺术元素加以创造，鼓励选手自编拳种套路。综合素质项目主要是考验和评判选手的武学知识、道德礼仪及综合文化素质。形象才艺项目主要是评判选手的形体形象、艺术领悟力和综合表演能力。

首届全国武术形象大赛在传统武术文化中融入了时尚性、知识性、趣味性特色，是中国武术产业化发展的有益尝试，为武术商业赛事的发展提供了经验，有力地推动了全民健身运动和武术事业的健康发展。

（三）国际少林武术节经济效益显著

2001年9月1日—5日，由中国武术协会、河南省体育局主办，郑州市人民政府承办的旨在弘扬中华武术、扩大对外开放、促进经济发展的大型国际武术活动——第7届国际少林武术节在郑州举行，来自世界26个国家和地区的71个武术团队663名运动员参加了比赛。

河南省之所以每两年举办一次国际少林武术节，一个重要的原因就是经济效益。通过将少林武术打造成国际知名的品牌，而给城市带来巨大的经济效益。

前六届赛事的举办，加快了少林寺所在地登封市的城市建设步伐，使城市面貌焕然一新；促进了登封市乃至河南省的对外开放，提高了知名度。

（四）《武林风》成功运作

2004年1月1日，河南卫视播出了一档大型武术综艺节目《武林风》，这是当时全国唯一一档武术类的综艺节目。《武林风》以弘扬中华武术文化、宣传中华民族传统体育为己任，融“竞技、趣味、参与”为一体，以“武术艺术化、娱乐化”为宗旨，采用电视手段的行为和方式，全方位地展现中华武学的博大精深。该节目以强烈的视觉冲击、激烈勇猛的武士精神，鲜活生动地展现了中国武术的强大、威猛、刚劲，被视为了解中国武术、了解武术文化的一个近距离平台。[1]

《武林风》以搏击比赛为主线，以“武林一绝”“武界名师”“观众参与”“武风武韵”等板块作为补充和调节，采用直播的形式直面观众。开播不到一年，其收视率就跃居河南电视台卫星频道前三名。在同时段节目收视率中，居中原五省卫星频道第三名，

〔1〕李慧娜：《博艺有道 娱乐无边 河南卫视大型武术娱乐节目〈武林风〉》，《广告土（市场观察）》2006年第1期。

河南地区第二名。2004 年底，《武林风》进行了改版，增加了《百姓擂台》和《武侠梦工厂》两档观众参与度很高的节目，使《武林风》更具娱乐性和群众性，吸引了社会各界武术爱好者的参与。尤其是《武侠梦工厂》，不但圆了许多人的武侠梦，而且吸引了众多的女性参与，使《武林风》这个阳刚气较浓的节目多了一道亮丽的色彩。〔1〕

由于《武林风》大受欢迎，为了圆更多的武术爱好者在电视舞台上展示的梦想，充分提升《武林风》的影响力，提高收视率，2005 年 8 月,《武林风》又在每周六推出大型海选节目《风云争霸》。《风云争霸》自推出以来，收视率和市场份额快速攀升。

河南卫视希望把《武林风》打造成一个常规赛事，产生一个以“武林风”命名的金腰带——“WLF 金腰带”。为此，《武林风》开始扩大影响。2005 年 5 月，其在北京大学的百年纪念讲堂进行了现场直播。此外，《武林风》还举行了中美、中越、中欧三场国际交流大赛，力求把《武林风》办成一个国际化的赛事。

（五）《武林大会》写新篇

《武林大会》是由中央电视台体育频道播出的武术节目，旨在还原真实武林、传承功夫精髓、体现原汁原味的武术对抗。

2005 年 6 月，中央电视台体育频道总监江和平提出要创办一个弘扬中国武术的节目，这是《武林大会》〔2〕创意的源头。2006 年 6 月，江和平最终确定了节目采用拳种分类打擂的形式。

---

〔1〕杨祥全：《现代武术史》，长江出版社，2001，第 205 ～ 206 页。
〔2〕佚名：《“武林大会”大事记》，《中华武术》2009 年第 2 期。

2007 年 3 月 6 日，《武林大会》开播，其参赛对象是传统武术习练者，报名时必须出示师承证明并进行本流派的比赛。赛前要求运动员在演练本门派的一套拳和一套器械后再进行“不分体重级别”“不戴拳套”的三局本流派比赛，其中每局 2 分钟、局间休息 30 秒，比赛人员年龄为 18 ～ 45 岁，最后以计算点数决出胜负。[1]

《武林大会》播出后，引起强烈的社会反响。《光明日报》《中国体育报》《中华武术》《中国广播影视》等媒体对节目进行了报道。节目收视率直线攀升，连续进入体育频道收视率前三位，最高收视率超过美国职业篮球联赛（NBA）2.5 倍。该节目还作为 2007 年暑期特别节目，登上中央电视台综合频道。《武林大会》不仅具有深远的社会意义，而且产生了良好的经济效益。

《武林大会》的成功运作，引来国外媒体的关注。2008 年 5 月，韩国一家收费频道成功购得《武林大会》的播出权，此外，部分欧洲体育频道也对该节目表现出浓厚的兴趣。

三、武术市场发展繁荣多样

（一）武术馆校发展迅速

进入 21 世纪，武术馆校带动相关武术产业发展这一作用逐渐凸显。2002 年，全国各种各样的武术馆校已超过了 10,000 家，并形成了年收入达十亿多元的产业规模。仅仅河南一个省，武术馆校便有 600 多所，习武学员多达十万人。除了河南，福建也逐渐成为武校密集的地区。2002 年，经福建省体育局注册登记的武术馆校达 110 多家，在校学习训练的人数有数万人。泉

〔1〕杨祥全：《现代武术史》，长江出版社，2001，第 206 页。

州南少林武术学校、福清西山武术学校等，投资规模都在 3,000 万元以上，在校学生逾千人。武术馆校成为当时福建的六大支柱体育产业之一。[1]

（二）武术品牌创建的典范——河南温县陈家沟

陈家沟位于河南温县城东的清风岭上。自古习武练拳风气浓厚且经久不衰，使得这里历代名手辈出。康熙年间有人称“大天神”“二天神”的陈恂如、陈申如兄弟，战太行山狂匪；乾隆年间有人称“神人”的陈公兆，力能掀翻疯牛；道光年间有人称“牌位大王”的陈长兴，大胆传拳于外姓人杨露禅；还有咸丰年间的陈仲甡、陈季甡兄弟；民国初年的太极拳理论家陈鑫等。改革开放以来，陈家沟更是人才辈出，陈小旺、陈正雷、王西安、朱天才有陈式太极拳“四大金刚”之称。

早在 1958 年，河南省温县就建成了温县武术业余体校，也就是陈家沟太极拳学校的前身。改革开放以后，温县这块太极拳故乡的土壤慢慢得到开发。1980 年，陈家沟新建体校；1984 年，温县武术协会建立；1985 年，陈家沟武术馆正式落成；1986 年，温县又投资筹建太极拳专修院，同年，温县被国务院批准为第一批对外开放县；1988 年，温县被国家体委命名为“体育先进县”；1992 年开始，温县成功举办了数届国际太极拳年会。2002 年，河南省在北京召开了论证会，邀请了国家计划委员会、国家旅游局以及清华大学的专家，完成了《中华太极拳起源圣地陈家沟旅游发展规划》，致力于把陈家沟打造成享誉海内外的文化遗产保

〔1〕《武术馆校散点透视》，《中华武术》2002 年第 11 期。

护区和风景旅游区。据统计，2002 年有 1 万多人来陈家沟，其中包括外国游客近千人。“太极拳圣地”这块享誉海内外的招牌极大促进了温县的旅游开发，给温县人民带来巨大的经济效益。

2007 年 8 月 21 日，在全国新农村农民太极拳健身大赛开幕当天，中国武术协会命名河南温县为“中国武术太极拳发源地”，挂牌于陈家沟。此次命名对太极拳的长远发展和长期向海外推广具有深远的意义。

（三）武术旅游市场广受欢迎

武术旅游作为“特色旅游”，这一时期已渐渐在武术市场开发中凸显出商业价值。如：2002 年“十一”期间，少林寺共接待游客 8.11 万人次，专门观看武术表演的游客达 3.7 万人。此外，少林寺院、塔沟、鹅坡等几个商业表演场所和武术馆校，每天也接待数千人。武术旅游作为国内新兴的健身旅游市场虽然刚刚起步，但已显现出巨大的市场发掘空间和可观的商业价值。

四、武术与信息产业的融合

21 世纪是一个信息化的时代，也是一个全民网络化的时代。作为新时代的中国武术注定要与现代化的信息方式相结合，完成中华武术现代化与国际化的飞跃。中国加入 WTO 和北京成功申办 2008 年奥运会给武术国际化发展提供了历史性条件，为适应这一形式，武术产业迫切需要信息化资源整合，为中华武术全面走向世界打下坚实的基础。

进入 21 世纪以来，以“武术”为主题的网页数量明显增长，在类型上既有公益性的综合网站，也有个人性质的博客，并产生了武术健身网、博武网等知名的武术交流平台。此外，2003 年，由北大文化集团、《中华武术》杂志、北京中武国际武术培训中心和博武网联合推出“中国武术信息化工程”，该工程旨在打造一个中国武术网上综合信息中心，以整合武术资源、优化配置、提高武术资源的使用效率,使之成为中国武术资源的宣传和沟通、交易平台，对武术信息化发展进行了有益的探索。

五、企业助力武术赛事发展

武术要入奥运会，必须加快产业化的步伐、加强与新闻媒介的联系。从一些发展较好的项目中不难看出企业赞助对一个体育项目发展的重要性。企业拥有雄厚的资金和丰富的宣传渠道，武术运动有了企业的支持，将会取得快速发展。

2005 年 1 月 8 日，为感谢扬田贸易有限公司在第 2 届世界杯武术散打比赛和第 6 届亚洲武术锦标赛中对中国武术队的大力支持，国家体育总局武术运动管理中心、中国武术协会在北京举行新闻发布会，授予阳江市扬田贸易有限公司“第二届世界杯武术散打比赛、第六届亚洲武术锦标赛中国武术队合作伙伴”称号；授权扬田贸易有限公司在宣传有效期内，在其生产的系列产品、包装、广告和宣传资料中使用“第二届世界杯武术散打比赛、第六届亚洲武术锦标赛中国武术队合作伙伴”“第二届世界杯武术散打比赛、第六届亚洲武术锦标赛中国武术队专用比赛服、专用领奖装备”“独家赞助企业”等相关称号和中国武术队专用标志。[1]

2008 年 5 月 7 日，国家体育总局武术运动管理中心、中国武

〔1〕佚名：《“中国武术队合作伙伴”授牌仪式在北京举行》，《中华武术》2005 年第 2 期。

术协会与方正集团在北京举行新闻发布会，就共同发展中国武术事业正式签署战略合作伙伴协议，方正集团成为中国国家武术队主赞助商。

第二节　竞技武术运动日趋成熟

武术源于中国，属于世界。自 1982 年第一次全国武术工作会议提出要把武术积极稳步地推向世界以来，武术进军奥运、融入国际竞技体育行列的脚步就一直没有停歇。随着 2001 年中国申奥成功，武术入奥的问题便一直牵动着亿万中华儿女的心，广大武术工作者更是为未来武术如何发展、如何能够早日入奥进行了艰辛的探索。1986 年的第一次全国武术训练工作座谈会提出了武术的发展要“突出项目特点，严格动作规格，提高攻防技能”；1994 年 12 月举行的第二次全国武术训练工作会议对武术套路发展提出了“高、难、美、新”的要求，对散手运动的发展提出了“技法全面，实力为本，快、准、巧、变，落在实战”的要求；2000 年举行的第三次全国武术训练竞赛工作会议又重新讨论并确定了使竞技武术成为奥运会比赛项目的发展目标，并指出武术套路要以“突出竞技特点、提高艺术水平、鼓励发展创新”为基本思想，使技术向“高、难、美、新”的方向发展。尽管竞技武术的强势发展严重冲击了传统武术，由此而带来的一系列问题也备受争议，但不可否认的是，随着竞技武术在竞赛制度、竞赛体系以及比赛规则等方面的不断完善，竞技武术在推进武术国际化进程中做出了一定贡献。

一、武术赛事丰富多彩

进入21世纪，以太极拳、木兰拳等单项拳种为特点的比赛、武术功力比赛以及一系列国际性武术赛事的举办极大地丰富了现代武术赛事体系，武术竞赛制度日趋成熟，武术竞赛活动日益丰富，武术赛事呈现多元化、高频化的特点。仅2008年一年，除奥运会期间举办了武术比赛之外，3月—12月在国内外还有第2届国际武术散打争霸赛、第11届中国邯郸国际太极拳年会、第2届世界青少年武术锦标赛等50余个各种类型的重要武术赛事陆续举办。

二、武术竞赛规则不断完善

（一）武术套路竞赛规则的完善

随着国际体育竞赛的不断发展，奥运会对比赛项目的可观赏性和裁判员评分的客观公正性提出了更高的要求。武术竞赛能否适应奥运会的要求，是武术能否进入奥运会的一个关键的技术环节。继国家体委颁布1996年版《武术套路竞赛规则》后，随着竞技武术套路竞赛体系的成熟与完善，以及北京申奥的成功，武术也迈向了进军奥运的步伐。为了适应奥运会的各项要求，国家体育总局武术运动管理中心于2002年3月重新制定了武术套路竞赛规则。

2002年出台的《武术套路竞赛规则》继承了1996年版的“切块打分”办法，但又有了较大的改动。其主要体现在：第一，裁判组设有2名副裁判长，裁判员分A、B、C三组，各司其职；第二，为了符合进入奥运会的要求，增设了兴奋剂检测条款，进一步完善了规则；第三，比赛中可以配乐，根据套路的编排自行选择；

第四，评分分值有重大变动，增加了难度动作和起评分，分值由动作规格（5分）、演练编排（2分）和难度动作（3分）三项组成，由原来的上百个扣分点简化为30多个，提升了可操作性；第五，设置了动作难度等级及分值确定表；第六，设置了“无难度加分的规定和自选项目的评分方法与标准”[1]。该规则于2002年9月在福建省漳州市举行的“武术套路冠军赛”上试用，效果良好。在此基础上，国家体育总局武术运动管理中心又组织专门人员于2003年11月在成都体育学院对2002年试用竞赛规则做了进一步的修改和完善。

2003年颁布实施的《武术套路竞赛规则》，一方面，继承了1996年版《武术套路竞赛规则》的核心评判方式；另一方面，尽量结合奥运会竞赛规则的一般特点，参照其他技能主导类表现难美性项目竞赛规则，对原有规则进行了大胆改革。其特色主要体现在：第一，对难度的分级与量化。延续了2002年版规则，对难度动作的两个基本组成因素——动作难度和连接难度进行分级，将动作难度所包括的平衡动作、腿法动作、跳跃动作和跌扑动作按照其难易度分为A、B、C三个等级，并对不同等级动作的加分做了明确的规定。第二，指定难度动作向开放式动作的转化。2003年版规则放宽了难度动作的限制，设置了1.4的动作难度和0.6的连接难度动作。运动员可以根据自身特长和技术特点，在所有的难度动作中任意选择并编排。第三，改变了1996年版规则中对指定动作和创新难度的扣分，对创新难度实行“加分制”，

[1] 张茂林、邢立福、张胜利：《〈武术套路竞赛规则〉演变历程回顾与思考》，《山西师大体育学院学报》2004年第2期。

即运动员成功完成被确认的创新难度，由裁判长按加分标准给予加分，由于失败或与鉴定确认动作难度不符，则不予加分，也不再扣分。

2003 年版《武术套路竞赛规则》在第十届全国运动会武术男子套路预赛中实施，并成为这次比赛的一大亮点。参赛运动员和教练员对新规则给予了肯定和好评。

此次竞赛规则的修改，对此后竞技武术套路运动的发展产生了深远的影响。最大的特点是，评分项目更加易于量化，评分标准更加公开、透明。这无疑是符合现代竞技体育比赛发展潮流的。从项目推广的视角看，在当时来说，这也的确是短时间内将竞技武术套路运动推向国际的一种策略。

可以看出，随着武术运动的不断发展，武术套路竞赛规则的修改和完善也在不断借鉴和注入现代竞技体育的经验。然而，在武术套路竞赛规则快速发展的同时，仍然存在着一些遗憾，没有得到切实解决，并成为竞技武术套路比赛可持续发展的巨大阻力。由于国内外竞技武术发展水平的不平衡，国际比赛和国内比赛一直是两套规则。这种局面一方面让国外一些运动队感到不解，另一方面也使得国内运动队参加国际比赛时不适应，不利于武术进一步向国际推广。从 2001 年开始，根据武术进入奥运会的要求，国家体育总局武术运动管理中心开始着手开展国内外武术竞赛规则的并轨工作。2003 年 11 月，国际武术联合会代表大会通过了新的《国际武术竞赛规则》，完成了国内外武术竞赛规则的统一。

《武术套路竞赛规则》的修订，提升了裁判员评分的可操作性，评分信息更加公开化。动作质量和难度的评判标准完全量化，体现了公平、公正、公开的竞赛原则，提高了竞赛的区分度与可比性，使评分更加合理、准确。同时，执行了难度动作和创新难度动作要求，也在一定程度上对推动技术向“难、新”的方向发展起到了积极作用。

（二）武术散打竞赛规则的完善

进入 21 世纪，随着散打项目的崛起，国家体委根据散打项目的发展趋势于 2004 年对《武术散打竞赛规则》进行了修订。2004 年版《武术散打竞赛规则》的特点体现在：第一，服装护具。护具要求采用“全护式”，护具包括拳套、护头、护齿、护腿、护裆、赤脚穿护脚背。但商业比赛仍沿用 1998 年版规则的护具要求，只有拳套、护齿、护裆。第二，得分部位。2004 年版规则中删掉了小腿的得分部位，得分部位包括头部、躯干、大腿。第三，得分标准。例如，使用主动倒地的动作致使对方倒地，而自己顺势站立者，得 2 分；主动倒地 3 秒不起，对方得 1 分；把四个评分等级改为三个评分等级，即把旧规则中的 4 分去掉；把使用腿法击中头部得 1 分改为得 2 分；取消了双方互打互踢不得分这一条，从而使运动员在比赛中注重用组合技术攻击对方，增强拳脚连续击打对方的意识，提高了比赛的激烈程度和可观赏性。第四，技术犯规。新规则取消了禁止运动员在比赛中大声喊叫和教练员在比赛中进行场外指导这一规定。第五，竞赛方法。在新旧规则中比赛都是三局两胜制，每局打完中间都有 10 分钟的休息时间，不同的是新规则将每局净打 3 分钟改为每局净打 2 分钟。第六，下台的判罚。旧规则规定一局比赛中，一方下台一次，另一方为该局胜方。2004 年版规则改为在一局比赛中，一方下台，另一方得 2 分，一方下台 2 次，判另一方为该局胜方，但禁止用死拉硬推的方法使对方下台。第七，对裁判员的监督。新规则取消了仲裁委员会可以改判裁判组评判结果的职能。增加了竞赛仲裁委员会、监督委员会的职责及组成范围，还增加了电脑记录及监控系统。

2004 年版的《武术散打竞赛规则》相较于旧版，技术限制进一步放开，提升了比赛的惊险和激烈程度，使散打运动更具观赏性。同时，其更适应与国际赛事接轨的需要，促进了国内与国际赛事的统一。此外，新规则的完善也是为了满足散打赛事市场化的需要，促进了武术散打产业化的发展。

三、武术裁判队伍健康发展

随着武术技术水平的不断提高及武术赛事的不断增多，对武术比赛裁判员的业务能力提出了更高的要求。为了适应武术发展的需要，2007 年 6 月 13 日—17 日，全国武术散打裁判员培训在浙江省平阳县举办。这次培训由国家体育总局武术运动管理中心主办，得到了各省、自治区、直辖市、行业体协和体育院校的重视，全国共 165 个单位、181 名一级以上裁判员参加，他们都是各省、自治区、直辖市、行业体协和体育院校的武术散打裁判员骨干。

培训首次采用国家一级与国家级以上分开培训的办法。国家一级武术裁判员授课内容为武术散打规则及裁判法和录像分析；考试内容为技术考试、理论考试、录像分析考试。国家级及以上级别采用研讨的教学与学习形式，每次教学与学习安排一个研讨主题，裁判员们充分总结和交流个人多年的武术散打裁判经验，细致探讨武术散打竞赛规则的相关问题，结业要求每人就武术散打规则的相关问题写一篇 3,000 ～ 5,000 字的论文。[1]

2007年11月11日—17日，在北京奥体中心举办的“好运北京”第9届世界武术锦标赛中，参加执裁工作的60多名裁判员是从全世界200多名国际裁判员中选拔出来的，其中90%是外籍裁判员。这些裁判员都是在国际武术联合会的指导下，由中国培养的。他们中的很多人年轻时就是本国优秀的武术运动员，也有酷爱中国武术的官员、企业家和社会人士。每隔4年，这些外国裁判员都要到中国进行武术专业知识的再深造。比赛场上，他们身着中国传统服装，用中文响亮地对选手发布指令，用中国武术界的标准手势向观众敬礼，成为第9届世锦赛赛场一景。到此时，外国裁判员在对规则的理解、评判尺度的把握以及临场应变的能力等方面，与国内的优秀裁判员已经没有差距，完全可以胜任各种大型武术比赛的执裁工作。外籍裁判员的不断增多，执裁水平不断提高，无疑对武术运动的国际化发展大有裨益。[2]

四、赛风赛纪的整顿与改善

长期以来，困扰武术界的一个大问题就是赛风赛纪问题。武术在向现代化方向发展的过程中，反兴奋剂问题也被提上了工作日程，为了武术运动的健康发展，为了加快竞技武术进军奥运会的步伐，从第九届全国运动会开始，国家体育总局武术运动管理中心、中国武术协会等官方组织狠抓赛风赛纪，并加大反兴奋剂管理力度。

---

〔1〕高亮、王涛：《2007年全国武术散打裁判员培训班圆满结束》，《中华武术》2007年第8期。
〔2〕王涛：《“海外兵团”感动世锦赛》，《中华武术》2007年第12期。

在第九届全国运动会所有比赛项目中，只有武术项目设有竞赛监督委员会。竞赛监督委员会除了对裁判员进行思想教育外，还发挥着监督作用。大会对裁判员的要求非常严格，如果裁判员出现 1 次误判，将要给予裁判劝告；如出现 2 次误判，就要给裁判员亮黄牌，在首日比赛中就有 4 名裁判员被换下。对参加第九届全国运动会武术决赛的运动员，除了进行常规的尿检外，还增加了血检，同时进行赛外飞行检查。根据规定，一个运动队在一个项目中如果出现 4 例兴奋剂阳性，就要取消该队参加这个项目的比赛资格。对兴奋剂检查呈阳性的运动员，武术运动管理中心将采取严厉的惩罚措施，比如终身禁赛。

2005 年 2 月 3 日，国家体育总局局长刘鹏在全国体育局长会议上表示，竞技体育的魅力就在于公平、公正的竞争，各省、自治区、直辖市、行业体协都希望在第十届全国运动会上取得好成绩，向家乡人民和行业职工交出一份满意的答卷，这正是推动体育事业发展的积极动力，但必须保证干干净净地比赛，堂堂正正地比赛，自觉维护竞赛的公正纯洁，这是反腐倡廉工作在体育战线的具体实践；第十届全国运动会的赛风赛纪要从教育、自律、制度、监督、处罚五个方面去抓。

赛风赛纪不仅关系到第十届全国运动会的举办，也关系到中国体育的形象，更关系到 2008 年奥运会和我国的国家形象，为此，武术运动管理中心不敢怠慢。2005 年 2 月 27 日和 3 月 2 日分别在北京和厦门举办了第十届全国运动会武术套路裁判员和散打裁判员培训班，这两个培训班与过去最大的不同是，开课前先进行党员登记，拿出大量的时间进行赛风赛纪教育、政治素质教育和职业道德教育。王筱麟在培训班上特别要求裁判员就“你是谁，代表谁，为了谁”的问题进行讨论。讨论之后要求每位裁判员写出 2,000 字以上的学习体会，作为选调裁判员的参考。所有裁判员都与武术运动管理中心签订了赛风赛纪协议书。通过这两个班的培训，裁判员们反映受到了很大震动，很感动。

对运动员的教育则采取了与锦标赛不同的方式，每个赛区都要召开全体参赛运动员、教练员、领队的动员会，直接对全体人员进行赛风赛纪教育。在郑州赛区的动员会上，王筱麟讲了四个问题：第一，充分认识第十届全国运动会的重大意义；第二，充分认识武术对第十届全国运动会赛风赛纪的重大意义；第三，齐抓共管抓好三个环节（运动员、裁判员、武术运动管理中心竞赛管理人员），确保武术赛风赛纪是历届全运会最好的，让武术比赛的赛风赛纪在 29 个项目中名列前茅；第四，提出了“三个尊重、五个不准”——尊重裁判、尊重对手、尊重观众，不准出现打假赛、不准出现服用违禁药物、不准罢赛、不准拒绝领奖、不准和裁判员在现场发生争执。

大赛在即，武术运动管理中心套路部、散打部所有参加的工作人员都签订了赛风赛纪工作责任书。2005 年 4 月 7 日，武术运动管理中心召开了誓师大会。此外，制定了 12 项制度来严抓此次比赛的赛风赛纪。一系列举措收到了很好的成效。运动队反映，现在可以安心抓训练了。裁判员对严格管理也表示了理解。一位年纪较大的裁判员说：“我经历了第九届全国运动会，人家知道名单以后，我家的电话都快被打爆了，后来我都不敢接，让我爱人接，还要问是哪里来的。现在这样做是对我们裁判员的一种保护。”从 4 月 11 日—5 月 15 日，从石家庄、太原、郑州到西安，第十届全国运动会武术预赛全部结束，无一申诉，国家体育总局武术运动管理中心狠抓赛风赛纪首战告捷。[1]

五、竞技武术水平显著提升

（一）首批国际武术运动健将产生

随着武术运动的国际化以及技术水平的提高，国家体育总局开始实施国际武术运动健将制度。2002 年，首批国际武术运动健将诞生，他们是：北京队的刘青华、江邦军、孔祥东，天津队的孙春和，河北队的王晓楠，山西队的袁新东，浙江队的石旭飞，安徽队的范雪平、苑玉宝，山东队的李杰，广东队的康永刚，甘肃队的丁慧茹，西安体育学院的格日乐图。[2] 国际武术运动健将的出现有利于调动广大武术运动员、教练员的积极性，对武术技术水平的提高以及武术在世界范围内的发展有着重要的意义。

（二）国家武术运动队呼之欲出

2002 年，第 14 届亚运会在韩国釜山举行。中国武术队计划夺取 5 枚金牌，包括套路项目 2 枚、散打项目 3 枚。但随着比赛的进展，中国武术队的压力越来越大。各国的套路运动水平逼近了中国队，要夺取金牌已不那么轻松。散打项目情况更甚，韩国、伊朗、泰国、菲律宾等队均对中国武术散打队构成了挑战。2 天比赛下来，我国的散打队员仅剩下 3 位小、中级别的选手，其他

---

〔1〕鲁夫：《十运赛场冲击波——十运会武术预赛严抓赛风赛纪纪实》，《中华武术》2005 年第 6 期。

〔2〕国家体育总局：《中国体育年鉴（2003）》，中国体育年鉴社，2003，第 470 页。

人均被淘汰出局。虽然比赛的最后结果是散打项目获得2枚金牌、套路获得3枚金牌，但问题不容忽视。一回到北京，李杰就呼吁："中国武术要尽快成立国家队，不仅散打迫不及待，套路也等闲不得！"[1]

由于武术是非奥项目，除20世纪50年代中国武术成立过国家队外，我国一直没有再成立国家队，武术运动员平时分散在各省、自治区、直辖市体工队等单位内训练，比赛时临时组队集中训练十天半个月便参赛。这种情况在世界武术普及不够、运动技术水平不高的情况下还是适合的，但2002年后这种情形开始改变，随着武术在国际上迅速普及和发展，中国选手的绝对技术优势已不存在，成立国家武术队成为时代发展的必然。

2005年11月22日，国家体育总局召开了备战2008年奥运会暨2005年冬训动员大会。会议的主要精神是"眼睛向下看，围着项目转"，要求各运动管理中心深入训练一线，全力以赴做好冬训工作。根据会议精神，武术运动管理中心迅速成立了冬训领导小组。

考虑到第8届世界武术锦标赛在2005年12月举办的实际情况，武术运动管理中心决定武术冬训在该比赛后进行，武术散手冬训于2006年1月8日在陕西省体育局训练基地进行，武术套路冬训于2006年1月10日在浙江省体育局体育训练一大队进行。冬训动员大会分别于1月9日、1月11日在西安、杭州召开，这标志着武术项目有史以来的首次大规模冬训正式开始。

---

〔1〕邱丕相：《亚运会武术比赛回眸与断想（4）——第14届韩国釜山亚运会》，《中华武术》2006年第4期。

此次训练的队伍虽然还不是正式的国家队编制，训练时间也仅有 80 天，但已具备了与以往不同的特点。如散打教练组制订的训练计划一改以往以战术训练为主的模式，更加注重长远效果，不仅注重体能、力量、技术上的训练，而且侧重于运动员综合应用能力的提高；套路教练组按项目分为长拳、南拳、太极拳三组，每组都配备了在该项目上有较高执教水平的教练，对国家武术队的基本模式进行了探索。

国家武术队的成立已呼之欲出。国家体育总局武术运动管理中心副主任金肖冰对此充满希望，他表示，目前，武术学校是我国武术人才的主要来源渠道，他们构成了武术的塔基；各省、自治区、直辖市武术队和武术协会，构成了塔身。现在，就缺国家武术队这一个塔尖了，一旦成立，武术金字塔将会熠熠生辉。〔1〕

六、武术新赛事的不断探索

（一）散打赛事广受欢迎

2004 年 12 月 28 日，国家体育总局武术运动管理中心推出的又一全新赛事——全国武术散打南北明星对抗赛在安徽合肥亮相。这次比赛是中国武术散打的顶级赛事，也是 2004 年度的亚洲贺岁大赛。参加此次比赛的运动员，无论是南派选手还是北派选手，均由 2004 年夺得过全国武术散打团体赛和冠军赛的前三名选手组成，足以代表中国散打的最高水平。经过 8 轮 38 回合的较量，最终，北方队以 4 比 3 的总分战胜南方队。如果将女子表演赛也纳入比赛成绩，则南北方队旗鼓相当。

〔1〕榆林：《国家武术集训队 80 天冬训完美收官》，《中华武术》2006 年第 4 期。

武谚所说的“南拳北腿”，意思是长江流域和长江以南地区流行的传统武术大多以手法见长，桩步稳、拳势激烈，发动时常伴有气势如虹的发声吐气；而流行于黄河流域及其以北地区的武术风格则以腿法丰富见长，以舒展大方为特点。实际上，散打也由于不同的地域而显现出不同的风格。蒙古派以摔为主、重拳为辅，风格粗犷豪迈，代表人物有那顺格日乐、格日乐图、宝力高；山东派拳腿并重、气势凌厉，代表人物有柳海龙、刘献伟、杨晓靖；还有以王涛、康永刚、王旭勇为代表的广东风格；以尤邦孟、郑裕蒿、谢尚夫为代表的浙江风格；以薛凤强、王进峰为代表的北京风格；以乔小军、郜普庆为代表的江苏风格等。此次南北明星对抗赛是把最高水平的散打选手按照南北地域进行分组对抗，希望两方各自承袭传统武术风格，北方选手打出“拳打四方”的气势，南方选手打出“拳打卧牛之地”的细腻。令人遗憾的是，此番全国武术散打南北明星对抗赛并没有明显显现出散打的地域风格差异。由于竞赛体制，运动员风格的地域差异并不十分明显，更多的是凸显出教练员和队员自身的个人风格特色。[1]

（二）武术功力大赛创办

2004年9月12日—15日，首届全国武术功力大赛项目教练员、裁判员培训班在河南开封举办。洪浩、蔡宝忠、孙卫国、朱永光、和有禄、翟少红等来自全国各地的99人参加了培训，康戈武、蔡仲林和孙文才三人担纲培训班的执教工作，周明渊、和有禄、

〔1〕雪儿、周金彪.《叫板〈功夫〉　全国武术散打南北明星对抗赛上演》，《中华武术》2005年第2期。

陈俊杰、赵战军、杨栋、白俊亮、郭宝光、张金民、陶忠先、林运品等就各自擅长的武术功法进行了讲解和示范。此次武术功力大赛项目教练员和裁判员的培训工作为日后武术功力大赛的举办打下了基础。

经过精心的准备，2004 年 11 月 20 日—21 日，首届全国武术功力大赛在广东省佛山市举行。来自洛阳师范学院、上海体育学院、武汉体育学院、广州体育学院、北京体育大学、徐州师范大学等院校以及河南省温县、河南省开封市、四川省南部地区、安徽省、山东省、云南省、北京市、江苏省、河北省、黑龙江省、上海市、福建省、辽宁省辽西市、广东省佛山市的 21 支代表队的 143 名运动员参加了比赛。

这次比赛使多年来流传于民间的武术功法运动正式登上了现代体育竞技的大舞台，它的成功举办拓宽了武术竞赛的领域，标志着一种新的武术竞赛形式的诞生。

首届全国武术功力大赛成功举办后，国家体育总局武术运动管理中心召集有关人员重新修订了《武术功力竞赛规则》，并在北京举办了第二届全国武术功力大赛项目教练员、裁判员培训班。2005 年 11 月 26 日—27 日，“军安杯”第二届全国武术功力大赛作为深圳国际旅游文化节的重要组成部分在深圳锦绣山河 · 民俗文化村隆重举行，来自全国 39 支代表队的 198 名运动员参加了比赛。2006—2008 年，又分别在河南、广东、浙江连续举办了第三届、第四届、第五届全国武术功力大赛。随着武术功力大赛的顺利开展，一系列研究成果，如《武术研究 · 功力比赛资料汇编》《武术功法运动教程》《武术功力竞赛规程》《武术研究 · 武术功法与功力研究专辑》等相继出版。项目的规范化、趣味性加上奖励办法和段位制的刺激作用等因素的影响，使得参加武术功力大赛的代表队和运动员越来越多。这一切都表明了这一新兴项目的强大生命力。

（三）长、短兵对抗竞赛的探索

民国时期的中央国术馆曾对长、短兵竞赛进行初探，中华人民共和国成立后的第一届全国少数民族运动会（1953 年）也设有长、短兵比赛。同时，还有张文广撰写的《短兵对练》和王华锋撰写的《短兵——刀剑实用技法》等著作出版。进入 21 世纪，2003 年，马贤达编写的《中国短兵——教学、训练、竞技》由三秦出版社出版发行；2004 年，人民体育出版社出版的体育院校教材——《中国武术教程（下）》中也收录了武术短兵；2007 年，王华锋主编的《中国短兵教程》由北京体育大学出版社出版发行。一系列著述的出版，表明中国武术界从未停止过对长、短兵竞赛的探索。

2004 年，国家体育总局武术运动管理中心决定大力恢复短兵的推广普及工作，为此，7 月 20 日—22 日在西安体育学院举办了旨在"推广短兵项目，重在普及"的全国武术短兵教练员培训班。[1]

相对而言，长兵没有得到较好的发展和普及，为此许多人呼吁应当恢复长兵比赛。长兵比赛主要脱胎于"百兵之帅""长兵之祖"的枪法，马明达认为，枪法是一切武艺的制高点，大凡高

〔1〕佚名：《2004 年国家体育总局武术运动管理中心、中国武术协会主要活动》，《中华武术》2005 年第 1 期。

品位的武艺家，总要在枪法上有些讲究，下场演练要拿大枪，不是花枪，更不是一般杂兵，这成了一个约定俗成的规矩，一个显示学养、资历与身份的标志。为充分体现传统武术“练打结合”的原则，恢复和重建我国的民族传统体育体系，更好地向国外推广，马明达呼吁应积极恢复长兵比赛。[1]

第三节 传统武术服务大众健身

进入21世纪之后，先有《全民健身计划纲要》引发的大众健身热潮持续升温，加之北京成功获得奥运会举办权，这一时期，在服务奥运的时代主旋律下，广泛流传于民间的传统武术在促进全民健身和武术文化“走出去”等方面发挥了积极作用。与此同时，武术管理部门以段位制改革为契机，大力推进传统武术走向规范化，保障了传统武术的健康发展。

一、太极拳——武在新世纪

（一）泰山之巅迎接千禧曙光

1999年岁末，为了迎接新千年的到来，世界各国都通过电视向全世界展示最能代表本民族特色的人文景观。中央电视台《东方时空》摄制组策划拍摄一期名为《泰山舞拳》的节目，拟请一位德高望重、鹤发童颜、身体健康的“武林前辈”级的老人在泰山之巅，于新千年元旦凌晨，迎着第一丝曙光演练太极拳。经航拍，

---

〔1〕马明达：《应积极恢复长兵比赛》，《中华武术》2006年第9期。

由中央电视台国际卫星频道向全世界转播。〔1〕中央电视台编导周小力经过与国家体育总局武术运动管理中心磋商，并报中宣部、国务院等有关单位审批，节目得以立项。他们在物色人选时想到了北京体育大学的门惠丰教授。这是因为，首先，在外在形象上，时年62岁的门惠丰满头白发、精神矍铄，完全符合摄制组的要求；其次，门惠丰作为多年从事武术教学、研究的专家，对各式太极拳掌握精熟；最后，当时的门惠丰在武术界早已是受人敬仰的武术家，在社会上有很高的声誉，由他进行表演具有一定的权威性。因此，门惠丰成为此次拍摄的不二人选。

筹备工作主要分为两部分：一是确定表演内容，二是选定拍摄地点。考虑到在这样一个特殊时刻，向全世界人民展示太极拳，对各式太极拳都比较擅长的门惠丰认为这样的场合单独表演哪一式都不太合适，于是他想到了退休后与夫人阚桂香共同创编的一套太极拳套路。这一套路以杨式太极拳为主，吸收了陈式、吴式等各式太极拳之长，同时考虑到西方人对13这一数字的忌讳可能影响国际推广的因素，最终确定在传统太极拳均以13式为核心的基础上增加了代表天地人的两个动作，从而确定为15式太极拳。

节目的拍摄得到了泰安当地政府的高度重视，时任泰安市副市长的孙承志率队进山勘查，历经数日，最终选定与“玉皇顶”遥相守望的“尧观顶”作为拍摄场地。地点选定之后，为了满足演练和拍摄的需要，泰安市人民政府用了一个星期的时间，将“尧观顶”平整出一块6米见方的平台作为演练场地，并为方便拍摄直升飞机起飞建立飞机场。

〔1〕昌沧等：《四牛武缘》，人民体育出版社，2004，第290页。

拍摄当天，门惠丰教授及导演周小力等人凌晨4点30分向山顶出发，于早上6点到达目的地，此时距离当日泰山第一丝曙光的出现还有一个小时，一切准备就绪之后，随着周小力导演一声令下，门惠丰教授迎着21世纪东方的第一缕曙光演练着代表中华民族优秀传统文化的太极拳，中央电视台借助现代科技的力量将泰山之巅的自然景观与中华民族的文化符号以这种“天人合一”的方式传向了全世界。

节目拍摄获得成功，随后，门惠丰取泰山的别称“东岳”，将该套太极拳命名为“东岳太极拳”，拍摄地点“尧观顶”也更名为“太极顶”。2007年，北京市武术协会东岳太极拳研究会和山东省泰安市东岳太极拳研究会又在泰山共同修建了东岳太极亭。自2000年至今，在门惠丰的不断努力下，东岳太极拳的内容不断丰富、完善，已经形成了包括东岳太极拳（一路）、东岳太极拳竞赛套路（二路），东岳太极剑、东岳太极刀、东岳太极枪、东岳太极棒和东岳太极拳推手等套路的完整技术体系。

（二）健康工程服务大众健身

1.“太极拳健康工程”的发起

太极拳在服务大众健身方面以其动作轻缓、气质沉稳、易于普及等特点深受广大群众喜爱，再加之中华人民共和国成立以后24式简化太极拳及8式太极拳、16式太极拳的创编、普及，到21世纪之初，太极拳已经成为大众从事体育健身的主要方式之一。因此，推广普及太极拳也成为国家体育总局武术运动管理中心、中国武术协会贯彻落实全民健身总体要求的主要抓手。

在这样的时代需求下，中国武术协会于2000年启动了“太极拳健康工程”。该工程是将太极拳作为武术的一个品牌，系列、持续地推向世界，主要内容包括开展太极拳活动月、举行世界太极拳健康大会、推行太极拳辅导员制、加强新时期的太极拳理论研究等。为了使太极拳在大众健身中切实发挥作用，保障“太极拳健康工程”的持续发展，中国武术协会决定将每年的5月设定为“全国太极拳健身月”。此后，在每年的5月举办各种太极拳活动，不断提高太极拳的社会影响力，吸引更多人参与太极拳健身。

同年6月18日，在马来西亚召开的国际武术联合会执行委员会会议上，通过决议，将每年的5月定为“世界太极拳月”，并得到各会员的热烈响应。这标志着“太极拳健康工程”正式发展为全球性的太极拳推广活动。

2. 太极拳公益教学活动

为了吸引广大群众练习太极拳，2000年，中国武术协会在国家奥林匹克体育中心举行了首次免费教太极拳的活动。活动上，中国武术协会组织了20多人的教练员队伍，从5月6日开始，每周利用双休日在中国武术研究院内义务向群众传授8式太极拳和16式太极拳。这是中华人民共和国成立以来第一次官方地、有组织地、有系统地、有意识地向社会推广太极拳活动。由中国最权威的武术管理机构组织、太极拳领域的专家组成教练队伍，面向社会且完全免费，这样的活动一经推出便受到广大太极拳爱好者的欢迎。据统计，原定300人参加现场学练，最后达到了 1488 人次。[1]

首次免费教太极拳活动获得成功，让中国武术协会看到了太极拳对于人民群众的巨大吸引力。为此，中国武术协会要求各省、自治区、直辖市的武术管理部门、行业体协、武术社团组织、太极拳辅导站均要在每年的“太极拳健身月”开展包括免费教太极拳在内的一系列太极拳活动。[2]在中国武术协会的统一领导下，免费教太极拳活动成为全国各地在每年“太极拳健身月”的主要活动内容之一，有力地促进了 21 世纪以来太极拳的推广普及。

（三）全国太极拳辅导员制

“太极拳健康工程”的第三个内容是推行全国太极拳辅导员制。太极拳辅导员是开展太极拳活动的中坚力量，正是他们不计得失地辛勤工作，才促成了太极拳在全国红红火火的局面。但是也存在着诸如教授动作不规范、水平参差不齐、不重武德只教技术的现象。因此，对全国范围内的太极拳辅导员进行规范管理的工作也逐渐开展。

（四）进一步简化、推广太极拳

8 式太极拳和 16 式太极拳，除了在“太极拳健身月”组织免费教学推广外，国家体育总局武术运动管理中心还于 2001—2003 年分别在上海、成都、徐州举办了三届全国 8 式太极拳和 16 式太极拳、太极剑推广交流大会，使得 8 式太极拳和 16 式太

---

〔1〕佚名：《太极拳健身月的吸引力》，《人民日报（海外版）》2000 年 6 月 23 日。
〔2〕王涛：《建国以来太极拳大事记》，《中华武术》2001 年第 3 期。

极拳迅速在全国普及开来。

二、社会武术活动丰富多彩

进入21世纪以后，国家武术管理部门在大力发展竞技武术、推动武术进奥运的同时，也越来越认识到群众武术、传统武术对于中国武术整体事业的重要性。王筱麟在2005年的第五届全国武术工作会议上表示：要转变重竞技而轻群体的错误观念，应真正认识到社会武术是整个武术事业的根基，传统武术是竞技武术的根源。若忽略了社会武术、传统武术，竞技武术必将成为无源之水、无本之木，也无法实现整个武术事业的全面、协调、可持续发展。[1]而举办赛事则是武术管理部门吸引群众参加武术、促进传统武术传承与传播最直接、最重要的举措之一。

（一）首届中国传统武术节

2005年，正值武术申请成为奥运项目的关键时期，成功举办一次全国性的传统武术比赛可以展示中国武术深厚的群众基础，可以助力武术进奥运。同时也可以以此为契机再一次挖掘整理民间传统武术，不断丰富武术的内容，为各拳种、各流派提供一个充分展示技能的平台，让人们从中领略到中华武术博大精深的内涵。

云南省开远市为首批全国“武术之乡”，地理位置优越，工商业发达，且开远市委、市政府高度重视体育活动，使得开远市

〔1〕王悦：《把握机遇　再创辉煌——第五次全国武术工作会议暨中国武术协会代表大会召开》，《中华武术》2005年第12期。

具备举办大赛的设施条件和群众基础。因此，中国武术协会决定由云南省开远市政府承办首届中国传统武术节。

2005 年 11 月 19 日，首届中国传统武术节在开远市开幕。此次武术活动内容丰富、竞赛项目齐全，设有武术套路、散打、武术表演等项目，包括香港在内的全国 21 个省、自治区、直辖市共 59 支代表队的 561 名运动员和教练员参加了这次盛会。参赛运动员年龄最大的 86 岁，最小的仅 4 岁。参赛队伍的组成反映了传统武术在全国各地开展的广泛性，同时，参赛人员巨大的年龄跨度也反映出传统武术对于大众的普适性。首届中国传统武术节的举办，充分展示了武术在全国范围内深厚的群众基础。

（二）特定群体的武术比赛

1. 武术馆校比赛

武术馆校在中国武术传承和发展进程中发挥着非常独特的作用，一方面，武术馆校为竞技武术培养了大量后备人才，是各省、自治区、直辖市竞技武术运动队运动员的主要来源，从这个意义上看，武术馆校的存在为中华人民共和国成立以后竞技武术的持续发展提供了人才保障；另一方面，散布于各地的武术馆校往往以当地民间流传的地方拳种作为主要教学内容，因此，武术馆校又成为保障传统武术传承延续的主要力量。

2000 年 5 月，以“以武会友、增进友谊、交流技艺、促进发展”为宗旨的首届“‘世纪杯’武术邀请赛”在北京举行，全国 5 个省、市的 18 家武术学校的 121 名运动员参加了比赛。比赛设有长拳、南拳、太极拳、八极拳、通臂拳、翻子拳、地趟拳以及长短器械等项目。

2005年，在第五届全国武术工作会议上，针对民办武术馆校提出“重服务、重扶持、促发展”的指导方针，并制定了对全国武术馆校评级、武术学校比赛成绩与运动员等级、段位挂钩等10条具体举措以切实加强武术馆校建设。[1]

2. 农民武术比赛

作为一个农业大国，到2000年时中国拥有多达8亿的农村人口。中国武术的传承者很多都是农民，最具中国特色的武术渗透到了中国农村的每一个角落，像陈家沟、孟村等地从前几乎是家家习武的，中国武术的大部分拳种也都发源于农村。[2]我国早在1988年便开始举办全国农民运动会，而且从第二届开始，武术一直是该运动会的正式比赛项目。进入21世纪后，为了迎接北京奥运会，推动全民健身运动，弘扬中华武术，挖掘整理并继承发展民间传统武术精华，于2007年6月19日—21日由国家体育总局、甘肃省人民政府主办，国家体育总局武术运动管理中心、甘肃省体育局、天水市人民政府承办，在甘肃省天水市举办了全国农民武术大赛暨中国天水伏羲武术大会，比赛设拳术、

---

〔1〕10条具体举措为：1. 中国武术协会增设全国武术学校工作指导委员会，建立和完善全国武术学校网络体系。2. 实行全国武术馆校等级评定制度。3. 全国武术学校比赛获得团体前三名者，可参加第二年的全国青少年武术锦标赛。4. 全国武术学校比赛获得单项前三名者，可参加第二年的全国武术锦标赛。5. 报经国家体育总局批准后，全国武术学校比赛获得单项前三名者，可晋升一级武士。6. 全国武术学校比赛成绩，可作为武术段位晋升条件。7. 被评为全国甲级武术学校者，可申请中国武术协会一级会员单位；符合段位考评条件的武术学校，可申请设立段位考评机构。8. 组织编写全国武术学校《教学大纲》和初、中、高三级武术教材。9. 实行全国武术馆（校）长、教练员岗位培训制度、持证上岗制度，组织武术馆校进行国际间传统武术互动交流活动。10. 承认参加全国武术学校比赛裁判工作经历，符合规定者可申报国家级裁判员考试。

〔2〕李平：《你是农民吗？》，《中华武术》2007年第8期。

器械、对练和集体项目，为了适应传统武术内容多样的特点，竞赛规程尽量降低对参赛套路的要求，规定凡具有本地特点，有益于人体健康的传统拳术、传统器械项目均可以报名参赛。比赛吸引了全国19个省、自治区、直辖市的42支代表队参加。全国农民武术大赛为广大农村武术习练者提供了一个互相交流、共同学习的机会，也是国家体育总局借助武术促进农民群体参与全民健身的重要举措之一。

（三）“武术之乡”评选继续推进

进入21世纪之后，为了继续推动社会武术的开展，国家体育总局武术运动管理中心于2001年第三次启动全国“武术之乡”评选活动，经过审查，授予了河南省义马市、夏邑市等27个地区全国“武术之乡”称号。至此，全国“武术之乡”数量已达到91个。

（四）个性化的地区命名活动

21世纪初，国家体育总局除了开展“武术之乡”评选活动外，还针对一些特色较为突出的城市进行了富有针对性的命名活动。如中国武术协会于2004年向中国南派武术主要发源地之一的广东省佛山市授予“武术之城”的称号；2005年8月24日，中国武术协会命名河南省焦作市为“太极圣地”；2007年5月，中国武术协会为了表彰山东省淄博市临淄区在利用太极拳服务大众健身方面做出的突出成绩，授予该区“全国太极拳健身特色区”的荣誉称号；2007年8月21日，河南省焦作市温县被命名为“中国武术太极拳发源地”。

三、武术段位制的革新与发展

（一）2007年武术段位制改革的背景

中国武术段位自1998年制定以来，为民间武术传习者和广大武术爱好者提供了武术水平的评价标准，通过这一等级制度，有效引导了广大民间武术爱好者不断提高技术水平，增进了民间武术的交流。截止到2007年，全国已有117,413人获得段位。此外，中国武术协会还通过举办武术段位培训和考评班，授予了39个国家和地区的973位武术习练者段位。[1]

从数字上来看，段位制在推动武术在国内外的传播和提高方面取得了令人瞩目的成绩。但是，随着社会的发展，很多问题也逐渐暴露出来，一定程度上局限了武术段位制的进一步推广。

主要问题集中在段位制的管理方式和入段考核方法上。第一，管理体制过于依赖政府行政力量。如在1998年版的《中国武术段位制》中规定，只有国家体委武术运动管理中心授权的各级考评委员会，才有权组织考评。各级考评委员会分别是全国武术段位考评委员会，省、自治区、直辖市体委及行业体协武术段位考评委员会，地、市体委武术段位考评委员会，区、县武术段位考评委员会。由此可见，段位制的管理体制是一种典型的政府管理型体制。政府的权力高度集中，并采用行政的方式进行从宏观到微观等各个层次的全面管理，所以，从制定总体发展规划到组织各级武术活动等几乎都由政府机构负责，各种武术组织则常常不具备实质性的管理功能。而段位的考评、审批绝大多数是由各级武术行政机关来施行。政府管理型体制有利于强化领导、集中调

〔1〕王筱麟：《加强武术段位制工作　促进武术全面发展》，《中华武术》2007年第11期。

配、统筹兼顾，缺点是易于抑制广大社会成员对武术运动的参与和支持，因而最终会限制武术运动在全社会的更大发展。[1]第二，1998年的段位制采用“套段”的方式授予段位，在具体评审中按照“一看年龄，二看习武或从事武术工作年限，三看所属序列，四看社会兼职，五看职称、职务”[2]等标准执行，仔细分析不难发现，这样的评定标准更有利于武术管理部门的工作者或者从事武术教学、训练的教师和教练员，尤其是在不具备习武人群登记制度的前提下，对于评定工作来说，单习武年限这一指标就无法做到客观、准确。因此，这一时期的武术段位制在实际操作中最终评定的依据主要是被评人对武术贡献的大小，而非武术技术水平的高低，因此，“套段”的授段模式在实践中打击了广大民间武术爱好者参与的积极性。有人通过调研发现，在段位制施行的第二年入段人数反而减少了5,898人，评段单位数量减少了21个，充分反映“套段”方式导致的群众入段积极性降低的情况。此外，1998年段位制的管理方式和考核方法也导致了入段人员在地域分布和职业背景上的不均衡，可想而知，在经济欠发达或者地方行政部门对段位制重视不足的地方，考点数量和考试次数必然不足，入段人员也必然相应偏少，同时教师、教练员等武术管理部门重点关注的武术工作者则成为“套段”的主要对象。在段位制施行过程中也的确出现了一些现象，如：入段人员分布不尽合理，高、中、初段位人员的比例失调；高段位人员中教师比例过大，社会武术工作者偏少，高级和副高级职称比例过大，其

---

〔1〕蔡仲林等：《武术段位制实施现状及对策研究》，《体育科学》2002年第4期。
〔2〕昌沧：《严肃公正——第二次全国武术高段位评审目睹记》，《中华武术》1994年第4期。

他职称比例偏小；在武术段位制的评审过程中，各地对初、中段位的考评标准差异较大，初段位人员多是初中学生。[1]这种分布失衡，也严重阻碍了段位制的推广。

（二）2007年武术段位制改革的举措

2007年10月7日，全国武术段位制工作会议在乌鲁木齐召开，全国各地的中国武术协会一级单位会员的负责人及各省、自治区、直辖市武术管理部门、大专院校民族体育专业的负责人等100多位代表出席了会议。会议重点讨论武术段位制的改革问题。王筱麟在会上提出武术段位制的指导思想，即“解放思想、转变观念、科学管理、放而不乱、立足发展”[2]，并在此基础上，明确了武术段位制的改革方向，一是在中国武术协会区域性单位会员中设中国武术段位制考评机构，把段位制办在习武者身边；二是有条件的专业性单位会员下设的段位制考评机构，可以面向社会组织段位考试，弥补区域性段位考评机构考点数量和考试次数不足的现状；三是凡获得中国武术协会颁发的“中国武术段位制考评资格证书”的武术传习者，可以对其执教的学生进行段位技术资格的认定和推荐。[3]除此之外，为了从根本上增加武术锻炼人数，使武术在全民健身领域发挥更大作用，本次会议还确定了接下来武术段位制的工作重点是大力发展初、中段位。

本次会议之后，武术段位制开始由“套段”阶段向“考段”

---

〔1〕易钦仁：《对中国武术段位制实施现状的调查和分析》，《湖北大学学报（自然科学版）》2002年第4期。
〔2〕王筱麟：《加强武术段位制工作　促进武术全面发展》，《中华武术》2007年第11期。
〔3〕王筱麟：《加强武术段位制工作　促进武术全面发展》，《中华武术》2007年第11期。

阶段转变，同时，为了提高因某种原因尚未进入段位的高水平武术传习者的入段积极性，对这部分人采取“套段＋考段”相结合的方式授段。由此开始，武术段位制进入规范化、标准化的发展阶段。

改革后的武术段位制在段位层级上分配更加全面、更加合理，分为段前级一至六级，初段位一至三段，中段位四至六段，高段位七至九段。六段及以下为技术段级，晋级（段）必须参加国家段位考试。六段为技术段位的最高级，七段及以上为建树和贡献段位，不再考核技术，主要评价对武术发展的贡献和武术理论建树。段前级，需由段前一级逐级晋升至段前六级，然后，进入初段位，再循一至六段逐段晋升。这样的段位设置，正是为了适应不同群体的需要，为了最大限度地使段位制为广大群众所接受。

（三）2007 年武术段位制的发展

1. 审定通过“中国武术段位制系列教程”

中国武术研究院于 2008 年 5 月开始，选择了 15 个流传较广的拳种和器械以及深受群众喜爱的武术功法和自卫防身术，在全国范围内组织了一个阵容强大的专家团队，着手制定段位考评标准、创编段位考评内容，并编写配套的“中国武术段位制系列教程”。2008 年 7 月，“中国武术段位制系列教程”通过中国武术协会审定。

“中国武术段位制系列教程”共 27 个品种。其中公共理论教程 4 种，包括《武术史教程》《武术概论》《武德与武术礼仪》《中国武术段位制理论题解》；专项技术教程共 23 种（配教学光盘），包括《趣味武术（段前级教程）》《长拳》《少林拳》《陈式太极拳》《杨式太极拳》《和式太极拳》《武式太极拳》《吴式太极拳》《孙式太极拳》《形意拳》《八卦掌》《通臂拳》《戳脚》

《翻子拳》《八极拳》《螳螂拳》《五祖拳》《咏春拳》《武术功法》《自卫防身术》《剑术》《短棍》《二节棍》（图 3–1）。

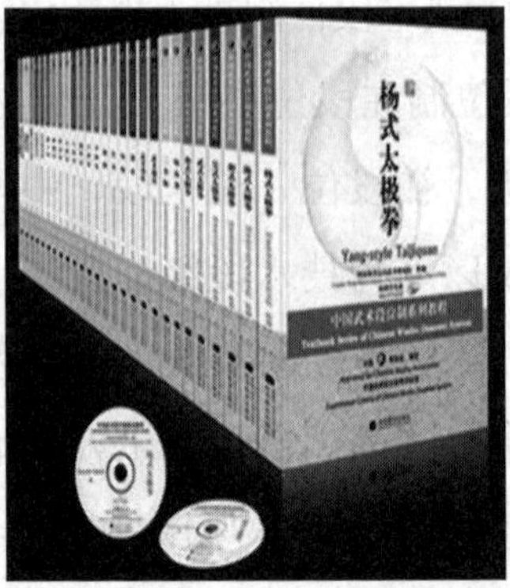

图 3–1　“中国武术段位制系列教程”封面

“中国武术段位制系列教程”是这一时期中国武术段位制改革的重要依托。它使得中国武术段位制的考核有了明确、客观的内容依据，27 个品种基本覆盖了中国武术流传范围较广的主要拳种，在内容形式上强调突出传统武术“打练结合”的特点，由此也可以看出，在此次改革中，中国武术协会将武术段位制有意向民间习武群体做了倾斜。

2. 武术功法单独列入武术段位制

拳谚有云：“练拳不练功，到老一身空。”作为传统武术内容体系中基本功而存在的武术功法是传统武术习练者学艺入门并坚持终身的重要练习内容，因其素来被传统武术习练者视为获得高超技艺的重要练习手段，所以武术功法在传统武术中的地位举足轻重。再加之自 2004 年起，四届全国武术功力大赛的举办，比赛逐渐成熟，并在赛事推广上获得巨大成功，这也大大带动了广大武术爱好者习练传统功法的热情。因此，在内外因的交织作用下，武术功法的重要地位在这一阶段逐渐凸显出来。

为了进一步推进武术功法的发展，提高武术功法的普及程度，服务大众健身，中国武术协会在段位制改革的过程中，开始考虑将武术功法单独设置段位。

于是，在2007年，中国武术协会根据《中国武术段位制》规定，参照武术套路和散手系列晋升段位的规定制定了《〈中国武术段位制〉武术功法系列晋升段位暂行规定》。该规定中除了要求武术功法段位申报人要具备中国武术协会会员身份外，还要求其有武术功力比赛或武术功法习练经历。从该规定中确定的申报办法和技术标准来看，其最大的特点就是与全国武术功力大赛相互配套衔接，如规定武术功力比赛成绩可以作为武术段位技术考核内容，且凡参加全国武术功力比赛的运动员，均可凭获奖证书或参赛证书申报相应的段位，可免技术考核。此外，还对全国武术功力比赛的成绩与对应申报的段位加以明确，如参加全国武术功力比赛并获得规定项目第一名或自选项目一等奖3次以上者，可申报武术七段；参加全国武术功力比赛获得“规定项目”第一、二名或“自选项目”一、二等奖各1次以上者，可申报武术六段；参加全国武术功力比赛获得“规定项目”第三、四名或“自选项目”三等奖者，可申报武术五段；参加全国武术功力比赛获得“规定项目”第五、六名或“自选项目”优秀奖1次以上者，可申报武术四段。参加全国武术功力比赛但未获奖者，可凭参赛证申报相应的段位：参加2次以上者可申报武术三段，参加2次者可申报武术二段，参加1次者可申报武术一段。[1]

---

〔1〕中国武术协会：《〈中国武术段位制〉武术功法系列晋升段位暂行规定》，《中华武术》2007年第7期。

第四节 学校武术突出内容创新

21 世纪之初，学校武术教育的发展上升为国家弘扬民族精神的层面，武术的教育价值从国家层面得到进一步认可。虽然，武术在中小学中仍然只是体育课的一部分，但是这一时期在教学内容上更加丰富多样。武术在高校中，不论是普通高校还是专业院校，在教学指导思想和教学内容上都有新变化。而这一时期的民办武术学校则呈现整体滑坡的趋势。

一、学校武术教育开展的新作为

（一）中小学武术教育内容丰富多样

1999 年《关于全面深化教育改革全面推进素质教育的决定》的颁布，标志着我国正式进入素质教育时代，也引发了新一轮的课程改革。

21 世纪初期，学校武术教育在艰难环境中力求发展。国家给予政策支持，为武术教育的开展营造了良好的氛围。2001 年颁布的《国务院关于基础教育改革与发展的决定》拉开了新世纪基础教育课程改革的帷幕。在总结前期经验、深入调研和吸收国外优秀课程理论及改革经验的基础上编制了《全日制义务教育普通高级中学体育（1–6 年级）、体育与健康（7–12 年级）课程标准（实验稿）》，自此，“体育课程标准”取代了沿用半个世纪的“体育教学大纲”。此版体育课程标准构建了 5 个领域、3 个层次的课程目标体系。3 个结构层次为“课程目标、领域目标、水平目标”。课程目标与原来的体育教学目的相似，是总领性的表述；领域目标有 5 个，分别为运动参与、运动技能、身体健康、心理健康、社会适应；水平目标有 6 个，每个领域目标都有对应的水平目标。体育课程目标体系递进层次鲜明、描述清晰、指向明确，具有科学具体、操作性强的特点。另外，这版课程标准不同以往，采用目标统领的方式，扩大了学校教学内容的选择权，照顾到地区、民族差异，更符合当时我国的教育发展实际。此外，2001 年的体育课程标准只提出了发展水平要求（表 3–1），并没有对学校武术教学的具体内容做出规定，给广大武术教育工作者提供了更为宽阔的发展空间。

表 3–1　2001 年中小学体育课程标准中有关武术方面的内容[1]

水平等级	运动技能的领域目标	水平目标	达到该水平目标时，学生将能够
水平一	学习和应用运动技能	初步掌握简单的技术动作	做出劈叉等简单动作
水平二	学习和应用运动技能	会做简单的组合动作	做出武术的简单组合动作
水平三	学习和应用运动技能	初步掌握运动基本技术	初步掌握一套简单武术套路
水平四	学习和应用运动技能	发展运动技战术能力	完成一两套武术套路或对练
水平五	学习和应用运动技能	提高一两项运动的技战术水平（完成右列内容之一）	较为熟练地完成一两套有一定难度的武术套路或对练
水平六	学习和应用运动技能	组织和参加小型体育比赛	学会一种自卫防身术

〔1〕纪贤凡：《新中国 60 年学校武术教育发展的回顾与展望》，硕士学位论文，苏州大学，2011，第 13 页。

这一阶段的学校武术教育教学内容设置更加灵活，教师教学更具灵活性，突出了学生的主体性。学校武术教育在原有国家创编的规定套路内容基础上，出现了传统武术、竞技武术内容，呈现出多样性特点。为了落实 2001 年体育课程标准的内容，很多地区积极响应国家号召，根据地方特色，不拘一格地进行学校武术建设。在苏州市相城区的几所中小学中，学校根据自身特点，聘请苏州武术协会的老拳师教授传统武术项目，发动全校师生学习传统武术，建设特色体育项目学校。例如，黄埭中心小学全体师生学习太极拳，黄桥中心小学全体师生学习形意拳、形意棍等。

2002 年，党的十六大提出“坚持弘扬和培育民族精神”。2004 年，中宣部、教育部联合出台《中小学开展弘扬和培育民族精神教育实施纲要》，提出：“中小学各学科教育要有机渗透民族精神教育内容。……体育课适量增加中国武术等内容”后，武术教育成为聚焦的热点，这意味着从国家层面肯定了学校武术教育在弘扬民族文化、培育民族精神方面的意义和价值。为落实《中小学开展弘扬和培育民族精神教育实施纲要》精神，为在学校领域实施武术教育改革提供理论依据，2005 年 3 月，中国武术研究院组建了“关于学校武术教育改革与发展的研究”课题组，由王筱麟担任课题领导小组组长兼课题组组长，副院长王玉龙担任课题领导小组副组长，科研部主任康戈武担任课题领导小组副组长兼课题组副组长，上海体育学院教授、博士生导师邱丕相和湖北大学体育学院院长蔡仲林担任课题组副组长，以北京体育大学、上海体育学院、武汉体育学院、沈阳体育学院、成都体育学院、西安体育学院、广州体育学院、湖北大学、河南大学、山东师范大学等高校为主，在全国范围内邀集了上百位研究人员，对这一重点课题进行研究。课题组下设一个理论课题组和华北、东北、西北、西南、华东、华中、华南七个子课题组。自2005年4月5日起，课题组在全国30个省、自治区、直辖市选取了270所普通中小学，针对学生、教师、学校领导、家长等群体，展开了中华人民共和国成立以来规模最大、历时最长的一次学校武术教育调查。

调查结果显示，尽管中宣部、教育部联合颁发的《中小学开展弘扬和培育民族精神教育实施纲要》中规定体育课应适量增加武术内容，但仍有70.3%的被调研学校没有开设武术课；有的学校不仅没有增加武术内容，反而削减武术以增加跆拳道等域外武技项目；学生了解武术渠道单一、对武术的认识模糊、武术师资匮乏、教材内容陈旧……但令人鼓舞的是，在学校武术课堂教学中“流行”多年的“套路运动制约了中小学学生的习武兴趣”“学生喜欢武术，不喜欢武术课”等说法是不符合实际的。调研发现，在学生感兴趣的武术内容中，套路运动名列首位；学生不仅喜欢武术，而且喜欢武术课。以上这些令人触目惊心的统计结果与鼓舞人心的发现，使课题组深感责任重大，任务紧迫。为此课题组提出：

（1）国家体育总局和教育部联合颁布《国家青少年武术教育指导纲要》，加强对青少年的武术教育，推动中小学武术活动的开展。

（2）认真落实《中小学开展弘扬和培育民族精神教育实施纲要》中“体育课应适量增加中国武术等内容”的要求，将武术列为中小学体育课的必修内容，在具备条件的学校单列武术课。

（3）建立武术师资培养培训基地，解决中小学武术师资匮乏的问题；实行武术教师资格认证制度，加强行业管理，提高武术师资队伍水平。

（4）组织有关专家创编与《中国武术段位制》相契合的大、中、小学武术教学内容，定期组织教学考试与段位制通段考试相结合的校园武术考试，争取将武术段位与运动员等级挂钩，在升学时给予适当加分。

（5）深化高等体育院校武术课程改革，编写高校武术教材时应考虑到中小学武术教学改革和发展的情况；改造民族传统体育专业，单列武术教育方向，疏通武术专业大学生到中小学就业的通道。

（6）国家体育总局每年从体育彩票基金中拨出专项经费，用于中小学武术教育事业的发展。

（7）评选武术教育先进学校，实施“国家青少年武术教育基地”挂牌及等级评估制度。

（8）成立国家武术教育指导委员会，加强对中小学武术教育的督导。

课题组的研究成果形成《我国中小学武术教育改革与发展的研究》一书（图 3–2），并于 2008 年由高等教育出版社出版。此外，依据 2005 年“关于学校武术教育改革与发展的研究”课题所提出的新时期武术教学内容编选的基本思路与框架，2007 年，中国武术研究院组织编写的“中国武术段位制系列教程”的学校教学指导方案，为段位制武术进入学校提供了理论参考与实践指导。“中国武术段位制系列教程”环环相扣的内容体系，使各年级段都有相应的段位内容，较好地解决了学生练习内容的问题，为学校武术教育的普及开展奠定了基础。

图 3-2 《我国中小学武术教育改革与发展的研究》封面

（二）高等院校武术内容的多元发展

2002 年 8 月，教育部正式颁布实施《全国普通高等学校体育课程教学指导纲要》，要求将“弘扬我国民族传统体育，吸取世界优秀体育文化，体现时代性、发展性、民族性和中国特色”作为确定课程内容的主要原则之一。2004 年 7 月，教育部颁布了《普通高等学校体育教育本科专业主干课程教学指导纲要 · 武术类课程教学指导纲要》，要求选编的武术内容要充分体现武术的攻防技击特点，要简单实用和易学易练，同时，提出“淡化套路、突出方法、强调应用”的武术教育改革思想。要使学生了解武术类运动文化特点，传承民族体育文化，掌握基本防身知识和技能，成为热爱祖国、热爱体育事业、弘扬民族精神、具有一定教学能力和运用武术类运动方法进行健身指导的体育教育人才。高等院校根据办学特色、武术师资特点、学生生源情况，鼓励结合地方特色拳种作为教学内容。如河南大学开展的少林武术课程成为武术教学内容的特色，广州大学精选的地方特色南拳内容深受学生喜爱。

2003年4月，全国体育学院教材委员会又根据全国体育院校教材建设的总体目标和基本任务编写了《中国武术教程》（上、下册），并于2004年1月出版。这套教材的编写改变了以往教材的面孔，体现出传统文化的时代性与需求性。理论上具有学术性，技术上选取了优秀项目精练编组，既贴合大众需求又不落俗套。可以说，其内容科学性较强，选题新颖，这是几十年来武术教材改革的一大进步。

2003年，北京体育大学在武术教学内容选编上以“突出拳种、优化套路、强调应用、弘扬文化”为原则，采取“体用攻防的教学要求、两两试对的教学组织形式、功套用有机循环的教学程序、说拆喂试的练习过程”，这一教学理念及教学体系的提出与应用，为高等体育院校强化拳种教学模式提供了样板。

2004年11月16日—18日，为解决高校武术教育的困境，全国武术高等教育发展战略研讨会在广州体育学院召开，来自国家体育总局、全国33所高等院校的近80位学科带头人和相关负责人就武术高等教育的现状与改革展开了热烈的讨论。与会代表认为，这一时期武术教育主要存在以下几大问题：一是师资匮乏、师资水平不高，一些院校由于没有武术教师，武术课程名存实亡；二是教材滞后，甚至普通院校和专科体育院校、本科生和研究生用的都是同一套教材；三是教学比较呆板，无法调动学生的积极性。[1]

〔1〕佚名：《2004年国家体育总局武术运动管理中心、中国武术协会主要活动》，《中华武术》2005年第1期。

2007年5月15日—17日，在山东济南召开的全国高等院校武术套路教学改革研讨会上，有专家提出民族传统体育专业套路普修内容改革要立足于“提高学生防身自卫”能力的主要目标，即改革后武术套路的内容要尽可能贴近攻防技击，服务于攻防对抗，作为一种表现性的技术，以展示劲力和招法为主，而非表现动作的艺术性。这一观点也得到不少与会人员的赞同。

二、民办武术馆校呈现整体滑坡

武术馆校经过30多年的发展，到21世纪初，曾经兴盛一时、蔚然成风的民办武校整体出现滑坡，甚至到了“大量武校销声匿迹，更多的武校则举步维艰”[1]的地步。

国家体育总局武术运动管理中心社会部依据《关于认真做好民办武校办学经验材料总结工作的通知》的要求和中心领导相关指示，组成了民办武校现状及发展趋势专题调研组，于2005年6月2日—7月18日，先后赴北京、河北、山东、江西4个省、市的10个地区对23所民办武校进行了实地考察。此间还通过其他方式对湖北、湖南等省、市的民办学校状况做了些了解。

调研组在调研报告中列举了几个地区的武术调研情况——这一时期民办武校的状况由此可见一斑。

山东是我国的武术大省之一，1996年12月，山东有8个民办武术学校被国家体育总局命名为先进单位，数量之多，居全国首位，所以有一定代表性。据省武术院介绍，调研时，这8个武校有4个已经关闭了，有1个已由在校生5,000多人降为2,000

[1] 王涛、龚建新：《武术馆校生存发展之道》，《中华武术》2008年第6期。

多人，在硬撑着。后起来的青岛市东方武校，起点很高，一开始就招生 1,000 多人，在全国影响很大，可是没多久就消失了。滕州是第三批全国“武术之乡”，滕州少林武校已由 2,600 余人减至 200 多人。全省原有 318 所武术学校，2005 年仅剩近 200 所。

河北沧州是全国最著名的“武术之乡”，原在政府注册登记的民办武术馆校有 643 所，2005 年仅剩 18 所。河北馆陶县武校由 8 所缩为 3 所，永年县由 6 所缩为 1 所，大名县由 10 余所缩为 3 所。

湖南原也是民办武校发展较好的地区，现已普遍下滑。湘中武校被卖出去了；有的武校改名更姓为职业技术学校，不经营武术了，如一度很有名的全国先进单位新化南北武术院也转变为职业技术学校了；冷水江市 6 所武校全部停办。总之，民办武校普遍感到招生困难，面临滑坡甚至倒闭。有一部分武校认为招生困难是由于家长们普遍重文轻武，对武术有偏见，认为习武没出路、没前途，所以把十多年来一直很流行、很时髦的“文武学校”牌子中的“武”字自行撤掉，这不能不说是武术工作者的尴尬。如一直用这个“文武学校”牌子打天下的西山武校和石竹山武校在江西设立的分校校名，一个改叫“江西省西山国际学校”，一个改叫“美佛儿教育集团”。另有一些武校干脆改行，脱离体育，只搞文化教学，认为体育部门对武校建设没有什么优惠政策。〔1〕调研组认为，造成民办武校整体滑坡的原因主要有：整个社会意识形态领域还存在对武术的偏见，独生子女家庭增多，家长认为练武太苦而不愿让孩子练武；社会文化娱乐项目增多对武术形成冲击；地方政府对民办武校不重视甚至歧视；文化艺术界和新闻

〔1〕武术中心调研组：《民办武校现状及发展趋势调研报告》，《中华武术》2006 年第 1 期。

舆论界对武术的宣传报道有太离谱和太肤浅的不良倾向等。为此调研组呼吁尽快出台相关举措。2004 年 3 月，在武夷山武术学校座谈会上，国家武术主管部门提出了“重服务、重扶持、促发展”的九字方针和与其配套的十条措施，以期扭转武术馆校整体滑坡的局面。

第五节　武术科研服务时代需求

2000—2008 年，武术科研工作在过去十余年所打下的基础上取得长足进步，科研队伍不断壮大，一方面民族传统体育学博士研究生队伍日益壮大，另一方面其他学科的博士研究生也开始投入到武术研究中来。与此同时，伴随着科研队伍的壮大，武术科研成果也开始大量涌现，各类高质量的武术专著层出不穷，武术科研项目档次不断提升，开始入选国家哲学社会科学基金项目。此外，在研究选题方面，这一时期的武术研究者表现出对“武术入奥”“武术教育改革”等社会热点问题的研究兴趣，并投入其中进行深入研究，取得了一定的成果。

一、民族传统体育学博士培养

1997 年，上海体育学院率先开始招收民族传统体育学博士研究生。2000 年，我国有了首批顺利毕业的民族传统体育学博士。2000—2008 年，我国的武术博士研究生的培养主要集中在上海体育学院和北京体育大学。其中，上海体育学院共培养出 37 名民族传统体育学博士研究生，周伟良、田金龙为我国第一批武术博士，而北京体育大学在这一时期也培养出李印东、于均刚等11名武术博士。至2008年，我国已经形成了一批初见规模的民族传统体育学博士队伍。

除了体育院校的武术相关专业博士研究生，其他学科的博士研究生也有进行武术研究者，华南师范大学、河南大学、福建师范大学等高校的部分教授也引导博士研究生进行武术方面的研究，如南开大学历史学家刘泽华指导杨祥全博士所作论文《中国武术思想史专题研究》、北京师范大学民俗学教授董晓萍指导刘汉杰博士所作论文《沧州武术志——从民俗志视角切入》及南京大学哲学系教授赖永海指导乔凤杰博士所作论文《中华武术与传统文化》等，均从历史学、民俗学、哲学等其他学科视角对武术展开了深入的研究。此外，一些博士后工作人员也选择武术方面的研究作为自己的出站项目论文。

随着民族传统体育学科的建立与完善，研究生教育规模也不断扩大，2000—2008年，不断有武术高学历人才充实到武术科研队伍中来，并取得了丰硕的研究成果，武术科学研究也由此迈向了一个新高度。

二、武术相关著作大量涌现

（一）各类武术著作相继出版

随着学科建设逐渐走向成熟，呈现与之相匹配的学术成果也成为学科建设的重要内容。自2001年以来，随着学者们对武术研究的不断深入，一批具有较高学术价值的武术著作陆续出版。例如，2001年出版了孙禄堂著、孙剑云编的《孙禄堂武学录》；

2003年出版了中国武术研究院编的《中国武术史》和“武术研究”丛书，马爱民的《传统武术文化新探》，少林书局版的《少林功夫文集》；2005年出版了温力的《中国武术概论》，全国体育院校教材委员会审定的《中国武术教程》，周伟良的《中国武术史》，陈沛菊、乔凤杰的《〈陈式太极拳图说〉译注》；2006年出版了马明达的《武学探真》，少林书局版的《少林武术通考》，马力的《中国古典武学秘籍录》，于志钧的《中国传统武术史》，郭玉成的《武术传播引论》，韩雪的《中州武术文化研究》；2007年出版了蔡龙云的《琴剑楼武术文集》，马明达的《说剑丛稿增订本》，邱丕相的《中国武术文化散论》；2008年出版了邱丕相的《中国武术史》等。大批学术研究价值较高的武术著作的出版，充实了武术学科建设的理论基础。

在2008年北京奥运会前，武术名人传记出版也较多，如张文广的《我的武术生涯》（2002年出版）、刘连祥的《少林宗师——中国当代十大武术名师梁以全》（2004年出版）、柳琴的《最后的镖王——武林泰斗李尧臣传》（2008年出版）、刘素娥的《奥运情缘——一代武宗温敬铭的奥运传奇》（2008年出版）、崔春东的《中国当代十大武术名师陈正雷传》（2008年出版）。这些武术名人传记的出版为武术史的研究提供了大量鲜活的资料。

（二）《民国国术期刊文献集成》的出版以及《中华武藏》的拍摄

民国时期，武术得到了国人的高度重视，并在体育救国思潮中扮演了重要的角色。在这样的社会氛围下，各种武术期刊纷纷出版，为研究近代武术史提供了绝好的原始资料。但可惜的是，这些史料散见于国家图书馆、北京体育大学图书馆、上海图书馆等场所，给武术研究带来了极大的不便。鉴于这种情况，在马明达等专家的帮助下，在少林书局和中国书店的努力下，《民国国术期刊文献集成》（共31卷）于2008年1月由中国书店出版发行。[1]

为迎接2008年北京奥运会，规范国内武术音像市场，由中国武术协会主办、中国武术研究院监制、河南省中传文化传播有限公司拍摄完成了一部中华武学电子版百科全书——《中华武藏》。该电子版百科全书以少林拳、太极拳、形意拳、八卦掌等传统武术流派为主，以拳种的代表性传承人为拍摄对象，为人们直观地了解、学习传统武术奠定了基础。[2]

（三）相关民族传统体育著作的出版

自1997年民族传统体育学科形成以来，大量的研究成果不断涌现。2001—2008年，有关民族传统体育的著作也先后出版，例如《中华民族传统体育文化导论》《民族传统体育文化审视》《中国少数民族传统体育文化研究》《西北民族体育文化》等，这些著作的出版以及众多有关民族传统体育研究成果的出现把民族传统体育学的学科建设推向了一个新的高度。

---

〔1〕杨祥全：《现代武术史》，长江出版社，2011，第164～165页。
〔2〕杨祥全：《现代武术史》，长江出版社，2011，第165页。

三、武术研究课题立项不断

（一）国家体育总局课题项目

申请课题立项是开展武术学术研究的一种形式，特别是在举办 2008 年北京奥运会的背景下，学者们围绕竞技武术、武术文化等热点问题进行了大量研究。国家体育总局武术运动管理中心专门制定了《武术科研课题指南》和《武术科研课题管理办法》等文件，几乎每年都拨出经费资助武术研究项目，所有这些都有力地保证了武术科研的良性发展。

2001 年，邱丕相的“从发展的视角对竞技武术走向世界的研究”、许永刚的“对粤、港、澳三地太极拳运动开展状况的比较研究”入选了 2001 年度国家体育总局体育社会科学、软科学项目。此后，那松长的“外国留学生学习中国武术状况的研究”（2002 年）、邱丕相的“武术现代化的文化研究”（2003 年）、程大力的“改革传统武术为竞技运动的全新方案及中国武术发展的战略规划研究”（2003 年）、林小美的“奥运效应与武术发展战略研究”（2003 年）、樊艺杰的“我国高校武术可持续发展战略研究”等课题都相继获得国家体育总局体育社会科学、软科学研究项目立项。特别是在 2006 年和 2007 年，国家体育总局奥运科技攻关项目中设立了 16 项武术攻关课题，中国武术研究院也完成了 45 项院管立项课题。

（二）国家哲学社会科学基金项目

2000 年，国家哲学社会科学基金开始有武术课题入选。自 2005 年以后，国家哲学社会科学基金项目每年都有武术相关课题获得立项。如：邱丕相的“对我国青少年传承中华文化的研究”（2005 年）、郭玉成的“中国武术国内国际传播的理论与对策研究”（2006年）、王岗的“中国武术：应对体育全球化的发展研究”、洪浩的“中国传统武术现代化发展研究”（2007年）、戴国斌的“消费文化语境中武术的文化生产”（2007年）、蔡智忠的“西北民族武术文化历史与开发”（2007年）、李龙的“深层断裂与视域融合：中国传统武术进入现代视域”（2008年）。这些课题得到国家最高级别的基金资助，表明武术的研究得到了国家的重视，受到了社会以及学术界的认同。同时，基金的资助也使得武术科学研究有了新的突破。

四、武术学术活动创新多样

（一）第七届全国体育科学大会

2004年10月，由中国体育科学学会主办、北京体育大学承办的第七届全国体育科学大会上有89篇武术相关论文入选，其中包括主报告2篇，专题报告15篇，墙报交流8篇，书面交流64篇。邱丕相等的《武术学科的科学化历程与学科研究展望》和洪浩的《竞技武术的概念界定与本质新论》被列为大会主题报告。另外，邱丕相等的《武术学科的科学化历程与学科研究展望》、朱东的《管窥世界武术现状与发展》、李振林和谢晓菊的《武术产业化研究》、张厚福等的《武术的知识产权研究》、郭玉成等的《武术传播的对策研究》、唐韶军的《试论发展“竞技武术”的理论依据》等论文被《第七届全国体育科学大会论文集》收录。

（二）第八届全国体育科学大会

2007年10月24日，第八届全国体育科学大会在北京体育大学隆重举行。本次大会入选的武术相关论文共计153篇，其中包括主报告3篇，专题报告24篇，墙报交流55篇，书面交流71篇。入选论文所涉研究方向包括竞技武术、武术文化、武术传播、传统武术、农村武术、学校武术及传统养生。其中，篇数最多的是竞技武术相关研究（57篇），占比达37%；武术文化相关研究（25篇），占比16%；排在第三位的是武术传播与发展（11篇），占7.2%；此外，邱丕相、马剑的《武术学术研究评鉴与当代使命》、康戈武和洪浩的《我国中小学武术教育状况调查研究》、郭志禹和朱东等的《武术套路典型跳跃难度动作的生物力学研究》3篇论文入选大会主报告。这一时期，专家、学者们对武术的认识更加明确，对武术的研究更加深入，武术学科正在逐步形成具体而清晰的研究方向。

（三）国内外武术学术会议频现

2003年8月21日—24日，由中国体育科学学会、中国武术研究院主办的首届国际武术论文报告会在上海体育学院举行。此次论文报告会的主题为“武术与奥林匹克运动、武术的国际化发展”。来自美国、比利时、埃及、澳大利亚、日本、马来西亚等国家及中国澳门、台湾地区的专家、学者参加了此次论文报告会。大会共收到论文近90篇，其中入选论文72篇，45位学者做了大会报告。与会专家主要围绕武术与奥林匹克运动、武术的国际化发展等研究领域进行了学术探讨。论文报告会期间举行了武术国际化发展研讨会，大家达成了以下共识：促进武术进入奥运会是时代赋予当代武术界人士共同的历史重任，2008年奥运会是武术进入奥运会的最佳时机；武术进入奥运会将是武术发展的强大催化剂；要注重武术科研、加强武术基础理论建设，加快理论创新，重视武术奥运发展战略理论研究；加快套路竞赛制度改革，为武术进入奥运会、适应市场经济创造条件。[1]

此外，其他一系列的武术论文报告会也频繁召开。例如，2004年10月在河南郑州举行的首届世界传统武术节期间举办了国际武术论文报告会，会议以“武术传统的过去、现在、未来”为主题，共收到来自海内外的论文100多篇；2007年10月12日—15日在徐州师范大学举办了主题为“武术功法运动与武术功力比赛的改革与发展”的全国武术功法论坛。

（四）武术学术刊物的创建

自《武林》（1981年）、《武术健身》（1981年）、《中华武术》（1982年）、《精武》（1983年）、《武魂》（1984年）、《武当》（1985年）、《拳击与格斗》（1987年）等武术刊物创办以来，为适应武术学术研究的需要，一些武术杂志纷纷开设武术学术专栏或单独成册发行武术学术论文。如2004年2月《搏击》杂志创办了《武术科学》，其栏目设有：“专家论坛”“武术文化研究”“传统武术研究”“大众武术研究”“武术套路研究”“武术教学研究”“民族传统体育”“其他体育研究”“武术发展研究”等，《武术科学》是当时“全国唯一一本武术学科学术理论期刊”。此后，《中华武术》从2005年第5期也开设了“学术版”栏目。

这些武术刊物的创办及学术专栏的创设，有力地推动了武术学术成果的普及，加快了武术科研水平的提高。

---

[1] 洪浩、郭玉成：《武术·奥运会·国际化——2003年首届国际武术论文报告会综述》，《体育文化导刊》2004年第2期。

五、武术非物质文化遗产研究

2003年10月17日，联合国教科文组织通过《保护非物质文化遗产公约》，认为非物质文化遗产是密切人与人之间的关系以及他们之间进行交流和了解的要素，它的作用是不可估量的。随着世界范围非物质文化遗产保护的兴起，中国的非物质文化遗产保护也被提上了议事日程。2004年，中国加入《保护非物质文化遗产公约》后，非物质文化遗产的保护工作更是受到了人们的普遍重视。2005年3月31日，国务院办公厅颁布了《关于加强我国非物质文化遗产保护工作的意见》，从而引发了我国非物质文化遗产研究高峰。在这样的社会环境里，作为非物质文化遗产研究重要组成部分的中国武术研究呈现出新的趋向。

传统武术被当作非物质文化遗产而得到了各级政府的高度重视，国家体育总局更是对武术这一“文化资本”的保护工作特别重视。2007年5月26日，武术遗产的保护与发展学术座谈会召开。在座谈会上，韩雪、洪浩、马剑、郭玉成四位博士分别做了题为“论武术文化遗产保护”“以人为本保护武术文化遗产”“保护武术遗产的思索与企盼”“民间武术文化遗产的保护对策”的专题发言，对武术文化遗产保护的重要性和如何保护进行了详尽的论述，阐明了武术遗产以武术传承人为载体，“传人在艺在、传人失艺失”的道理。著名传统武术拳种传人梁以全、王长青、刘宝山等介绍了各自拳种的传承情况，展示了其中的精华套路。另外，站在非物质文化遗产的视角对传统武术的保护和继承问题进行探讨也成为研究的热点。杨祥全在国家体育总局武术运动管理中心课题的基础上撰写的论文《非物质文化遗产视角下的传统武术继承与发展策略研究》、陈宝强的《非物质文化遗产视角下的武术发展战略研究》、马剑的《保护武术遗产的思索与企盼》、韩雪的《论武术文化遗产保护》等文章纷纷发表，上海体育学院的牛爱军博士更是以“传统武术传承研究——从非物质文化遗产的视角”作为自己的博士学位论文题目。这些研究成果对传统武术的可持续发展起到了积极的作用。[1]

第六节 武术国际化步伐加快前行

进入 21 世纪之后，从国家层面上看，在全球化浪潮的不断冲击下，出于捍卫国家文化安全、构建自身文化价值体系的需求，国家对文化事业重视程度不断提升，并逐渐将文化建设纳入国家发展战略之中。武术作为优秀的传统文化代表，在国际化推广中承担着展示中国文化形象的战略任务；从武术自身发展来看，北京成功申办奥运会，使竞技武术进入奥运会成为这一时期武术发展最为重要的任务。在国家战略和进入奥运会双重动力的推动下，大大加快了这一时期武术国际化的发展步伐。

21 世纪初，武术的发展与国家的总体发展战略紧密结合在一起，在抵御外来文化冲击、塑造国家形象、增强国家软实力、维护自身文化安全的时代需求下，武术作为中华民族优秀的传统文化表现形式，积极参与中国特色社会主义文化建设，在国家发展战略的引领下，基本沿着“强内功提升武术文化竞争力”和“走出去扩大武术文化影响力”两个方向，做出了一系列努力，也取得了一定的成就。

〔1〕杨祥全：《现代武术史》，长江出版社，2011，第 158 ～ 159 页。

一、为武术进入奥运会努力

1997 年，在意大利召开的国际武术联合会代表大会上，首次提出了竞技武术进入奥运会的设想。2000 年，第四次全国武术工作会议提出“武术要力争进入奥运会”的方针。2001 年 7 月 31 日，北京获得第 29 届奥运会的主办权，举国欢腾。同年 12 月 20 日，国际武术联合会主席李志坚致函国际奥委会主席罗格，申请将武术运动列入奥林匹克运动会。

为了使竞技武术套路与“更高、更快、更强”的奥林匹克运动格言相结合，提高武术竞赛的可比性、区分度和公平性，国家体育总局武术运动管理中心于 2002 年组织对 1996 年版的《武术竞赛规则》进行了大刀阔斧的修订。经过一系列试行、修订，最终确定了 2003 年版的《武术竞赛规则》。新规则更加简明扼要，评分更加量化，裁判员分工更加明确，使比赛更加公平客观，规则更加符合奥运会中技能主导类表现难美性项目的规则要求。

2004 年 2 月 23 日—25 日，第 11 次国际武术联合会技术委员会会议成功召开，修订完善了国际武术联合会的竞赛规则，以适应推进武术入奥带来的新变化。紧接着，4 月 15 日—24 日，举办了国际武术联合会裁判员考试班，共有 36 个国家和地区的 195 名学员参加了培训，并首次进行了国际裁判员考试分级，产生了 37 名 A 级裁判员、84 名 B 级裁判员和 66 名 C 级裁判员。这次培训考核，不仅提高了国际武术裁判员的业务水平和执裁能力，为今后担任国际武术大赛的裁判工作奠定了基础，同时也是对国际武术裁判员的一次大检阅。[1] 4 月 25 日—30 日又举办了

〔1〕龚建新:《国际武术裁判员大检阅——记 2004 年北京国际武术裁判员学习班》,《中华武术》2004 年第 6 期。

《国际武术竞赛规则》亚洲培训班，有 90 名学员参加了培训，为此后新规则的实施培养了裁判员骨干。

此外，在此期间，竞技武术与国际奥委会委员进行了两次“零距离”接触：第一次是 2001 年 11 月第九届全国运动会期间，国际武术联合会和中国武术协会邀请了 43 位国际奥委会委员参观指导。为了让国际奥委会委员们目睹中华武术的风采，中国武术协会精心策划了一台由 4 个部分组成的 30 分钟的武术套路表演，即竞赛套路、基本功训练、模拟比赛、传统武术表演。整个表演一气呵成，精彩纷呈。观看的国际奥委会委员掌声不断、赞不绝口。国际奥委会体育部主任费利要求国际武术联合会尽快提交武术入奥申请。第二次是 2002 年 5 月国际武术联合会和中国武术协会利用各国奥委会代表大会和国际奥委会执行委员会会议在马来西亚吉隆坡召开之际，组织了一场由中外优秀武术运动员共同参加的表演。〔1〕

遗憾的是，由于受到奥运“瘦身”计划的影响，武术最终未能成功入奥，而只是获批在奥运会期间举办“北京 2008 武术比赛”。

2007 年 11 月 17 日，“好运北京”第 9 届世界武术锦标赛在北京的国家奥林匹克中心体育馆举行。在历时 5 天的比赛中，来自 88 个国家和地区的近 1,500 名运动员、教练员、裁判员和官员参加和观摩了比赛。其中参赛男女运动员共 735 名，参加套路比赛的有 350 人、参加散打比赛的有 385 人。本届比赛是历届世界武术锦标赛参赛国家和地区及参赛人数最多的一次，同时也是

〔1〕蔡宝忠：《竞技武术走向奥运会的历程及启示》，《体育科学》2004 年第 1 期。

“北京2008武术比赛”的资格赛。与往届不同的是，本次赛事纳入“好运北京”体育赛事系列，这是为顺利举行2008年奥运会而进行的一次必要的预演和彩排。

2008年8月21日—24日，“北京2008武术比赛”在北京国家奥林匹克中心体育馆举行。此次比赛共设15个项目，其中套路10个项目，散打5个项目。共有来自43个国家和地区的182名运动员（含随队官员）参加。参赛运动员资格要求是2007年第9届世界武术锦标赛的前八名。中国国家武术队派出6名运动员参加武术套路比赛6个项目的争夺，他们是崔文娟（女子太极拳、剑术）、林凡（女子南拳、南刀）、马灵娟（女子枪术、剑术）、赵庆建（男子刀术、棍术）、袁晓超（男子长拳）、吴亚楠（男子太极拳、太极剑）。此次散打比赛，为了均衡散打项目发展水平，推动亚洲以外的散打项目发展，中国队只派出张帅可（男子56公斤级）、秦力子（女子52公斤级）参赛，其他级别均弃权。

2008年8月22日上午，国际奥委会主席罗格在时任中央政治局委员、北京市委书记刘淇的陪同下到武术赛场为获奖运动员颁奖。虽然这次武术比赛并不是奥运会的正式项目，但是此次比赛的所有运作，包括组织方式、竞赛流程、赛事管理、媒体运营、志愿者管理等都纳入北京奥组委，和其他奥运会项目完全一致。在奥运会期间举行这样规模的比赛，对武术来说无疑是一个展示自己的绝佳机会。

二、打造中国武术国际品牌

从1982年12月国家体委在北京召开的第一次全国武术工作

会议上制定和出台“要积极稳步地把武术推向世界”的战略目标起，经过近20年的武术世界性推广和发展，21世纪初的中国武术基本上初步地、全方位地、卓有成效地推进了国际化进程。2002年2月7日，在盐湖城举行的国际奥委会第113次会议上，国际武术联合会成为被承认的联合会。

进入21世纪之后，除了国际武术联合会分别于2001年、2003年、2005年、2007年举办的四次世界武术锦标赛外，在各级武术管理部门的主导下，还举办了多次有影响力的国际交流活动，如2001年在三亚举办的首届世界太极拳健康大会，有近5,000名中外太极拳爱好者参加；2002年8月25日，为纪念中日邦交正常化30周年和中韩建交10周年，中、日、韩三国武术协会在北京天坛公园和国家奥林匹克体育中心举行“2002中日韩太极拳交流大会”，中方人员有2,000余人，日方人员有587人，韩方人员有79人，总共约3,000人参加了此次大会；2004年10月16日—20日，首届世界传统武术节在河南省郑州市举行，来自62个国家和地区的160多个武术团体共2,000多名选手同台竞技。通过多年持续打造的一批高质量的国际武术交流活动、国际武术比赛，以武术为媒介增进了国际交往，有效提升了中国武术文化的国际影响力。

除此之外，这一时期为了助力武术进入奥运会，加快武术在国际上的推广速度，还进行了大量的出访活动。仅2004年，国家体育总局领导就率团分别于1月、5月和9月先后出访了伊朗、斯里兰卡、巴基斯坦、瑞典、挪威、丹麦、南非、毛里求斯和津巴布韦等多个国家。通过与各国体育部和国家奥委会的领导人进行沟通与交流，提高了被访问国对武术的重视程度。这一年，中国武术协会还向南非、毛里求斯、津巴布韦、波兰、巴基斯坦等国家提供了约 70 万元人民币的武术器材援助，以促进武术在这些地区的发展。

三、借力驻外机构传播武术

中华人民共和国成立之后，武术一直在对外交流活动中扮演重要角色。20 世纪的武术主要作为一项体育运动向国际推广传播，采取的方式主要为援外教学、开办国际培训班、招收留学生等。进入 21 世纪之后，武术对外交流活动最大的特点就是在国家政策的指引下，作为中华民族优秀的传统文化向外推介。

2002 年，中国开始酝酿在海外设立语言推广机构。在借鉴德国歌德学院、法国法语联盟、西班牙塞万提斯学院等机构推广本民族语言经验的基础上，以 2004 年 11 月 21 日第一所孔子学院在韩国首尔挂牌为标志，我国在海外设立的以教授汉语和传播中国文化为宗旨的非营利性公益机构诞生。

2005—2007 年，孔子学院的数量以每年平均近 100 所的速度快速增长，国家对外汉语教学领导小组办公室的统计数据显示，截至 2020 年，全球已有 162 个国家和地区设立了 541 所孔子学院和 1,170 个孔子课堂。

世界各国的孔子学院主要从志愿者及中方公派教师、外国武术爱好者、当地华人拳师、国内武术专业学生或教师四类人中充实武术教师力量，并通过开设专门的武术课、举办武术讲座、进行武术表演、在夏令营中开展武术学习活动等形式推广武术文化。[1]2007年8月27日，国家汉语国际推广领导小组办公室（以下简称“国家汉办”）委托北京体育大学作为中方国内申请和承办单位在挪威卑尔根成立了第一所体育院校建立的孔子学院。“在参加2009年第四届孔子学院大会的217所孔子学院（课堂）中，有近30%的孔子学院开设了武术课，教授内容主要为太极拳、长拳、功夫扇。”[2]2010年，第六次全国武术工作会议明确提出：与国家汉办合作，争取武术成为海外文化中心和孔子学院的教学项目。[3]孔子学院已经成为向外推广中国文化的前沿阵地，在我国文化“走出去”战略中，武术作为优秀的传统文化载体，通过孔子学院为塑造中国形象发挥着重要作用。

除了孔子学院，外交部在各国设立的中国文化中心也是中国文化向海外推广的重要平台。从1988年在毛里求斯设立第一个中国文化中心，至2018年，我国在海外共设立了35个中国文化中心。武术文化是中国文化中心向外推广的重要内容。中国文化中心传播武术文化的主要方式为组织武术比赛、武术演出、武术文化展览等各类交流活动，组织武术教学及实施武术短期培训计划，组织武术文化讲座及武术家座谈等武术交流活动，以及在海外中国文化中心内设图书馆，为当地民众提供武术历史、武术文化相关类书籍。

---

〔1〕郭玉成、李守培：《武术在孔子学院的传播与中国国家形象的构建》，《体育学刊》2013年第5期。

〔2〕郑杰：《孔子学院武术课程设置研究》，硕士学位论文，中北大学，2011，第16页。

〔3〕国家体育总局武术运动管理中心：《中国武术发展五年规划（2010—2014）》，2010年。

四、推动传统武术走向世界

（一）三届世界传统武术节

改革开放以来，虽然出于向海外推广武术的需要，竞技武术一直在国内发展和国际推广中都占据着最为重要的地位，但人们也认识到，我们要向世界推广中国武术，造福全人类，只靠推广竞技武术、举办武术比赛远远不够，还要广泛地推广传统武术，团结世界上各个拳种、各个流派的武术团体，真正让武术这朵东方文化奇葩盛开在五大洲的各个角落。[1]

北京申办奥运成功之后，国家体育总局武术运动管理中心基于“传统武术是竞技武术的根源”这一准确认识，越来越重视传统武术的发展。1999 年 11 月，第 5 届国际武术联合会代表大会通过了成立传统武术委员会的决议，并于 2000 年 6 月在马来西亚举行的国际武术联合会第 12 次执行委员会上选举产生了以国际武术联合会秘书长李杰兼任主任的传统武术委员会班子。当时的李杰还担任着中国武术协会主席、国家体育总局武术运动管理中心主任和中国武术研究院院长等职务，由其兼任传统武术委员会主任，足见国家武术管理部门对传统武术的重视程度。

为了向世界推广传统武术，展示中华武术深厚的文化底蕴，助力武术进入奥运会，2002 年，中国武术协会开始筹备运作首届世界传统武术节，并将举办地选在了河南省郑州市。之所以选择河南，一是因为地处中国中部的河南省是中国两大拳种少林拳和太极拳的发源地，武术运动的群众基础十分深厚；二是此时的

---

〔1〕昌沧、王友唐:《中国武术走向世界的再思考——访中国武术协会顾问徐才》,《中华武术》1998 年第 9 期。

河南省已经连续成功举办了七届国际少林武术节，每次举办都有几十个国家和地区的数千名运动员参加比赛，在国内外产生了较大影响，承办此类国际性武术活动的经验丰富。

2004年10月16日—20日，首届世界传统武术节召开，来自62个国家和地区的160多个武术团体、2,000多名选手报名参加拳术、器械、对练和集体四个大类的比赛项目，为了体现“以武会友、重在交流”的精神，武术比赛的成绩评定将中国选手和外国选手分开统计，以适当平衡中外参赛选手的获奖机会。除了比赛之外，10月17日，在郑州大学体育馆还进行了“健身方法展示”的专场表演，对由中国武术协会评定的“八种优秀的健身方法”[1]进行了展演。

首届世界传统武术节上，还有一个重头戏，就是大型迎宾武术表演《龙腾少林》——登封市83所武术学校的4万多名学生，分布在从市区入口处到少林寺山门的18公里的长廊两旁，设6个表演区，组成500个武术表演方阵，为前来参观游览的世界各国武林好手一展气势恢宏、出神入化的少林功夫。

时任中国武术协会传统武术委员会主任的杨战旗认为：“这是全世界武术界的狂欢，是世界武术发展史上重要里程碑式的活

〔1〕2002年，国家体育总局武术运动管理中心为了响应党中央的号召，用先进的文化娱乐活动占领思想文化阵地，开展了在全国范围内征集武术健身功法的活动。武术运动管理中心组织专家组成评审委员会进行评审，经过严格评审筛选，并在筛选的基础上，帮助功法的创编者修改完善，最后评选出八种武术功法作为优秀的武术健身方法。八种武术健身方法分别是：1. 厦门大学呈报的“形意强身功”，申报人林建华。2. 湖北武术运动管理中心呈报的“天罡拳十二式”，申报人马志富。3. 天津市体育局呈报的“龟鹤拳养生操”，申报人张鸿骏。4. 贵阳市体育局呈报的“太极藤球功”，申报人刘德荣。5. 北京市老年体协、首都体育学院呈报的“流星健身球”，申报人谢志奎。6. 江西武术运动管理中心呈报的“五形动法”，申报人王安平。7. 对外经济贸易大学呈报的“九式太极操”，申报人张旭光。8. 沈阳体育学院呈报的“双人太极球”，申报人于海。

动，也可以称作东方式的奥林匹克体育盛会。”[1]首届世界传统武术节的举办，向世界充分展示了传统武术丰富的内容构成、深厚的文化内涵，此次武术节对传统武术推向世界，乃至中国武术整体的国际化发展都起到了巨大的推动作用。除此之外，本次武术节还为郑州市带来了20个对外经济合作的项目，合同绑定国外投资金额约4亿美元，域外资金近30亿元人民币。可谓武术、经济双丰收。

此后，2006年10月15日—19日，河南省郑州市又承办了第2届世界传统武术节。2008年10月29日—11月2日，第3届世界传统武术节在湖北十堰举办。这三届世界传统武术节的海外国家参赛规模屡创新高，充分展示了传统武术强大的文化魅力。相较于竞技武术在进入奥运会过程中屡遭挫败而言，世界传统武术节的成功则彰显了传统武术在提升中国文化国际影响力方面的独特价值。

（二）世界太极拳健康大会

2001年是“中国体育健康旅游年”，根据“太极拳健康工程”的计划，3月22日—26日在旅游胜地海南三亚举办首届世界太极拳健康大会。大会以倡导科学健身理念、弘扬民族优秀文化遗产、促进中外文化交流为宗旨，以“科学、健康、发展”为主题，共有来自世界各地180多个团体近5,000名中外太极拳爱好者参加了这次盛会。大会举行了传统太极拳交流、太极拳竞赛、名家

〔1〕王友唐：《世界传统武术节，东方式的奥林匹克体育盛会——访中国武协传统武术委员会主任杨战旗》，《中华武术》2004年第9期。

辅导演示、万人海滨晨练、段位制培训、论文报告会、颁奖闭幕晚会等多种形式的活动。

2005年，正值国务院颁布《全民健身计划纲要》10周年之际，又是联合国确定的“国际运动与体育年”，经过海口市的努力争取，国家体育总局批准由中国武术协会和海口市人民政府于12月18日—20日主办以“团结、友谊、健康、和平”为主题的“中华龙”第2届世界太极拳健康大会，来自中国、美国、加拿大等10个国家和地区的1,900多名太极拳选手前来参加。

两届世界太极拳健康大会的成功举办，进一步扩大了太极拳在世界范围的影响力，践行了“太极拳健康工程”将太极拳推向全球的宗旨，同时，三亚、海口两个旅游城市，也借承办这一世界性体育活动之机，提升了国际知名度，使当地在旅游、健身和文化之间找到契合点，打响了旅游城市的品牌。

第四章

新时代武术事业的革新突破

2008年之后，国家提出由体育大国向体育强国转型的战略目标。党的十八大提出要实现中华民族伟大复兴中国梦。党的十九大召开，标志着中国社会发展进入新的历史时期。在这样的时代背景下，《中国武术发展五年规划（2010—2014）》《武术段位制推广十年规划（2014—2023）》等一批方向性指引文件的发布，体现了武术发展更加强调在国家战略指引下的计划性、目的性；竞技武术方面，一方面积极反思入奥失败的教训，另一方面通过培养竞技武术青少年后备力量、推进散打赛事走向规范化而稳步发展；传统武术作为中华民族传统文化代表，在构建"文化强国"的时代主题下，在继续做好服务群众健身的同时更加注重突出文化特色，一大批优秀拳种被列入各级非物质文化遗产保护名录；学校武术方面，为了适应21世纪社会对高素质人才的需要，学校武术更加注重社会人才培养，呈现出贯通化、国际化、多元化的特点；武术国际化发展在提升国家软实力、维护国家形象的现实需求中作用更加突出，武术"走出去"呈现武术管理部门主导性增强、传播武术文化的目标更加明确、多元化的趋势愈加明显等特点。

这一时期，伴随中国社会发展进入新时代，武术各方面发展更加贴合社会需求，更加强调服务国家战略，也更加突出文化属性，武术的技击价值、文化价值、体育价值在不同领域都得到强化，武术的社会功能更加多元。

第一节 国家战略引领武术事业发展

2008 年，第 29 届奥运会在北京成功举办，中国体育代表团取得金牌总数第一，实现了中国竞技体育发展质的飞跃；2009 年，在第十一届全国运动会开幕之际，胡锦涛同志强调，要努力推动我国由体育大国向体育强国迈进。这一时期，我国体育迎来了由赶超型向可持续发展型转变、由体育大国向体育强国迈进、由首重体育技能向并重体育文化发展的新局面。〔1〕2008 年北京奥运会后，党和国家强调培育和弘扬民族精神，要求在体育课中增加武术内容，并倡导以优秀的中华传统文化为根基，建设具有中国特色的社会主义文化。

面对新形势、新变化、新机遇，国家体育总局武术运动管理中心、中国武术研究院、中国武术协会等组织管理部门也紧跟时代潮流提出了武术发展新战略，制订了新时期武术工作发展规划。2009 年伊始，中国武术研究院先是集中力量，研究 2008 年北京奥运会对武术发展的影响，随后结合迎接中华人民共和国成立

〔1〕高小军：《国家体育总局武术研究院工作报告（2008—2011）》，《中华武术（研究）》2012 年第 1 期。

60周年组织研究新中国武术发展史，对60年来武术事业的发展进行了全面系统的研究，撰写和发表了《光辉的历程，民族的奉献——新中国武术六十年回顾与展望》，同时结合中国体育科学学会成立30周年，组织专家撰写了《武术分会发展简史》。此外，中国武术研究院还组织专家、学者研究了武术的概念、武术礼仪及自1979年散打运动开始试点以来的发展历程，总结了散打运动30年发展的成功经验以及有待解决的问题。

2019年，中华人民共和国成立70周年之际，在对武术工作发展进行全面系统的回顾与梳理的基础上，在对武术发展的内在规律进行深入探索后，中国武术在新思想的指引下，在新的历史起点再一次扬帆起航！

一、全国武术调研工作率先开展

没有调查就没有发言权。掌握一线第一手资料对制定武术工作政策、开展武术科研工作十分重要。2010年，中国武术研究院开展了为期5个月的全国武术调研工作。这是一次规模大、范围广、质量高、成效显著、意义深远的工作，中国武术研究院领导分别带领4个小组，分赴全国各地，足迹遍布31个省、自治区、直辖市，听取了武术一线基层工作人员对于全国武术发展的意见和建议，掌握了全面、翔实、宝贵的第一手资料，完成了总计十余万字的4份调研小组报告和31个省、自治区、直辖市分报告。中国武术研究院领导班子在对4份调研小组报告进行深入研究的基础上，汇总出了《对调研工作的总体评价》《调研工作的主要收获》《调研成果的成果延伸》3份文件，国家体育总局武术运动管理中心主任、中国武术研究院院长高小军在中国武术协会调研工作总结大会上做了报告，并出版了《2010 全国武术协会工作调研报告》一书。

此次全国武术工作调研结果显示：各省、自治区、直辖市武术发展基础不同，当地体育部门对武术项目重视程度差异较大，武术项目在全国发展不均衡；武术健身在群众中蕴含着巨大的积极性和热情，基层群众武术活动的开展精彩纷呈，但大多仍处于自发状态；会员制、段位制工作开展有一定成效，发展空间很大；“武术之乡”作用明显，已打造出多个群众武术活动品牌；武术社会体育指导员发挥了重要作用，但数量较少，缺乏培训和交流；武术学校经历了蓬勃发展时期，但面临着巨大挑战；武术“六进”（进学校、进社区、进乡镇、进企业、进机关、进军营）工作均有不同程度的开展，但尚需有计划、有步骤地全面推进。

调查结果的发布为广大武术工作者、研究者提供了借鉴，为武术事业的发展提供了对策，使武术科学研究与工作实践、政策制定紧密结合，提高了科学研究的重要性。

二、三届全国武术工作会议召开

（一）第六次全国武术工作会议暨第九届中国武术协会换届会议召开

2010 年 3 月 25 日，第六次全国武术工作会议在北京体育大学召开，有来自全国 55 个单位的 160 名代表参与了此次盛会。此次会议的主题是“以科学发展观为统领，认清形势、明确任务、统一思想、建章立制，促进武术事业的规范化、标准化、国际化发展，开创武术工作新局面，为建设体育强国做出积极贡献”。[1]2010年是全新“中国武术发展五年规划”的开局之年，也是全运会新周期的开始之年。在此背景下召开的第六次全国武术工作会议，意义重大。

会上，高小军做了题为“认清形势、统一思想，努力开创武术工作新局面”的工作报告。报告共分为三个部分，主要内容为：

（1）六十年的光辉历程，为武术的大发展奠定了坚实的基础。

（2）过去四年武术工作的回顾。

①以2008年北京奥运会为契机，武术的国际推广工作取得新进展。

②以狠抓第十一届全国运动会赛风赛纪为重点，竞技武术稳步发展。

③以“全民健身日”为标志，群众武术活动蓬勃发展。

④以科技服务为主题，武术科研工作成果丰厚。

（3）未来四年武术工作的主要任务。

①全面贯彻落实《全民健身条例》，推动武术健身工作再上新台阶。

②加强竞技武术竞赛体制建设，不断提高竞技水平。

③充分发挥中国武术研究院在武术文化领域的引导作用。

④进一步活跃武术市场，加快武术产业发展步伐，逐步实现“以武养武”的目标。

⑤大力发展武术教育事业，为提升国家软实力服务。

⑥加大对传统武术活态保护的工作力度。

⑦加大武术宣传工作力度，不断拓宽传播途径。

---

〔1〕周欣：《第六次全国武术工作会议召开》，《武当》2010年第5期。

⑧共同推进武术段位制科学规范发展。

⑨多渠道、多方位做好武术的国际推广工作。

此外，高小军详细展望了未来五年武术工作的主要任务，明确提出并深度分析了《中国武术发展五年规划（2010—2014）》。

会上，何青龙在题为“团结奋进，开拓创新，努力推动武术工作更好更快发展”的报告中指出：在中央提出我国从体育大国向体育强国迈进的决策后，武术作为中华民族的传统体育项目，迎来了新的发展机遇，也面临着新的挑战。具体的机遇与挑战如下：

（1）我们要坚定武术申奥的信心，积极探索与奥林匹克竞技规范相吻合的武术奥运竞赛模式，为早日实现武术成为奥运会的正式竞赛项目而努力奋斗。

（2）广泛开展武术健身活动，加强青少年武术教育，巩固武术在增强国民体质、复兴民族文化中的地位和作用，进一步推动武术的国内普及。

（3）顺应社会主义市场经济的大潮，完善与社会主义市场经济相适应的武术管理体制与运行机制，加快武术的市场化进程。

在分组讨论会上，与会代表探讨新时期武术发展面临的机遇与挑战；围绕高小军的工作报告，讨论如何推进武术的科学化、标准化、规范化和国际化工作，并对《中国武术协会章程》提出了进一步的修改意见，并对中国武术今后发展的五年规划进行了畅谈。

在第六次全国武术工作会议期间举行了中国武术协会的换届大会。大会选举产生了新一届中国武术协会的 174 名委员。中国武术协会常务委员会会议表决通过了中国武术协会及教练委员会、裁判委员会、科研委员会、新闻委员会、产业委员会、传统武术委员会、青少年与学校武术指导委员会的各专业委员会组成人员名单。

第六次全国武术工作会议暨第九届中国武术协会换届会议上，一批全国武术先进集体和个人受到表彰。

（二）第七次全国武术工作会议暨第十届中国武术协会换届会议召开

第六次全国武术工作会议以来，武术走过了不平凡的四年。这一时期，党和国家领导人多次通过讲话、指示、批示等方式，对武术工作提出要求。2014 年 2 月 7 日，习近平总书记在接受俄罗斯电视台专访时特别说道“喜欢武术运动”。国务院副总理刘延东非常关心武术的发展，对学校武术、社会武术、竞技武术以及武术的国际化发展和申奥等工作，多次做出重要批示和指示。2013 年 12 月，刘鹏在全国体育局长会的报告中对武术工作做出了部署，要求以改革措施积极促进武术推广工作，加大中国武术段位制的推广力度，推动武术标准化、规范化建设；与教育部门协同配合，推动武术进校园工作，加大在中小学推广武术段位制的工作力度；推动 4 套武术健身操在中小学的开展；与国家汉办商定在孔子学院开展武术教学活动，共同在北京体育大学建立汉语国际推广武术师资培训基地，在境外的孔子学院开设武术课程，研究部署在各国武术协会和孔子学院推广武术段位制的工作；加强与各国武术协会的交流与合作，创造条件在境外建立中国武术培训中心（基地），加强武术援外人员的培训工作，完善武术培训教材的编写与武术教法的研究；开展武术境外展演展示活动；

提高武术竞赛活动的质量和水平，创新裁判规则和比赛方式。[1]

为了更好地贯彻党的十八届三中全会精神，贯彻落实刘延东和国家体育总局领导对武术推广工作的重要指示，2014 年 2 月 25 日—26 日，第七次全国武术工作会议暨第十届中国武术协会换届会议在山东省淄博市召开。高小军在会上做了题为“珍惜机遇，同心协力，努力开创武术事业推广新局面”的报告。报告共分为四个部分：第一部分提出了新时期、新机遇，要把国家领导人和国家体育总局对武术工作的具体部署和要求作为新时期奋斗的总目标。第二部分总结了过去四年武术工作的成绩，主要内容为：①确立大武术观；②加快武术标准化；③武术“六进”工作的开展；④武术竞技水平提高；⑤开发创新武术竞赛方式；⑥武术进学校取得突破性进展；⑦青少年后备人才培养取得成效；⑧建立科研网络；⑨发挥武术宣传作用；⑩国际推广交流合作取得新进步；⑪建立段位制标准化教学锻炼体系。第三部分为“脚踏实地，着眼未来，全面启动新周期工作”，主要内容包括：①开展《武术段位制推广十年规划（2014—2023）》的各项任务；②实现群众武术健身功效；③坚持竞赛标准化，提高竞技水平；④继续推动武术段位制进校园；⑤形成武术科研良好机制；⑥文化传承和非遗保护常态化；⑦扩大健全武术竞赛表演市场；⑧做好武术的国际推广工作；⑨拓宽武术的宣传途径；⑩注重制度建设。第四部分为“严谨务实，直面问题，大胆创新，重在落实”，提出了新时期武术工作的具体要求：①强化职能；②协力推进武

〔1〕高小军：《珍惜机遇 同心协力 努力开创武术事业推广新局面——在第七次全国武术工作会议上的报告》，《中华武术》2014 年第 3 期。

术段位制进校园；③创建武术组织运作模式；④创新武术赛事形式；⑤监管高危赛事活动。

在本次大会上，对2010—2013年度全国武术十佳运动员、教练员、裁判员和全国“武术之乡”先进单位、全国武术段位制推广普及先进单位进行了表彰；对《中国武术协会章程》进行了修改；选举产生了第十届中国武术协会成员，高小军当选为新一届中国武术协会主席。国家体育总局武术运动管理中心副主任陈国荣对《中国武术协会组成人员方案》进行了说明。

在换届会议上，何青龙做了题为“加大力度，真抓实干，推动武术协会工作再上新台阶”的工作报告。在报告中，他总结了过去四年武术协会的主要工作后，又从加强协会组织建设、贯彻落实《武术段位制推广十年规划（2014—2023）》、推进武术全民健身活动，办好全国武术运动大会等方面强调了新周期武术协会工作的重点。他指出，第七次全国武术工作会议明确了当前武术发展的方针是“推广普及”，各级武术协会要按照国家的武术方针和社会的需求，充分发挥武术协会的作用，不仅要大力发挥武术健身价值，还要大力推广武术的文化价值、教育价值、产业价值和多种社会价值。

高小军进一步指出，新一届中国武术协会成员的主要任务就是做好中国武术的推广工作，以推广为主线完成10项新时期主要任务，核心内容是推广武术段位制，国内要“六进”，国际上要进孔子学院、进各国协会、进驻外机构。[1]

〔1〕王涛:《全力以赴武术推广——访中国武术协会主席高小军》,《中华武术》2014年第4期。

（三）第八次全国武术工作会议暨第十一届中国武术协会换届会议召开

2019年2月15日，第八次全国武术工作会议暨第十一届中国武术协会换届选举在北京召开。本次大会的主题是：以习近平新时代中国特色社会主义思想为指导，深入学习贯彻党的十九大和十九届二中、三中全会精神，坚决贯彻落实党中央领导和国家体育总局领导对武术工作的决策部署，改革转型、合作共享、传承发展，准确把握新时代武术发展的新目标、新任务、新思路，统一思想、凝神聚力，奋力开启新时代武术事业发展新征程。会议选举产生了第十一届中国武术协会会员，张秋平当选为新一届中国武术协会主席。

会上，张秋平代表中国武术协会、国家体育总局武术运动管理中心、中国武术研究院做了题为“不忘初心，凝神聚力，奋力开启新时代武术事业发展新征程”〔1〕的报告。首先，他回顾了中国武术协会60年的光辉历程。60年来，中国的武术事业取得了辉煌的成就，武术的文化、体育、社会、健身、教育、市场等功能都得到了空前的发展。接着他对过去四年的武术工作进行了全面的回顾：①围绕中心、服务大局，持续推进全面从严治党，引领推动武术事业改革发展的作用发挥明显；②科学谋划、深化改革，协会体制改革稳步推进，武术协会组织建设成效显著；③改革创新、优化规范，以武术裁判法改革为重点，进一步严格赛风赛纪，竞赛制度更加完善；④加强引导、深化落实“放、管、服”，

---

〔1〕张秋平：《不忘初心 凝神聚力 奋力开启新时代武术事业发展新征程——在第八次全国武术工作会议暨第十一届中国武术协会换届大会上的工作报告》，《中华武术（研究）》2019年第3期。

社会武术蓬勃发展，群众性赛事活动更加丰富、规范；⑤加强宣传、扩大影响，武术国际合作交流不断深化，推广渠道不断拓宽；⑥弘扬文化、加强传承，武术后备人才培养取得成效，青少年与学校武术工作稳步推进；⑦整合资源、搭建平台，中国武术研究院的作用日趋凸显，武术科研和学术活动成果丰硕；⑧搭建平台、打造品牌，武术产业和职业化赛事打开新局面，武术行业国际标准化取得突破。随后，他指出了过去四年武术工作存在的问题和不足：①机构体制改革尚未完成；②社会武术区域发展不均衡；③武术竞赛体系亟须改革完善；④国际推广标准化程度不够；⑤武术进校园工作有待加强；⑥武术科研工作滞后；⑦武术产业总量规模不大。最后，张秋平指出了未来四年的主要任务和思路：①认真学习贯彻习近平新时代中国特色社会主义思想和党的十九大精神，全面加强党对武术工作的领导；②坚决贯彻落实党中央和国家体育总局对武术工作的决策部署，全力为新时代健康中国建设做贡献；③落实全面从严治党，加强武术行业队伍建设，加大各类武术赛事监管力度，严抓赛风赛纪，营造风清气正的健康发展环境；④继续推进深化改革，着力解决制约武术事业发展的突出问题，努力实现五年规划的工作目标；⑤贯彻新发展理念，全面启动武术系统新周期的各项工作，奋力开启新时代武术发展新征程。

三、武术发展规划相继颁布

（一）《中国武术发展五年规划（2010—2014）》颁布

第六次全国武术工作会议上通过了《中国武术发展五年规划（2010—2014）》（以下简称《规划》），提出了未来五年武术发展的总目标：以规范的管理制度、统一的技术标准为平台，运用武术会员制和武术段位制构建推广网络，发挥教育宣传的传播作用和竞赛活动的杠杆作用，促进国内外武术文化交流，活跃国内外武术市场，向武术的国内普及和国际推广目标迈进。此外，《规划》还明确了具体领域的发展目标和实施举措，主要内容如下。

1. 武术健身领域

发展目标：扩大武术健身的规模，逐步增加武术健身的人员数量，力争使武术健身成为全国亿万人民健康生活的选择；完善武术健身人群的结构，稳定中老年人群，逐步扩大青少年人群。

具体措施：①举办多种形式的健身活动；②进一步发挥武术健身功能在社会中的价值；③探索武术健身运作的新模式。

2. 武术竞技领域

发展目标：通过深化武术竞赛体制改革，建立与奥林匹克竞技规范相适应的武术竞赛新模式，形成体系完善的武术职业赛制。

具体措施：①加强竞技武术队伍的建设，包括运动员队伍、教练员队伍、裁判员队伍以及国家队的建设；②进一步完善武术职业赛事；③举办不同层次的武术运动会和武术活动。

3. 武术产业领域

发展目标：发展武术产业，以社会效益为先，实现社会效益与经济效益双丰收，达到“以武养武”、壮大武术产业和市场的目的。

具体措施：①探索武术赛事的市场化运作模式，推动武术竞赛和表演业的发展；②开发武术场地、器材、服装市场；③建立武术赛事的商业招标制度。

4. 武术科研领域

发展目标：以中国武术研究院的实体化改革为突破口，整合全国武术科研资源，形成完善的科研网络，积极开展影响武术发展的重大课题研究，加大科研成果的转化力度，发挥科研对实践的指导作用。

具体措施：①实现中国武术研究院的实体化转变；②以科学研究促进武术实践发展；③加大武术科研成果的转化力度。

5. 武术教育领域

发展目标：通过武术教育使青少年掌握武术健身知识；增进青少年身体健康，使青少年掌握一定的防身技能；使青少年在传承武术文化的过程中，逐步培养以爱国主义为核心的尚武精神与武德情操，塑造完善的人格。经过五年的努力，力争使全国85%以上的学生至少掌握课堂武术教学内容。

具体措施：①推进中小学武术教育的改革与发展；②促进武术专业人才培养质量的提高；③提升武术馆校的办学水平。

6. 武术传统领域

发展目标：武术传统领域的工作以“传承、保护”和“开拓、发展”为基本思路，在积极保护传统武术的基础上，积极举办各类赛事和交流活动，带动传统武术的传播和推广，发挥出武术发展的根基作用。

具体措施：①大力举办，积极探索传统武术国内外赛事；②挖掘、整理、出版传统武术技术、理论图书；③建立传统武术传承人保护制度。

7. 武术宣传与传播领域

发展目标：武术的宣传与传播是武术工作的重要组成部分。加强武术宣传与传播，旨在让全社会关注武术运动的发展动态，了解武术运动的健身方法、竞赛形式、方针政策，使武术的宣传与传播进入千家万户，扩大武术的社会影响力。

具体措施：①加强与媒体的合作；②加速武术协会网站建设；③编辑出版武术科普与武术学术书刊。

8. 加强各级武术协会的组织建设和工作力度

发展目标：通过加强各级武术协会的组织建设，发挥协会基层组织的桥梁纽带作用，使武术贴近百姓生活，贴近社会各阶层，贴近全民健身的主领域，不断满足广大人民群众的健康需求，大力发展会员制和段位制，使各级武术协会办成跨行业、联系社会各界、团结武术爱好者、整合社会资源、发展武术事业的社团组织。

具体措施：①建立武术协会秘书长会议制度；②积极发展武术协会会员；③进一步明确段位制的发展目标与措施。

9. 武术国际推广

发展目标：武术是中华民族的文化瑰宝，把武术贡献给世界，让武术服务于人类是所有武术工作者的责任和义务。

具体措施：①加快国际合作、推广、交流的步伐；②加快武术进入各类综合运动会的步伐；③加强武术国际文化交流。

（二）《中国武术发展五年规划（2016—2020年）》颁布

2016年是“十三五”的开局之年，按照国家“十三五”规划的思路和国家体育总局《体育发展“十三五”规划》的精神，中国武术协会在深入研究和广泛调研的基础上，反复论证，研究起草了《中国武术发展五年规划（2016—2020年）》征求意见稿，先后向中国武术协会科研委员会，中国武术研究院专家委员会，各省、自治区、直辖市武术主管部门及相关体育院校等单位广泛征求了意见。

根据党中央、国务院以及国家体育总局的整体部署和武术事业发展面临的新形势、新任务、新要求，深入贯彻落实《全民健身计划（2016—2020年）》《体育发展“十三五”规划》相关要求和部署，为充分发挥武术在实施全民健身国家战略、推进健康中国建设中的重要作用，促进武术事业全面协调可持续发展，2016年7月22日，国家体育总局武术运动管理中心正式颁布了《中国武术发展五年规划（2016—2020年）》，全文共9项36条。

《中国武术发展五年规划（2016—2020年）》对社会武术、竞技武术、国际推广、武术文化、武术教育、武术科研、武术产业以及组织管理与媒体宣传等重点领域的发展目标及实现途径进行了具体阐述。主要内容如下。

1. 社会武术方面

广泛开展社会武术活动，服务全民建设国家战略。

发展目标：社会武术广泛普及，各级协会组织健全高效，民间武术活动丰富多彩，人民群众武术健身意识普遍增强，武术习练人口稳步增加，武术锻炼人数达到体育锻炼人数的10%。

具体措施：①提供丰富多彩的武术活动供给；②转变办赛观念，激发市场活力，协同合作，打造品牌赛事；③加强“武术之乡”建设；④稳步推进《武术段位制推广十年规划（2014—2023）》。

2. 竞技武术方面

创新发展竞技武术，优化规范竞技体系。

发展目标：竞技武术创新发展，竞技体系进一步优化，竞赛环境净化和谐、标准化建设基本完成，教练员、裁判员、运动员后备人才队伍管理与保障体系更加完善。

具体措施：①推进赛事、赛制改革与创新，优化竞赛规则、规程及裁判法；②加强裁判员、教练员队伍建设；③重视专业运动员及后备人才培养；④鼓励技术创新、统一规范技术体系；⑤提高训练和管理的科学化水平；⑥强化“两个责任”落实。

3. 国际推广方面

加强国际交流与合作，拓展武术推广渠道。

发展目标：武术国际推广渠道拓宽，大力推进武术申奥进程，武术广泛进入孔子学院、孔子课堂、中国文化中心、驻外使领馆等组织机构，武术成为我国对外体育、文化交流的重要内容，协助国家汉办，力争在全球50%以上的孔子学院开展武术教学活动。

具体措施：①加强国际交流与合作；②充分发挥各驻外机构的作用；③推进竞技武术申奥进程。

4. 武术文化方面

大力弘扬武术文化，加强传统武术传承与保护。

发展目标：大力弘扬，使武化教育、尚武精神、武德核心价值观深入人心，研究探索职业传承模式，形成科学的武术文化传承与保护机制。

具体措施：①弘扬尚武精神，增强民族自信；②倡导武术终身教育，构建全民武术教育体系；③加强传统武术的传承与保护；④研究建立职业传承机制。

5. 学校武术方面

着力推进学校武术教育，完善武术师资培训机制。

发展目标：学校武术教育重点推进，加强与教育部门合作，鼓励支持武术专业毕业生进入中小学任教，武术师资队伍结构进一步优化，全国中小学、高校广泛开设武术课程，力争青少年武术习练人口逐年递增10%。

具体措施：①重点推进武术进校园；②完善武术师资培训机构；③重视武术专业学科建设；④拓宽青少年武术教育渠道。

6. 武术科研方面

充分发挥武术研究院的作用，重视武术科技创新。

发展目标：武术科研取得突破，充分发挥武术研究院的作用，整合全国武术科研资源，合作共建各类武术科研机构，打造高端学术活动品牌，加强实践性和应用性创新研究，科研水平大幅提升。

具体措施：①推进中国武术研究院实体化探索；②加强与国家体育总局科研主管部门合作；③重视科研人才队伍建设；④支持、引导、鼓励科研创新。

7. 武术产业方面

协调培育武术产业市场，引导武术消费需求。

发展目标：武术产业初具规模，武术市场充满活力，服务意识浓厚，武术职业化水平大幅提高，重点打造若干个具有国内、国际影响力和竞争力的武术产业品牌。

具体措施：①加强政策引导，促进武术竞赛市场化、职业化进程；②打造职业化品牌赛事，培育武术市场主体；③探索武术产业开发模式，鼓励社会力量投入；④增加武术产品供给，提升产品质量与服务水平，引导大众武术消费。

8. 组织管理与媒体宣传方面

强化协会组织建设，着力做好媒体宣传推广。

具体措施：①加强组织领导与协调，完善各级武术协会组织机构，实施单位会员年度注册制度，强化各级武术协会职能，探索推进协会体制改革；②重视武术管理队伍建设，实施管理人员定期培训制度，提高管理人员的素质和业务能力，提升各级武术协会专业化水平和服务水平；③着力做好媒体宣传，有效扩大武术的社会影响力；④加强媒体宣传队伍建设，培养武术宣传专业人才。

（三）《武术段位制推广十年规划（2014—2023）》颁布

2013 年，刘延东多次指示国家体育总局，重视武术推广工作，要精细化推广段位制；武术进全国中小学，向孔子学院派武术教练，为驻外机构培训武术；武术进入奥运会，没有普及、没有段位不行，要做顶层设计，制定实施武术段位制推广普及战略。[1]在 2014 年全国体育局长工作会议上，刘鹏指出，进一步做好武术推广工作，推动武术标准化、规范化建设，努力推行段位制，加强向各国、各地区推广武术的工作，开展武术境外展演展示活动。为了加强顶层设计和系统部署，充分发挥武术段位制在完善群众体育工作公共服务体系中的独特作用，发挥武术在建设中国特色体育强国和增强国家文化软实力等方面的作用，有目标、有计划、有措施地推动武术段位制的发展，国家体育总局武术运动管理中心按照刘延东的批示和指示及刘鹏关于加大武术段位制推广力度的部署和要求，制定了《武术段位制推广十年规划（2014—2023）》，并于 2014 年 4 月 24 日在全国武术段位制工作会议上宣布启动实施。

[1] 高小军：《珍惜机遇 同心协力 努力开创武术事业推广新局面——在第七次全国武术工作会议上的报告》，《中华武术》2014 年第 3 期。

《武术段位制推广十年规划（2014—2023）》，明确了武术在国内、国外的推广目标。段位制的推广以服务大众、政府主导协同推进、分类指导分步推进、统一标准的基本原则，提出了未来十年（2014—2023 年）武术工作的主要任务：

（1）确定推广项目，编制教学指导用书。

（2）编织起武术段位考试点普及推广网络。

（3）加强骨干队伍培训。

（4）中小学是推广武术段位制的重点。

（5）构建武术段位制全民健身公共服务体系。

（6）充分利用资源，多渠道推动武术段位制在境外推广。

《武术段位推广十年规划（2014—2023）》将 2014—2023 年分为两年试点、五年普及、三年巩固三个推广阶段，提出到 2023 年，经过 10 年推广，“在国内，武术段位考试点进学校、进社区、进乡镇、进企业、进机关、进军营，覆盖 85% 以上的县区，同时，逐步在国际武术联合会会员组织和孔子学院中建立考试点，通过考试点组织开展武术段位制培训和考试活动，推动武术沿着标准化、社会化、国际化的方向健康发展”〔1〕的总体目标。明确了以“中国武术段位制系列教程”为推广内容，分类指定了全民健身领域、中小学校、孔子学院、各国武术组织推广武术段位制的教材〔2〕，提出了 2014—2015 年在中小学校和“武术之乡”进行试点，总结推广方式，逐步全面展开的方针。并于

〔1〕国家体育总局武术运动管理中心:《武术段位制推广十年规划(2014—2023)》,《中华武术》2014 年第 4 期。

〔2〕国内中小学校优先推广项目是趣味武术、长拳，孔子学院指定开展项目是趣味武术、长拳、杨式太极拳、陈式太极拳、咏春拳、五祖拳，国际武术组织推广项目增加形意拳、八卦掌、自卫防身术。

2014年确定了云南省、吉林省、湖南省、陕西省、河南省和广西壮族自治区作为武术段位制进入学校的试点单位，由上海市虹口区、吉林省长春市南关区、陕西省西安市莲湖区、河北省沧州市、江苏省徐州市、山东省菏泽市牡丹区、山西省晋中市太谷县、贵州省贵阳市清镇市、浙江省温州市平阳县、河南省焦作市温县10个“武术之乡”进行武术段位制“六进”的试点。

《武术段位制推广十年规划（2014—2023）》还明确了武术段位制推广的具体目标步骤，将2014—2023年十年时间分为试点阶段（2014—2015年）、普及阶段（2016—2020年）、巩固阶段（2021—2023年）三个阶段，各阶段都有各自的工作重点和目标。

此外，《武术段位制推广十年规划（2014—2023）》还从组织领导、政策法规、经费投入、科研与宣传服务四个方面明确了具体的保障措施。中国武术协会和中国武术研究院负责组织专家、学者编制出版相关教学指导用书及其外文翻译版本。

第二节 竞技武术继续向奥运会进军

纵观全球，每一个体育强国，除了在比赛中争金夺银外，在奥运会的舞台上大都有源于本国的体育项目。而我国如能将武术这一优秀的传统体育项目奉献给国际奥林匹克运动，也必将成为我国由体育大国向体育强国迈进的重要标志。武术申请入奥，表明了中国人民对奥林匹克运动的热情与追求，体现了中国对武术运动的重视，同时也代表了国际武术界的心声。

一、武术申请东京奥运会

武术进军2008年奥运会失利后，尽管最初学术界存在“武术不必入奥”的声音，但是，在中国文化“走出去”的时代背景下，武术入奥仍然是武术管理部门坚持推进的重要工作之一。2007年，高小军在《国家体育总局武术研究院工作报告（2008—2010）》中指出：“将发源于中国的武术奉献给奥林匹克运动会是武术国际化发展的重要目标。”[1]同时，他还明确提出将武术与奥林匹克竞技项目比较研究、武术竞赛新模式、武术运动员队伍建设等十个方面列为重点关注课题加以研究。

为了使竞技武术运动与奥运会接轨，2012年，在2003年版《武术套路竞赛规则》的基础上进行了细化调整，使竞技武术套路比赛的动作评定可量化、操作简单化、裁判员分工明确化等方面进一步完善，从而使竞技武术更加符合奥运会对技能主导类表现难美性运动项目的要求，不断向着科学化、标准化、国际化的方向发展。

（一）武术首次申请东京奥运会

2011年7月4日，国际奥委会在德班召开的执委会大会上宣布，有8个大项将竞争1个进入2020年夏季奥运会正式比赛的名额。这8个大项分别是：武术、棒垒球、摔跤、空手道、轮滑、攀岩、壁球、滑水。其中，棒垒球、空手道、轮滑和壁球曾经竞争入围2016年里约热内卢奥运会，但以失败告终；而武术、滑

---

〔1〕高小军：《国家体育总局武术研究院工作报告（2008—2011）》，《中华武术（研究）》2012年第1期。

水和攀岩则是首次入围奥运会正式比赛候选大项。这次武术申奥推出了四个套路：男子刀、棍和长拳；男子太极拳、太极剑；女子枪、剑和长拳；女子太极拳、太极剑。武术申请进入2020年奥运会正式比赛项目的消息在武术界引起了热烈反响。

2012年，国际武术联合会收到了国际奥委会项目委员会寄来的问询表，每个申奥项目必须回答88个问题，每个问题的回答为400～800字，这些问题涉及每一个细节。在夜以继日加班加点的工作后，国际武术联合会根据要求，如期交卷，此外还拍摄了两部宣传片：一部是在陈述时播放的；另一部是于再清根据他在国际奥委会工作了解到“有的执委对武术接触较少，认识不够”的情况，特意针对他们拍摄的一部短片，使他们能够在短时间内对武术有更多了解。

2013年5月，中国武术申奥团共12人，包括5位陈述人，以及国际武术联合会副主席吴廷贵（美国）、巴西亚（利比亚），秘书长刘北剑（中国），医务委员会主任杜利军以及秘书处工作人员等，在进行了两次彩排后，于5月26日前往圣彼得堡参加东京奥运会申奥陈述。5月29日下午，国际奥委会执委会在圣彼得堡会展中心举行，罗格和来自五大洲的14名执委出席了会议。8个奥运会备选项目依次进行陈述。

中国武术申奥团7人被允许进入现场，除了5位陈述人之外，还有吴廷贵和一位技术员。执委会给每个项目30分钟时间进行陈述。播放项目介绍片5分钟，接着是陈述。于再清第一个发言，接着依次是格兰·凯斯（国际武术联合会副主席，大洋洲武术联合会主席，新西兰人）、吕克·本扎（技术官员，加蓬人）、威龙（裁判员代表，南非人）、达利娅·塔拉索娃（女运动员代表，世界冠军，俄罗斯人）。他们分别就武术运动和国际武术联合会的历史及发展情况、武术进入奥委会所能带来的附加价值、奥运设项及竞赛组织、公平竞赛等内容进行了陈述。最后，达利娅结合自身习武的感悟，阐述了对这项运动的理解与热爱。陈述后，进入提问环节，只有一位来自摩洛哥的副主席发问。她首先肯定了陈述人对武术的陈述非常专业，也很清楚，接着她问了两个问题：①国际武术联合会有无运动员代表进入执委会？②国际武术联合会有无妇女委员会？于再清答道："国际武术联合会已决定今年（2013年）10月在马来西亚举行的世锦赛期间开会，选出一位运动员代表进入执委会。妇女委员会目前还没有，但执委会、技术委员会、运动员委员会等部门中均有女性代表。"

8个备选项目依次陈述后，进入了关键的投票表决环节。为了体现公平、公正、公开，执委会采用的是一套数学占位排选法，经过多轮投票才得出结果。执委会一共15人，主席按惯例不参加投票，其余14名执委每次只能投一个项目，凡达到或超过简单多数票即8票者，便可出线。若无项目获得简单多数票，则末位淘汰，剩下的项目继续投票，直到有项目获得简单多数票胜出。刚刚从奥运项目中被"清除"的摔跤首轮投票就超过半数第一个胜出，武术居次席。之后，投票进入了你争我夺的胶着状态，武术依然表现出较为稳定的竞争力，一直坚持到最后一轮在与壁球的竞争中以微小的票数之差被淘汰。武术在各轮次中总共得36票。8个项目中，有2个项目各轮次都是0票。这样摔跤、棒垒球、壁球获得了竞争2020年奥运会一个临时项目的候选资格。武术、空手道、轮滑、攀岩、滑水出局。纵观武术的表现，处于整个8个候选项目的中游。

"从某种程度讲，武术申奥比北京申奥还要难。"何振梁曾经说过这样的话。这次武术申奥是"失利中的胜利"，吴彬对这次武术申奥深有感触，他认为，武术在国际上的影响力还不够大，发展也不够平衡。国际武术联合会尽管起步晚，但发展很快，目前已有145个成员，但与其他项目相比差距明显，其他单项联合会一般都在180个成员以上。武术在全球体育市场占的份额比较小。武术项目的媒体曝光率比较低，2008年北京奥运会共28个大项，302个小项，尼尔森收视率调查公司的统计是太极拳排在上午节目的第20位；广州亚运会共41个项目，央视调查的结果是武术排在第11位。这两项赛事均在国内举办，有这样的收视率不足为奇，因此离要求还有一定差距。收视率是国际奥委会衡量项目去留的重要条件之一。[1]这次武术申奥的失败，使人们思考武术进入奥运会的困难所在，王友唐对此做了总结：①要想办法增强武术比赛的吸引力，首先要能吸引更多的观众；②在国际上推广，特别要注意文化差异问题，武术属于东方文化的产物，而奥林匹克项目是以西方为主的，如何增强沟通和理解，使更多的人认识和理解武术的文化内涵非常重要；③武术作为申奥新项目，推广难度比摔跤、棒垒球这样的"老面孔"要大得多，因此需要加大各方面的投入，目前，全世界都知道武术是文化，而不认为是体育，这在客观上增大了武术申奥的难度；④对武术的宣传力度还远远不够，像橄榄球、高尔夫在欧美的媒体上均是频频亮相，棒球更是美国、日本电视台每天的"座上客"，相比之下，

[1] 王友唐：《圣彼得堡留给武术的不仅仅是遗憾》，《中华武术》2013年第7期。

武术出镜少得可怜。[1]

（二）武术再次冲击东京奥运会

2013 年 9 月，巴赫当选为新一届国际奥委会主席，这位曾经的击剑奥运会冠军上任以后一直致力于推动国际奥委会的改革进程。2014 年 12 月，《奥林匹克 2020 议程》的改革提案在国际奥委会第 127 次全会上顺利通过。根据国际奥委会的改革方案，他们放弃了原有的每届奥运会只能有 28 个大项的限制，改为将参赛运动员和奖牌小项总数分别限制在 10,500 人和 310 个，而东道主可以提议新增项目。这样就赋予了主办城市额外新增一个或多个项目的权利，东京有幸成为首座使用该权利的城市。

2015 年 6 月 22 日，东京奥运会东道主城市提议候补比赛项目选择大会组委会工作会议在日本东京举行，共有 26 个项目参与了竞争，武术最终进入了 8 个候补比赛项目。这样，中国武术又一次站在了申奥的起跑线上，重新踏上了申奥的征程。

2015 年 8 月 7 日—8 日，2020 年东京奥运会东道主城市提议候补比赛项目听证会在东京举行。按照东京奥组委此前公布的 8 个入围项目名单的顺序，各申奥项目依次进行陈述。按东京奥组委规定的程序，8 月 7 日，各代表团分别进行 15 分钟的陈述报告，随后 30 分钟接受组委会的提问；8 月 8 日，组委会对各代表团分别进行 50 分钟的提问。武术代表团由于再清领队，成员有国际武术联合会执行副主席吴廷贵、副秘书长陈冲、技术委员会委员拜伦·雅各布，俄罗斯运动员达利娅·塔拉索娃，以及日本武

---

〔1〕王友唐：《圣彼得堡留给武术的不仅仅是遗憾》，《中华武术》2013 年第 7 期。

术协会主席村冈久平、秘书长石原泰彦等。武术代表团的陈述报告从播放视频短片开始，随后各代表成员逐一进行陈述，陈述以及问答环节都顺利完成。

2015 年 9 月 28 日，东京奥组委宣布了他们向国际奥委会提交的新增项目名单是：棒垒球、空手道、攀岩、冲浪和滑板，而武术、壁球、保龄球落选。这就意味着武术冲击东京奥运会再次受挫，让武术人再一次深感遗憾。

武术申奥是个大课题，需要有一个由国际武术联合会、中国武术协会、熟悉奥林匹克项目的专家组成的课题小组，根据武术在全球推广的现状，提出可操作的举措，制定一个申奥时间表，尽快将梦想变成现实。武术申奥是道难题，东西方文化差异大，怎样让武术这样一个充满东方智慧的体育项目融入以西方体育为主的奥运会，需要综合各方因素，全方位研究，才有可能让武术破茧而出，柳暗花明。〔1〕

二、竞技武术赛制赛事的新发展

自北京申奥成功后，竞技武术经历了一个快速的发展时期，然而武术最终没能进入 2008 年北京奥运会，竞技武术的发展又突然慢了下来。特别是第十二届全国运动会武术金牌从 19 枚减到 12 枚，从一个侧面反映出中国武术的发展不是很顺畅。高小军上任以后，强调武术的发展要“认认真真稳步发展。一是认真

---

〔1〕王友唐：《是该认真思考的时候了！——写在武术申奥再次受挫之后》，《中华武术》2015 年第 11 期。

做事，想求发展；二是积极稳妥”〔1〕。武术运动管理中心抓紧制定并出台了新规则和裁判法，一系列的举措给武术的发展带来了新变化。

（一）青少年竞技武术的发展

青少年阶段是武术系统训练的基础阶段，既关系到运动员的后期发展，又关系到整个武术运动水平的不断提高。因此一定要根据武术运动和青少年身心发展的规律，加强武术基础训练，避免唯竞赛化、成人化训练和拔苗助长的现象，确保青少年的身心健康和武术运动的可持续发展。

“少年强则国强，少年武术强则中华武术强。老一代为武术打下的坚实基础，历史积淀下来的雄厚的武术文化，值得我们骄傲。但是我们不能躺在骄傲的功劳簿上，我们不能小看了武术传承这项任务。”〔2〕高小军曾经在全国青少年与学校武术指导委员会会议上发表了这样的讲话。

原来的武术运动管理中心没有青少部，青少年武术工作分散在不同的部门，比如武术馆校的工作由社会部负责，竞技、比赛分别由套路部和散打部负责，武术进学校的工作主要由科研部完成，致使在开展武术工作的时候体系不清。随着国家对青少年武术工作的高度重视，武术运动管理中心于2010年专门成立了青少年活动部（以下简称青少部）。在青少部成立后，无论是部门建设，还是青少年的武术赛事活动，武术运动管理中心都采取了

〔1〕佚名：《资深武术教练感受竞技武术发展喜与忧——专访北京体育大学硕士生导师、武术教练何瑞虹》，《中华武术》2011年第6期。
〔2〕王涛、龚建新：《少年强则国强——关于青少年武术发展》，《中华武术》2011年第4期。

非常重视的态度。青少部也对相关青少年武术工作进行整合，提高了工作的有效性和针对性。

青少年武术竞技领域是青少部比较担忧的领域。由于国际青少年武术比赛比的是规定套路，要求运动员具有扎实的基本功，而国内成年人比赛比的是难度，导致了国际武术比赛和国内武术比赛规则断层，无法衔接。突出的问题是我国没有武术国家队，不能保证系统训练，青少年只能在各省队训练。省队强调梯队建设，往往在运动员十二三岁时就开始练难度，运动量监控也不科学，所以很容易造成青少年运动员受伤，而且他们的基本功也不扎实。无论是亚洲青少年武术锦标赛还是世界青年武术锦标赛都要选拔队员，队员都是临时练一练，依靠赛前短时间的强化训练，所以在国际青少年武术赛场，我国的运动员并不占任何优势。散打比赛也存在同样的问题，而且在训练上更加薄弱。目前的散打比赛除了每年的锦标赛大多是商业比赛，且越来越激烈，让人们觉得散打是少数人才可以练的项目，家长也不敢让孩子去练。

针对国内青少年武术训练基础不够扎实、技术不够规范、战术训练针对性不强、训练系统有待提高、过早强调竞赛成人化、过于关注成绩而忽略了技术全面发展等问题，2010 年，青少部组织有关专家、学者起草了《关于加强青少年武术基础训练的指导意见》，并在青少年武术锦标赛举办期间召集部分教练员和裁判员进行了座谈，征求了意见。从 2011 年的亚洲青少年武术锦标赛开始，大力强调基本功的训练，比赛增加了集体基本功一项，参加单项比赛的运动员必须参加集体基本功比赛。基本功比赛包括腿法、步形、跳跃等作为武术运动员要练的所有基本功，强制各个省队增加基本功训练。散打方面，起草关于加强青少年散打普及推广的方案，尝试制定一套适合于青少年的、安全科学、打基础的散打训练方法。同时依靠武术学校、院校提供基础数据，通过实验和交流，更好地推动了青少年散打运动的发展。

目前，我国青少年武术竞赛后备力量比较充足，除了黑龙江、内蒙古、青海、西藏、海南等省、自治区没有二线队伍外，其他省、自治区、直辖市都拥有自己的二线队伍，注册运动员也很多。2011 年 2 月，在泉州召开了全国青少年与学校武术指导委员会会议，包括山东、河南等武术大省的省武术中心领导，以及鹅坡、宋江、塔沟等规模较大的武馆、武校校长也参加了会议，此外还有来自体校、教育部、大学生体育协会的代表，他们表示今后会各自发挥力量，共同推动青少年武术的开展。

与关心青少年武术训练相应的是对青少年武术比赛的高度重视。2014 年 8 月 22 日—24 日，在 2014 年青奥会期间，“南京 2014 武术比赛”在南京市成功举行，来自全世界 40 个国家和地区的代表共计 314 人参加了比赛。此次比赛共设 15 枚金牌，其中套路 10 枚，散打 5 枚。“南京 2014 武术比赛”按照奥运会标准规范运行，国际奥委会主席巴赫和名誉主席罗格都亲临武术赛场观看比赛并为运动员颁奖。罗格还亲身体验和学习了太极拳。“南京 2014 武术比赛”的成功举办对武术进入青奥会起到了积极的推动作用，而武术进入青奥会极大地推动了世界青少年竞技武术运动的发展。

（二）散打运动竞赛的新变化

1. 全国武术散打医务监督委员会成立

随着世界范围内武术散打运动水平的迅猛提升，武术散打的技战术发展十分迅速，运动员个人的拳法、腿法攻击力大大提高，造成运动损伤的危险系数呈上升趋势，而医务监督的安全保障工作滞后于技战术的发展。为了进一步推进标准化建设，设置武术散打运动的安全保护网，建立专业的科学、医疗、监督、保障体系，保护参赛运动员的安全，国家体育总局武术运动管理中心决定成立医务监督委员会。在经过与运动医学研究所国家队医务管理处的认真沟通以及6个月的认真细致筹备后，2012年9月11日，首届全国武术散打医务监督委员会在北京正式成立。

首届全国武术散打医务监督委员会主任由武术运动管理中心训竞二部主任郑企平担任，副主任由运动医学研究所国家队管理处处长孙贵先担任，武术运动管理中心训竞二部副主任李永强任秘书长，运动医学研究所国家队管理处副处长李肃反任副秘书长，同时还有来自北京大学第三医院、天坛医院、同仁医院、上海体育学院等机构的12名专家委员。

国家体育总局武术运动管理中心还制定了《全国武术散打医务监督委员会工作条例》和《武术散打运动员医务监督条例》。全国武术散打医务监督委员会的成立和相关安全政策的制定实施，使得散打运动的发展越来越规范，同时也使运动员的安全越来越有保障。

2. 中国国家散打队成立

2012年以前，国内并没有一支专门的散打国家队。一些世界性大赛，如亚运会、世锦赛和亚锦赛，赛前都是临时组建国家集训队进行赛前训练。临时集训方式在散打界一直存在争议，不少专家认为集训时间过短不利于提高中国散打的整体水平，也不利于总结大赛经验。此外，随着近年来世界各种搏击项目和中国散打交流越来越密切，中国武术散打的技术特色和技术实力引起了世界搏击界的高度关注，世界上各种著名搏击比赛平台纷纷向中国散打招手。过去，散打队对外交战的时候，都是临时从各个地方队抽调一批队员，进行一段时间的集训，也有地方队自己选拔参赛或者以国家队的名义去交流。队员的表现参差不齐，不能代表中国散打的水平。

为了促进中国散打的健康发展，规范市场和资源管理，组建一支国家武术散打队已经成为一项迫在眉睫的任务。2012 年 2 月 25 日，首期国家武术散打队在陕西省西安市正式成立。国家武术散打队的主要任务是代表国家队参加世锦赛、亚运会等国际综合性赛事的搏击类项目比赛；积极参与世界各类搏击项目的交流与切磋，展示武术散打的特点与实力，为全国武术散打起到示范作用。同时也承担着培养中国武术散打的世界级明星、探索武术散打职业化道路的重任。[1]

首批入选队员一共 51 名，其中男选手 33 名、女选手 18 名。考虑到未来的长期规划，更加偏重于中、大级别的选择，小级别人数相对少一些。

2014 年初，国家武术散打队吸收了一部分新鲜血液，使国家武术散打队总人数达到 80 人左右，散打队队员分别来自 28 个省、自治区、直辖市、行业体协或体育院校，并分别在中国武术协会陕西训练基地和山东省体育训练中心进行了集训。[2]

3. 中国武术职业联赛（WMA）开赛

中国武术职业联赛首赛季于 2009 年 7 月 26 日在黄山开赛。

---

〔1〕王悦：《中国国家散打队正式成立》，《中华武术》2012 年第 4 期。
〔2〕王悦：《总结 2014，迈入 2015——国家体育总局武术运动管理中心 2014 年工作梳理》，《中华武术》2015 年第 3 期。

中国武术职业联赛由中央电视台体育节目中心、国家体育总局武术运动管理中心、中国武术协会、中国大学生体育协会主办，央视体育娱乐有限公司独家组织、运营、推广，是全面揭示中国武术技击技法的武术职业联赛。

作为一项新兴的赛事联盟，中国武术职业联赛的推出，不仅体现了政府和国家电视台在世界范围内传播中国传统文化的决心和责任，更是中国体育产业一次强强联手的实践创新。中国武术职业联赛以技术性、趣味性、观赏性为核心，具有完善的产业结构和产业链，是中国第一档真正具有产业链的职业联赛。

首届中国武术职业联赛共有 6 支俱乐部参赛，分别是山东兴武堂俱乐部、广东搏牛俱乐部、河北云飞俱乐部、陕西红狼俱乐部、青岛响虎俱乐部和广州永侠俱乐部。

经过 19 场鏖战，青岛响虎俱乐部以全胜的战绩拿下首届中国武术职业联赛冠军，陕西红狼俱乐部和广州永侠俱乐部分列亚军、季军。

中央电视台体育频道在黄金时间全程直播赛事，创央视直播武术赛事密度和传播力度之最。

4.“散打王”赛事重启

2000 年，由中国武术协会主办的中国武术“散打王”争霸赛在世纪之交完成了武术散打项目向市场化进军的重大突破，在国内外引起了巨大反响。从某种意义上说，“散打王”早已成为中国武术散打的标志性符号和民族赛事品牌。在结束了 2005 年的比赛以后，由于各种原因，“散打王”赛事逐渐淡出了人们的视野。

2017 年，经过 12 年的蛰伏，在人们的盼望中，备受瞩目的“散打王”赛事终于宣布重启。3 月 25 日，世界超级“散打王”

争霸赛新闻发布会在北京盘古七星酒店举行，宣布“散打王”争霸赛即将重启。国家体育总局武术运动管理中心与国武时代国际文化传媒（北京）有限公司友好协商并签订战略合作协议。

2017 年 10 月 28 日，由中国武术协会、国武时代国际文化传媒（北京）有限公司联手打造的 2017 年世界超级“散打王”争霸赛在北京国家奥林匹克中心体育馆隆重举行。比赛当晚，精彩的武术表演使现场气氛十分热烈，倡导“运动即性感”的新型女性审美的大型跨界形体赛事——“2018 首届散打王·星女郎大赛”开幕仪式随即启动。观众们阔别已久的“超级散打王”柳海龙、“散打王中王”宝力高、“散打王”赵子龙、杨晓靖、郑裕蒿、李杰、那顺格日乐、薛凤强等散打高手都出现在现场。比赛当晚进行了 1 场表演赛和 7 场不同级别的冠军赛，16 位散打顶尖高手以中外对抗的形式为观众奉献了 8 场精彩绝伦的对决。最后的比赛结果是 8 位中方选手全部获胜。“散打王”赛事的重新开启，为我国搏击运动的发展开创了新的局面，为振奋民族士气、激发爱国热情做出了新的贡献。

（三）严抓赛风赛纪和反兴奋剂工作

2011 年开始，赛风赛纪和反兴奋剂专项治理工作展现出新的局面。在 2011 年的所有常规赛事和重大赛事中，通过赛前抓好队伍的教育和管理，对工作人员、运动员、裁判员进行教育，加强管理监督，组织各级领导和工作人员按照国家体育总局的要求签订责任书和承诺书，并组织大家宣誓、座谈，号召参赛队伍以及专家委员会进行工作监督。赛后进行小结、总结，广泛听取意见，以各种方式发动大家查摆问题。对赛风赛纪和反兴奋剂工作的严格管理，使得2011年由武术运动管理中心举办和参加的国内外共计36项赛事均取得了圆满成功。

2012年，全国性、国际性训练竞赛活动有40多项，重要的国际赛事有第4届世界青少年武术锦标赛、第8届亚洲武术锦标赛、第6届世界杯武术散打比赛，国内赛事有全国武术锦标赛、冠军赛等计划内赛事。国家体育总局再一次强调要认真组织好每一项赛事，严格标准，抓好赛事质量和组织筹备工作；高度重视赛风赛纪和反兴奋剂工作，加强相关人员的教育和监督管理，确保武术赛事不出赛风赛纪和兴奋剂问题。

2013年2月27日，第十二届全国运动会开幕前夕，在天津召开了来自全国36个参赛单位的武术项目赛风赛纪和反兴奋剂工作会议。何青龙在会上做了"自觉践行大武术观，齐心协力做好第十二届全运会赛风赛纪和反兴奋剂工作"的大会主报告，国家体育总局科教司综合处处长陈志宇阐述了做好反兴奋剂工作对项目发展的极端重要性，分析了当前反兴奋剂工作的严峻形势，要求各赛区和参赛单位要高度重视。宁波、太原、辽宁大学、南阳、鹤岗、辽阳和上海的相关负责人分别代表套路、散打预赛、决赛赛区和参赛队伍表态，同时各参赛队伍也签订了赛风赛纪和反兴奋剂工作责任书。种种措施确保了第十二届全国运动会武术比赛取得圆满成功。

加强制度建设，建立更加科学、更能调动积极因素的运行管理机制，用标准化促进规范化发展，狠抓赛风赛纪和反兴奋剂工作，把训练竞赛进一步标准化。[1]多年来，在武术主管部门的严格要求和大力举措下，武术赛场赛风赛纪和反兴奋剂工作取得

---

〔1〕王涛：《2012年武术工作六大重点》，《中华武术》2012年第2期。

了较大的进展，开拓了全新的局面，保证了武术赛事在公平、公正、公开的比赛环境中顺利开展，也推动了武术运动的健康发展。

第三节 传统武术突出民族文化底色

进入21世纪之后，伴随着北京奥运会申办、筹备和成功举行，加之《全民健身计划纲要》的实施，传统武术在服务全民健身领域发挥了重要作用。奥运会之后，我国明确由体育大国向体育强国转变的发展目标，并于2009年颁行《全民健身条例》，群众体育的地位日益凸显，传统武术以其深厚的群众基础，在新时期继续服务大众健身。与此同时，党的十八大提出实现中华民族伟大复兴中国梦，作为中国优秀传统文化的传统武术，其文化价值越来越得到重视。

一、进入非物质文化遗产名录的传统武术

（一）日益重视文化遗产保护

2005年12月22日，国务院印发了《关于加强文化遗产保护的通知》，将每年6月的第二个星期六作为我国的“文化遗产日”，并提出建立非物质文化遗产名录体系，进一步完善评审标准，严格评审工作，逐步建立国家和省、市、县非物质文化遗产名录体系。对列入非物质文化遗产名录的项目，要制订科学的保护计划，明确有关保护的责任主体，进行有效保护。对列入非物质文化遗产名录的代表性传人，要有计划地提供资助，鼓励和支持其开展传习活动，确保优秀非物质文化遗产的传承。2011年2月25日，全国人大通过的《中华人民共和国非物质文化遗产法》对我国“非

遗”保护工作的指导方针、工作原则、实施步骤做了规定，通过立法对非物质文化遗产进行保护，一定程度上表明了国家对“非遗”的重视。2017年，为实现建设社会主义文化强国，增强国家文化软实力，实现中华民族伟大复兴的中国梦的奋斗目标，中共中央办公厅、国务院印发《关于实施中华优秀传统文化传承发展工程的意见》，要求进一步完善非物质文化遗产保护制度，推动民族传统体育项目的整理研究和保护传承。

（二）传统武术文化价值凸显

2006年，我国第一批国家级非物质文化遗产名录公布，在“杂技与竞技”大类的17个项目中有6项为传统武术拳种，分别是河南省登封市的少林功夫、湖北省十堰市的武当武术、天津市的回族重刀武术、河北省沧州市的沧州武术、太极拳（河北省永年县的杨式太极拳、河南省焦作市的陈式太极拳）、河北省邢台市的邢台梅花拳。

2008年，国务院公布第二批国家级非物质文化遗产名录，传统武术项目在38个“传统体育、游艺与杂技”项目中占据14个之多，分别是四川省峨眉市的峨眉武术、陕西省的红拳、河北省廊坊市的八卦掌、河北省深州市的形意拳、河北省雄县的鹰爪翻子拳、河南省博爱县的八极拳（月山八极拳）、山西省晋中市的心意拳、河南省漯河市和周口市的心意六合拳、福建省泉州市的五祖拳、山东省冠县的查拳、山东省莱阳市的螳螂拳、河南省荥阳市的苌家拳、湖北省武穴市的岳家拳及广东省江门市新会区的蔡李佛拳。

2011年，国务院公布第三批国家非物质文化遗产名录，在“传统体育、游艺与杂技”类的15个入选项目中有7个为传统武术项目，分别是天津市河东区的拦手门、山西省洪洞县的通背缠拳、福建省精武保安培训学校的地术拳、山东省东明县的佛汉拳、山东省青岛市市北区和安丘市的孙膑拳、山东省临清市的肘锤及浙江省杭州市余杭区的十八般武艺。

2014年，国务院公布的第四批国家非物质文化遗产名录中，这一比例继续扩大，12个“传统体育、游艺与杂技”项目中武术项目多达7个，分别是北京市西城区的通背拳、河北省衡水市桃城区的戳脚、上海市虹口区的精武武术、上海市杨浦区的绵拳、福建省福州市的咏春拳、山东省新泰市的徐家拳及湖南省新化县的梅山武术。

从2006—2014年，可以清晰地看到，在国家级非物质文化遗产名录中，传统武术所占比重越来越大，这突出表现了国家已经充分认识到传统武术作为中华民族优秀的传统文化样式在实现中华民族伟大复兴中的重要作用。但与此同时，也说明了广泛流传于民间的传统武术在传承、传播方面面临着非常严峻的考验，很多优秀的传统武术拳种濒临失传。

二、丰富多彩的社会武术活动

（一）“全民健身日”中的武术活动

2008年北京奥运会的成功举办，激发了广大群众参与体育运动的热情，为了满足人民群众日益增长的体育需求，同时也为了纪念北京奥运会的成功举办，国务院批准，从2009年起，每年的8月8日为“全民健身日”。为了保障“全民健身日”切实发挥作用，在2009年10月1日起施行的《全民健身条例》中针对

“全民健身日”的活动要求以行政法规的形式进行了明确。《全民健身条例》第十二条规定，应当在当日加强全民健身宣传，积极组织和参与全民健身活动，组织开展免费健身指导服务，向公众免费开放公共体育设施。[1]

自“全民健身日”设立以来，国家体育总局武术运动管理中心、中国武术协会一直积极组织各类武术活动参与“全民健身日”，一方面，利用武术深厚的群众基础助力提升“全民健身日”的社会影响力；另一方面，也是借助借国家大力支持推行“全民健身日”的东风，促进武术在大众健身领域的推广、普及，这一定程度上为社会武术工作的推进拓宽了道路。因此，2009—2019年武术成为“全民健身日”活动中不可或缺的项目。

2009年，在首个全国“全民健身日”启动仪式上，在主会场北京奥林匹克公园内，33,996人集体表演太极拳活动作为第一板块，正式拉开了全国各地“全民健身日”活动的序幕。该项活动参与人数之多打破了吉尼斯世界纪录。

2010年4月29日，国家体育总局武术运动管理中心下发《关于开展“全民健身日”武术健身活动的通知》，以“全民健身节日、科学习练武术、传承民族文化、强健民族体魄”“庆祝全民健身节日、展示中华武术风采、习练民族传统武术、强健中国人民体魄”“武术健身、健康生活”等为主题口号，以充分发挥武术健身的优势，引导和指导广大人民群众规范、科学、有效地进行武术健身为目的，由中国武术协会会同各地武术协会共同举办“武术健身日”系列大联动活动。2010年8月8日，以在河南

〔1〕《全民健身条例》，法律出版社，2009，第3页。

省安阳市举办的全国传统武术比赛为龙头，第二个“全民健身日”武术健身活动正式开始。为了激发各单位参加活动的积极性，中国武术协会还对2010年度“全民健身日武术健身活动先进单位”和“全民健身日武术健身活动先进个人”进行了评选和表彰。

2011年，《全民健身计划(2011—2015年)》颁布，与此同时，国家体育总局武术运动管理中心提出“大武术观”作为开展武术工作的指导思想，并且将2011年作为“武术标准化年”，大力推动武术规范化、标准化。在这样的背景下，除了全国各地的武术联动活动外，作为“全民健身日”武术健身活动的特色活动，2011年8月8日，由国家体育总局武术运动管理中心、中国武术协会主办，西藏自治区体育局承办的首届区直机关武术太极拳比赛在西藏拉萨举办。为了协助西藏办好比赛，国家体育总局武术运动管理中心于2011年4月派专家赴西藏为区直机关70多个单位的100多名骨干举办太极拳培训班，5月再次派专家进藏对参赛单位进行巡回辅导。这一活动有效推动了太极拳在西藏的传播。值得注意的是，在这一次“全民健身日”武术健身活动中，国家体育总局武术运动管理中心开始重视发挥全国91个“武术之乡”的特殊作用。此外，在2011年《开展全国武术健身活动的通知》中关于各单位以在“大武术观”指导下的“武术标准化年”为契机，重点培养本地区武术健身志愿者队伍骨干的要求，体现出国家体育总局武术运动管理中心将全新的武术理念贯彻于武术健身领域的努力。

此后，如2012年的“百万人武术展示”活动等，每一年的“全民健身日”国家体育总局武术运动管理中心都专门下发通知，总体而言，每一年的“全民健身日”武术健身活动虽然具体形式各不相同，但是都具有以下几点共性：第一，紧扣当年“全民健身日”的主题，结合武术自身特点，设计武术健身活动；第二，广泛依靠各级武术管理部门、协会以及各地“武术之乡”，基本形成政府主导、部门协同、全社会共同参与的活动模式；第三，推动群众武术健身科学化、规范化和常态化是主要奋斗目标；第四，强调因地制宜，发挥地方拳种特色，突出强调全民参与。

（二）“武术边疆西部行”活动

为贯彻落实国务院《全民健身条例》，支援边疆和西部地区武术活动的开展，促进民族团结，以及更好地发挥武术在全民健身中的重要作用，国家体育总局武术运动管理中心于2009—2012年连续四年组织开展“武术边疆西部行”活动。

2009年，在中华人民共和国成立60周年之际，国家体育总局武术运动管理中心主办了“武术边疆西部行”活动，并邀请夏柏华、崔仲三、王建华、邱慧芳四人组成专家组，于2009年9月18日开始赴内蒙古呼和浩特、包头、乌海以及宁夏银川等城市和石嘴山等牧区进行为期10天的武术讲座和辅导交流，并向当地学校和武术俱乐部赠送器材。

2010年4月19日—7月30日，由时任国家体育总局武术运动管理中心副主任陈国荣带队，再度组织王建华、崔仲三、杨静及张峻峰等专家、学者和优秀运动员先后赴云南、贵州、重庆、四川、青海、西藏和内蒙古7个地区开展“武术边疆西部行”活动。活动的主要内容为：送知识，聘请专家学者举行武术健身讲座；授技术，由武术专家和优秀运动员对当地的社会体育指导员进行技能培训，对社区辅导站、晨练站点的习武者进行技术辅导；

送物资，向所到地区赠送武术服装、器械、书籍等。

2011年5月—9月，“武术边疆西部行”活动前后历时4个月，圆满完成，向甘肃、新疆、陕西和广西4个地区共赠送了武术书籍600册、光碟600张、刀剑器材800件、武术训练上衣1,800件、帽子600顶。

2012年，由何青龙带队，由夏柏华、崔仲三、刘伟、杨静四人组成专家组，赴吉林的长春、四平，辽宁的沈阳、葫芦岛，黑龙江的哈尔滨、大庆共三省六市，深入学校、社区、晨练站点等武术活动一线，结合基层，与武术爱好者、学生和普通市民展开亲切交流，进行技术指导，举办健身讲座，并赠送武术书籍、光碟和器材。至此，“武术边疆西部行”活动完美收官。

历时四年的“武术边疆西部行”活动，足迹遍及祖国边疆各省、自治区，致力于向武术发展比较薄弱的西部边疆地区传播武术，促进全国武术的均衡发展，同时也促进了西部边疆地区全民健身运动的开展，加强了民族进步、交流和团结。此外，由武术名家、优秀运动员组成的专家队伍有效带动了边疆地区人民群众的习武热情，传授了规范技术体系，使武术健身活动更加健康、科学、可持续地发展，为武术在祖国边疆扎根、生长埋下了种子。

2012年“武术边疆西部行”活动结束之后，国家体育总局武术运动管理中心继续推出了“全民健身”武术走基层活动，延续了“武术边疆西部行”的“送技术、送管理、送理念、送服务、送书籍”的主要活动内容，但在目的地选择上更加灵活，不再局限于边疆地区，而且活动频率也有所增加。总体而言，武术走基层活动相较于“武术边疆西部行”活动在推进武术社会化、服务群众健身方面力度更大。

（三）武术“六进”服务全民健身

2012年12月26日，在北京召开的全国体育局长工作会议上，刘鹏提出，以贯彻落实《全民健身条例》和《全民健身计划（2011—2015年）》为主线，以构建全民健身公共服务体系为核心，推动全民健身事业大发展的要求。为了使武术在构建全民健身公共服务体系进程中发挥其在全民健身事业中的独特作用，国家体育总局武术运动管理中心制定了《关于加强“武术六进”工作的指导意见》，努力推动武术进学校、进社区、进乡镇、进企业、进机关、进军营。

《关于加强“武术六进”工作的指导意见》突出强调了“推动武术社会化、服务百姓、传承传统”的指导思想。“推动武术社会化和服务百姓”是武术服务《全民健身计划（2011—2015年）》的必然要求，而“传承传统”则表明人们开始重视广泛流传于民间的传统武术的传承问题，这显然是受这一时期在科学发展观思想理论中将“弘扬中华文化，建设中华民族共有精神家园”作为构建和谐社会的重要方面的影响。

《关于加强“武术六进”工作的指导意见》提出了具体工作目标：

（1）武术进学校。各级武术职能部门要积极协调教育部门，将大力推广、普及武术健身操和武术段位制作为武术进校园的重要内容。

（2）武术进社区。各级武术职能部门要加强社会武术站点的管理和指导力度，提高区域内的武术组织、武术馆校、晨（晚）练站点服务水平，扩大社会武术指导员队伍，推进和建立武术段位制培训、考试站点。根据本地群众需要积极开展喜闻乐见、形式多样的武术活动。

（3）武术进乡镇。各级武术职能部门要积极将开展武术健身活动纳入社会主义新农村建设规划，保护和挖掘好民间武术文化资源，开展武术下乡活动，让武术植根基层，服务百姓。

（4）武术进企业。鼓励企业为职工参与武术健身提供必要的条件，选择适应职工需要的武术健身方法，尤其是武术段位制系列教程中的太极拳类项目，丰富企业文化，强健职工身体。

（5）武术进机关。鼓励各级党政、事业单位领导干部和工作人员积极参与习练武术太极拳健身项目，强健身心，健康工作，提高工作效率和质量。

（6）武术进军营。各级武术主管部门和“武术之乡”要有计划地选择驻军部队、武警、消防部门开展武术运动，将进军营辅导武术习练作为一种拥军的形式，创建军民和谐氛围。

（四）“太极拳健康工程”

太极拳作为中国优秀的传统文化和武术中具有代表性的拳种，历来得到党和国家领导人的高度重视。习近平总书记提出的“中国梦”“全民健身”“健康中国”都为太极拳的发展提供了更加有利的机遇和广阔的发展空间。《“健康中国2030”规划纲要》更是明确提出要扶持推广太极拳等民族、民俗、民间传统运动项目。为此，国家体育总局武术运动管理中心从2014年起便开始着手策划、论证并实施了“太极拳健康工程”。

与中国武术协会于2000年启动的“太极拳健康工程”不同，此次“太极拳健康工程”旨在服务全民健身。国家体育总局武术运动管理中心在多次召开专题会议研讨方案、组织专家深入调查研究的基础上，拟定总体方案、阶段计划和具体措施，致力于将“太极拳健康工程”打造成建设社会主义核心价值体系和公共文化服务体系、惠民为民的民生幸福工程。

经过几年的建设，到2019年，“太极拳健康工程”已初步形成以社区为基本单位的全民太极拳健康服务网络，并在扩大太极拳习练人口和打造太极拳文化品牌等方面取得了显著成效。

到2030年，“太极拳健康工程”将实现以下四个目标：

第一，构建规范体系，服务基层百姓。一方面，建立太极拳公共服务体系标准，做好推广“太极拳健康工程”的基础工作；另一方面，构建起以学校、社区、乡镇、企业、机关和部队连队太极拳辅导站为基点，以太极拳社会体育指导员为主线，形成点线结合、覆盖面广的太极拳健康服务网络，满足不同类型、不同层次人民群众对太极拳健身的需求，实现太极拳“六进”的目标。

第二，打造精品项目，树立品牌形象。打造“太极拳健康工程”文化品牌，建立起全国三级联动的太极拳公开赛、系列赛大平台，组织起接地气的太极拳大众品牌赛事，向社会传递太极拳健康正能量，形成传播推广中国优秀传统文化和健康养生文化的主流。

第三，加强骨干培训，强化科学健身。一方面，举办各种太极拳健康技术培训和理论宣讲活动，提升现有社会体育指导员、段位制技术指导员和考评员综合素质和业务能力，使其成为“太极拳健康工程”的主力军；另一方面，广泛培养“太极拳健康工程”的青年志愿者，建立起一支懂政策、精业务、会团结、讲科学的太极拳健身骨干队伍，推动“太极拳健康工程”的开展。

第四，挖掘健身内涵，搭建沟通平台。不断推出太极拳健身新品和精品，满足广大人民群众日益增长的健身需求。同时建立

"太极拳健康工程"网络交流平台，组织各种形式的交流活动，推动太极拳运动的广泛开展。

三、走向标准规范的武术段位制

（一）武术段位制改革的背景

1."大武术观"与武术标准化的提出

在2011年的全国武术协会主席和秘书长联席会议上，高小军提出，武术工作在宏观指导上要树立"大武术观"，在微观操作上要加强标准化建设，在工作落实上要狠抓各级协会组织的保证作用。在这次会议上，首次对"大武术观"的内涵、民族特征和时代价值进行了全面的阐释，这一全新的中国武术发展的全局性战略指导思想得以确立。与此同时，为了落实"大武术观"的思想方略，本次会议上还将2011年确定为"武术标准化年"，要求从竞赛、训练、活动、服务、装备管理等各方面制定通用统一的技术标准。2011年开始，在"大武术观"的指引下，中国武术开启了以标准化为突破口的新发展阶段。武术段位制也开始了标准化建设的进程。

2.武术段位制发展中存在的问题

自2007年开始，中国武术段位制开始了由"套段"向"考段"的改革。虽然取得了一定的成绩，但改革并不彻底，中国武术段位制的问题依然突出，主要表现在以下几个方面：

（1）目的不明确。段位费的使用，彰显着武术段位制的主要目的或功能。但各级单位会员对如何分配、如何使用段位费缺乏明确的说法，这就透露了其过浓的行政味道和民主性、透明性的缺乏，影响各级组织推广武术段位制的积极性。

（2）对象错位。段位制的主要目的是吸引广大武术爱好者投身武术运动，而现在在实际操作中段位制的主要目的还是对武术工作者进行“套段”或“考段”，没有把重点工作放到开拓、吸引和引导广大武术爱好者投身武术运动上。

（3）考评内容与段位制的价值观不相符。段位制的主要价值是鼓励和促进练习者沿系列阶梯向上发展，进行武术的终身学习与人格的修行。而现有的段位考评标准，是以武术竞技套路及武术散打两个评价体系为主，这两项运动并不适合形成一种终身学习的阶梯式体系。因此，很难制定出一套科学的终身学习的教材以及与之相适应的考评标准。

（4）礼仪、伦理、道德考评缺位。武术段位制的目的之一，是对练习者进行人品的教育和管理。而且武术作为民族传统体育更应该担负起弘扬民族精神，包括礼仪范式、伦理规定、道德教育的责任，使练习者有中华民族的礼仪知识，但现行段位制考评标准缺少对这部分内容的具体规定。

（5）缺少保护多样性武术文化的观念。现行的武术段位制概念过于笼统，缺少具体的行业权威性。从还原武术知识产权的角度看，必须首先重视作为武术实体的各拳种、流派。也就是说，武术如果要设段位，那么，与它相对应的应该是查拳、华拳、南少林五祖拳等各拳种段位，因为中国武术的实质是由各种传统武术流派组成的。

（6）存在行政权力性与文化权威性的冲突。现行的武术段位制的权威性是建立在国家行政权力基础上的。在国内，人们已经习惯了国家体育总局武术运动管理中心作为国家行政机关管理武术。因此，武术段位制对公职人员是有效的，而对广大民间武术爱好者就不一定有约束力了。行业行政管理的“事务性”的权力性，与民间文化崇拜的“专业性”的权威性是不同的，特别是在国际民间文化交流中两种权威性是有区别的，文化交流中人们敬仰的是行业的“专业性”的权威性。而现在的武术段位制包罗万象，缺少具体的行业权威性，很难达到“全面评价习武者的武术水平”的目的。

（7）缺少知识产权保护观念及国际化发展的战略思想。“中国武术”是一个集合概念，笼统地称呼为“武术段位”，说明段位制的发展还是很粗犷的。由于其缺乏具体的价值观念、文化保护观念与知识产权观念，本身也就不全面、不完整。[1]

（二）武术段位制改革的新举措

2011年是中国武术段位制标准化改革的开局之年。6月24日，中国武术协会在北京召开了“中国武术段位制标准化管理体系建设启动仪式”。会上，陈国荣介绍并颁布了《中国武术段位制手册》，标志着中国武术段位制标准化制度建设基本完成。中国武术段位制官方网站也自此次会议后开通，标准化产品逐步确定。

1.“套段”向“考段”转变

2011年3月8日，国家体育总局武术运动管理中心发布《关于加快武术段位制标准化管理体系建设的通知》，标志着中国武术段位制由试行阶段转入全面推广阶段。

《〈中国武术段位制管理办法〉》规定，武术段位考评分为考试和评定两种形式。考试是对技术和理论进行现场考试。考试

〔1〕翁信辉等：《武术段位制的指导思想及评价体系》，《体育科学研究》2009年第2期。

内容和评判标准，以中国武术协会审定出版的“中国武术段位制系列教程”为依据。评定是根据申报者提供的技术录像、比赛成绩证书、理论材料，依照段位制文件规定的标准和要求进行评定。考试和评定分为国考、省考、县市考三级，即全国武术段位考评，省、自治区、直辖市武术段位考评，县级市、县武术段位考评。〔1〕

2013 年，国家体育总局武术运动管理中心举办了第一次中国武术段位制国家考试。这次“国考”的意义在于，对武术段位制“省考”和“县市考”起到了良好的示范和规范作用。由此开始，“套段”的授予方式退出历史舞台，中国武术段位制转向“考段”模式。

2. 考评单位社会化

考评单位是武术段位制实施的组织保障，但是在武术段位制试行阶段，考评单位数量少、行政色彩过于浓厚一直是影响武术段位制推广的主要阻力之一。在这一阶段，在服务全民健身这一国家战略的时代背景下，将武术段位制考评权力下放、改变以往考评单位行政化过于浓厚的弊端成为改革的重要内容。

《关于加快武术段位制标准化管理体系建设的通知》要求，中国武术协会一级单位会员要尽快在本辖区内建立健全武术段位考试机构，并要求 2011 年内在 60% 的县级及县以上地域建起考试点，形成武术段位考试网络。〔2〕从这一规定可以看出，新一轮的武术段位制改革在考评单位方面做出的重大调整：一方面，将考评单位开设到县级，使之更加贴近基层，主动走近广大群众；

〔1〕国家体育总局武术运动管理中心：《〈中国武术段位制〉管理办法》，《中华武术》2011 年第 7 期。
〔2〕国家体育总局武术运动管理中心：《关于加快武术段位制标准化管理体系建设的通知》，《中华武术》2011 年第 5 期。

另一方面，对考评单位数量提出硬性规定，从数量上保障广大群众参与武术段位考评的便利性。在考评单位社会化的基础上，国家体育总局武术运动管理中心坚持段位制标准化改革的思路，出台《武术段位制考评机构标准及授权办法》，对各级段位考评单位的申报条件、审核流程及工作要求提出了明确的标准。2014年出台的《武术段位制推广十年规划（2014—2023）》提出，武术段位制要形成“政府主导、部门协同、全社会共同参与”的发展格局，而编织武术段位考试点推广普及网络则成为武术段位制实现推广普及、提高社会知晓率和参与率的重要抓手。

2011年，武术段位制标准化改革以后，武术段位考试点数量迅速增加。到2015年武术段位制试点期结束时，全国已设立考试点857个。而且考试点数量每年都在增加，仅2017年就新增考试点124个。

3. 标准化全面贯彻

标准化是本次武术段位制改革的主线。武术段位制的标准化贯穿于管理方式标准化、考试内容标准化和操作模式标准化等各个方面。

（1）管理方式标准化。在2011年5月30日的全国武术段位制工作委员会成立大会上，高小军要求：要在大会后10天内，建起中国武术协会一级会员单位的段位制工作委员会和办公室，并迅速建立各地基层单位的段位制办公室和考试点，尽早建成全国段位制管理和工作网点，形成标准化管理体系。[1]经过几年

〔1〕蒋亚明：《全国武术段位制工作委员会成立》，《中华武术》2011年第7期。

的努力，全国已经构建成“两级管理、三级办公、层层设点”[1]的武术段位制工作网络，设立了段位制工作的专门机构，在专门机构中设立专人管办的岗位，形成专业化的工作队伍，满足了《武术段位制十年推广规划（2014—2023）》顺利实施的需要。

（2）考试内容标准化。2011年发布的《〈中国武术段位制〉技术考试办法（一至六段）》明确规定，中国武术段位制的考评内容以“中国武术段位制系列教程”为统一标准。同时，为了鼓励其他未编入该套教程的地方拳种习练者申报段位，规定这类申报者需仿该套教程按三种练法（单练、对练、拆招）、六个段级标准，制定出考评内容，并报相应级别的段位制考评委员会审核批准，方可作为考评内容。[2]这一规定体现了“坚持国标，兼顾传统”的设计思路，同时，这对于那些流传范围不广、知名度不高、习练人数不多的小拳种非常有利，它使得这些拳种的习练者也有机会申报段位，因此，这一规定也在一定程度上促进了传统武术各个拳种的传承和发展，这也体现了这一时期突出保护传统武术文化的观念渗透到了武术工作的各个方面。

（3）操作模式标准化。中国武术段位制标准化改革过程中坚持“照章办事、遵守流程、方便武友、服务民众”的原则，在2011年的中国武术段位制标准化管理体系建设启动仪式上发布

---

〔1〕两级管理，是指在中国武术协会、省级区域性和专业性一级武术协会中设立武术段位制工作委员会，分别负责管理所辖区域和单位的段位制工作；三级办公，是指在中国武术协会、省级武术协会、县市级武术协会中，设立武术段位制办公室，负责本辖区和本单位段位制的日常工作，并分别组织武术段位制国考、省考、县市考三级考试；层层设点是指在各地各级武术组织中设立武术段位制考试点，要求做到“将考试点建到习武者身边”，方便武术传习者和爱好者到考试点接受培训。

〔2〕中国武术协会：《〈中国武术段位制〉技术考试办法（一至六段）》，《中华武术》2011年第10期。

了《中国武术段位制手册》。此手册在内容构成上分上编、下编和附录。上编汇编了现行的中国武术段位制文件；下编包括三部分，一是中国武术段位制若干问题的解释，二是中国武术段位制申报与管理工作流程图解，三是中国武术段位制应用表格和网站使用方法。该手册最大的特点在于突出实用性和操作性，例如：在“中国武术段位制若干问题的解释”部分，除了有对文件的解释与补充，还有在实施段位制文件过程中处理各种具体问题的方法和惯例；在“申报与管理工作流程图解”部分，分别将个人申报武术段位和段位制管理部门组织培训、考试、申报、审批段位的全过程分为若干步骤，并制成多项流程图，再按图示解说每一步骤的做法要点；在“应用表格和网站使用方法”部分，收录有申报段位、指导员、考评员的申报表样，以及中国武术段位制官方网站的使用方法说明。可以说，《中国武术段位制手册》包罗了组织管理者和武术传习者、爱好者参与实施段位制的各种具体操作方法，实现了武术段位制操作模式的标准化。

四、“武术之乡”建设突出动态管理

全国“武术之乡”评选活动自1992年开展以来，先后评选出三批分布于25个省、自治区、直辖市的91个“武术之乡”。这些“武术之乡”已经成为传统武术的研究平台、群众武术技艺的展示平台、武术健身活动的普及平台、武术优秀人才的培养平台、武术文化的交流平台。从某种意义上说，全国“武术之乡”

是中国特色社会主义体育事业的重要文化根基。[1]

2010年开始，中国武术协会组织4个工作组到全国各个武术协会进行了为期3个月的调研，发现有很多地方的武术协会对“武术之乡”情况不熟悉，“武术之乡”的概念被淡化了，近1/3的“武术之乡”存在着名存实亡的现象。[2]

2011年6月，陈国荣在全国“武术之乡”工作研讨会上的讲话中指出，全国“武术之乡”工作存在着武术主管部门职能弱化、武术协会组织涣散运行不畅、武术推广普及长期低迷、公共武术服务体系建设迟滞[3]等问题。

为了解决“武术之乡”发展过程中存在的上述问题，面对武术标准化建设的总趋势，为了适应从体育大国向体育强国转变的总要求，经过全国“武术之乡”工作研讨会与会者的深入讨论之后，2012年3月31日，《全国武术之乡管理办法》正式颁布实施。其最大的亮点在于为了巩固和提升全国“武术之乡”的美誉度、权威性、带动力和影响力，废除了全国“武术之乡”荣誉终身制，对“武术之乡”实行动态管理。

《全国武术之乡管理办法》颁布后，国家体育总局武术运动管理中心专门组成了专家评审组，对88个单位报来的约120万字的报审材料进行了集中评审，同时还派出了5个复查小组共14人，分赴16个省、自治区、直辖市的24个“武术之乡”进

---

〔1〕燕侠：《以大武术观为指导，开创全国武术之乡工作新局面——国家体育总局武管中心副主任陈国荣谈武术之乡建设新举措》，《中华武术》2011年第8期。
〔2〕高小军：《〈全国武术之乡管理办法〉出台　推动武术之乡标准化建设——国家体育总局武术运动管理中心主任高小军答记者问》，《中华武术》2012年第9期。
〔3〕燕侠：《以大武术观为指导，开创全国武术之乡工作新局面——国家体育总局武管中心副主任陈国荣谈武术之乡建设新举措》，《中华武术》2011年第8期。

行实地复查评估，另外还派出工作组对新申报的5个单位进行了检查验收。经过认真评审、实际核查及重点考察，对原91个“武术之乡”进行了综合评估和分级，9个单位被评为优秀，29个单位为良好，35个单位为合格，16个单位为不合格，需限期整改，2个单位被确定取消全国“武术之乡”称号。

2014—2015年，国家体育总局武术运动管理中心又对新申报的12家单位进行了评审和实地检查，对长期不开展工作的“武术之乡”采取了淘汰措施。到2016年，全国“武术之乡”已达到了100家。各地“武术之乡”利用本地的武术资源和“武术之乡”的品牌优势，充分发挥政府的主导作用，形成了以政府为主导、协会为主体、各部门协同、全社会参与的发展模式。

第四节 学校武术教育全面深化改革

2008年之后，伴随着“全国中小学系列武术健身操”的创编、武术段位制的全面推广以及全国学校体育武术项目联盟的成立等一系列举措持续发力，中小学校武术在解决“教什么、怎么教、谁来教”这一难题上不断进行探索，体育部门和教育部门强强联合，成为新时期学校武术最鲜明的特点，也是学校武术得以高速发展的动力保障。除此之外，这一时期不论是中小学武术教育还是高校武术专业教育都更加注重对人的培养，而不再满足于单纯的武术技艺传授。

一、全国中小学系列武术健身操的创编与推广

（一）创编的背景与过程

2007年4月29日，教育部、国家体育总局、共青团中央决定在全国范围内全面启动“阳光体育运动”，为落实每天锻炼一小时，教育部将学生的课间操时间增加到30分钟。为了更好地利用每天上午两节课之间大课间的30分钟锻炼时间，5月7日，中共中央国务院下发《中共中央 国务院关于加强青少年体育增强青少年体质的意见》，要求全面实行大课间体育活动制度，每天上午统一安排30分钟的大课间体育活动，认真组织学生做好广播体操、开展集体体育活动。[1]2008年，国家体育总局制定了《增强青少年体质的七项措施》，指出要开展多种形式的体育进校园活动，并特别强调开展广大青少年人人参与的集体型锻炼项目。2009年2月27日，胡锦涛同志到毛里求斯访问，观看了中国文化中心的外国人武术表演以后说：“学习武术，一可以健身，二可以了解中国文化，三可以增进中毛两国人民友谊。”胡锦涛的讲话引起了武术界的广泛热议。

在这种背景下，为了传承武术和中国传统文化、弘扬和培育民族精神，国家体育总局武术运动管理中心和教育部体育卫生与艺术教育司联合组成了由教育部牵头的武术健身操创编委员会，并明确了由中国武术研究院具体负责动作创编和科学实验的任务。在高等教育出版社的支持下，“全国中小学生系列武术健身操”创编筹备工作于2010年2月正式启动，成立三个创编小组，

〔1〕中共中央国务院：《中共中央国务院关于加强青少年体育增强青少年体质的意见》，教育部官方网站，http.//www.moe.gov.cn/jyb_xxgk/moe_1777/moe_1778/201005/t20100531_88539.html。

其中北京体育大学负责小学部分、上海体育学院负责初中部分、河南大学负责高中部分，三个创编小组同时并进。

为确保“全国中小学生系列武术健身操”的创编质量，筹备组对重庆、北京、上海、河南等地现有的校园武术操进行了考察，并查阅有关文献资料。同时，由中国武术研究院抽调了一批武术专家、广播操专家和工作在中小学体育教学第一线的教师，讨论武术健身操的创编原则和体例，并展开创编工作。在创编小组召开的会议上，明确了武术健身操的定位，即作为目前广播体操的补充。同时，也统一了三个小组的创编思路和基本要求：第一，体现武术精神；第二，易于青少年掌握；第三，让青少年感兴趣。

2010 年 3 月 16 日，《全国中小学生系列武术健身操》编委会成立大会暨创编工作会议在高等教育出版社召开。在会上，主编康戈武详细介绍了创编工作的初期成果和详细计划，三个创编工作组依据不同年龄青少年的身心发展特点，分别设计了三套不同形式的武术健身操初稿，并进行了现场演练。

2010 年 3 月 25 日，在中国武术研究院专家委员会工作会议上，全体专家对初步创编成形的武术健身操进行了技术评审。经过专家委员会的评审后，中国人民解放军军乐团随即展开了武术健身操的配乐工作。到 2010 年 4 月，配乐工作全部完成。

完整的《全国中小学生系列武术健身操》共包括适宜小学生选练的《旭日东升》《雏鹰展翅》和适宜中学生选练的《英雄少年》《功夫青春》四套武术健身操。

这四套操与广播体操相比，有三个突出的特点：其一，动作不同于以横平竖直为主的徒手体操动作。武术健身操的动作是选自武术运动的形态多样、妙趣横生、含有攻防作用的动作。其二，练习方法不同于徒手体操只有个人单练，武术健身操中还有通过喂招、拆招的形式进行配对交手的对练方法。其三，武术健身操不仅具有与徒手体操共有的健身价值，还有习练自卫技能、传承民族文化、弘扬民族精神的价值。[1]

（二）试点与推广

配乐工作完成后，武术健身操开始在北京、河北、上海、河南四地试点，为了使武术健身操适应不同学段学生的身心发育特点，为中小学校推广普及提供科学依据，动作创编组协同科研实验组从生理学和社会学两个方面进行实验和调查研究。2010 年 6 月，由教育部组织了武术健身操评审会，对《全国中小学生系列武术健身操》从技术、音乐、艺术表现力、健身和社会推广价值等方面进行审定和评议，会上进行了武术健身操的演示并报告了试点实验结果。最终，武术健身操顺利通过评审。与会者一致认为，《全国中小学生系列武术健身操》作为中华人民共和国成立以来由政府组织创编的第一套民族形式的健身操，较好地反映了武术的文化内涵和技术特征，有较强的健身性和科学性，动作结构合理，形式新颖，易学好记，音乐和健身操能够较好融合，有较强的民族性和艺术表现力。

2010 年 8 月，高等教育出版社完成了《全国中小学生系列武术健身操》教学用的光碟、挂图、教师参考书的制作。8 月 23 日，教育部办公厅、国家体育总局办公厅联合下发《关于推广实施〈全

〔1〕王霞光：《武术进入中小学——写在〈全国中小学生系列武术健身操〉推广实施之际》，《中华武术》2010 年第 10 期。

国中小学生系列武术健身操〉的通知》，决定自2010年9月1日起在全国普通中小学校（含特殊教育学校）、中等职业学校中推广实施，同时要求各地教育、体育行政部门和学校要充分认识实施《全国中小学生系列武术健身操》的重要意义，认真做好《全国中小学生系列武术健身操》的宣传、培训、教学等推广和实施工作，促进武术教育工作和“阳光体育运动”深入、持久开展。为了推广这套武术健身操，国家体育总局和教育部还成立了全国学校武术健身操推广指导委员会。

2010年9月，国家体育总局武术运动管理中心副主任杨战旗到西藏挂职，率先在西藏吹响了推广武术健身操的号角。2010年10月9日—11日，在拉萨对西藏自治区7个地市的34名骨干教师以及16名小学生开展了武术健身操辅导员培训。紧接着，10月20日，教育部体育卫生与艺术教育司和中国武术研究院又在河南大学举办第一次全国教师培训班，全国32个省、自治区、直辖市按照主办单位的规定每区县选派4位体育教学骨干教师为学员、1位教育行政主管为领队参加培训。这次培训班的目的是培养第一批传播武术健身操的师资，通过他们回到各省、区、市、县，举办二级、三级、四级培训班，将武术健身操普及每一所中小学校。培训班期间还举行了由各省、自治区、直辖市教育厅、体育主管部门领导参加的《全国中小学生系列武术健身操》推广工作会议。

国家体育总局对武术健身操的推广高度重视，《关于推广实施〈全国中小学生系列武术健身操〉通知》发布后，高小军在2011年1月的武术新闻委员会新春茶话会上表示，2011年中国武术协会仍将坚定不移地把这项工作贯彻下去。紧接着，他又在

2月召开的青少年与学校武术指导委员会会议上强调，武术健身操的推广很重要，不是说说而已，要有方案、有步骤。下一步，会按照方案实施师资培训、竞赛推广宣传展示和调查研究工作。此外，高小军在不同会议上多次着重强调《全国中小学生系列武术健身操》推广的重要性。

（三）推广的成效和不足

长期以来，中小学学校教育中武术仅被视为体育课程中的一个边缘化项目，备受冷落。这一次，国家体育总局与教育部联合创编和推广的《全国中小学生系列武术健身操》，使武术以健身操的形式走进中小学的大课间，为武术真正进入学校打开了突破口，为实现在中小学中全面普及武术开创了新局面。健身操推广之初，国家体育总局和教育部联合下发通知、办培训班，为健身操在全国范围内全面铺开打下基础。

但是，就全国范围来看，《全国中小学生系列武术健身操》的推广工作并未达到预期目标。如2012年一项针对北京市16个区、县32所中小学的调查发现，北京市有56.2%的中小学推广了《全国中小学生系列武术健身操》，但推广面不广泛，推广的目的主要是完成上级领导的核查与落实教育部关于武术健身操推广的文件要求，这在一定程度上表明武术健身操并未全面、真实地推广开来。北京市中小学教师推广武术健身操态度不太积极，有的教师没有制定推广方案，有的教师制定了推广方案但未执行，有的教师对武术健身操的推广前景不抱希望。[1]

---

〔1〕高贯发：《北京市推广〈全国中小学生系列武术健身操〉状况与策略研究》，硕士学位论文，北京体育大学，2012，第18～29页。

同样的情况也发生在山东济宁地区。到 2013 年，济宁地区对《全国中小学生系列武术健身操》的推广仅处于一个刚刚起步阶段，相关教育部门对推广武术健身操的重视度不够，没有成立专门的推广机构，导致济宁地区有一半左右的中小学还未推广武术健身操。此外，济宁地区中小学的体育教师中不是武术专业、没有习武经历的占 90% 以上，学习武术健身操的途径多为学校组织的培训或自学，大多数教师只关注武术动作的教学，对武术动作的内涵和武术理论知识的教授不多，导致 80% 以上的学生对武术健身操的动作内涵达不到了解的程度。〔1〕

虽然各地推广效果不佳的表现略有差别，但其中的原因却颇有共性：首先，地方相关教育部门对推广工作重视不够，学校推广缺乏必要的政策支持；其次，武术健身操的推广需要大量体育教师参与，但仅有三五天的短期培训对于毫无武术基础的体育教师来说，不足以真正掌握武术操的技术；最后，武术健身操在内容上存在动作难度大、与音乐不合拍等问题，不利于学生掌握。

二、系列中国武术段位制内容向各级学校推进

（一）段位制进学校的研究与试点

2009 年 6 月 30 日，中国武术研究院和教育部体育卫生与艺术教育司联合在北京举行了“中国武术段位制系列教程”的学校教学指导方案研究开题仪式。该课题以大、中、小学生为实验对象，采用“中国武术段位制系列教程”中的《长拳》《剑术》《短棍》

〔1〕祝长飞：《山东省济宁地区中小学武术健身操推广的现状及对策研究》，硕士学位论文，成都体育学院，2013，第 15 ～ 19 页。

《趣味武术（段前级教程）》为教材，将全国划分为东北、华北、华东、华中、华南、西北、西南七个区域，从中选取了133所实验学校，进行武术段位制进学校的教学试验。通过研究，总结出了武术教学的组织管理、教学方法等成果，这一研究标志着中国武术段位制进入学校迈出了第一步，也为武术段位制正式推进学校提供了理论指导。

2014年发布的《武术段位制推广十年规划（2014—2023）》明确要求在试点阶段（2014—2015年）要在优先编制出版中小学校和孔子学院武术段位制推广用书的前提下，完成段位制系列教程全套教师参考用书的编制，以及英文版本的翻译出版工作[1]，并要在普及阶段（2016—2020年）实现全国各类中小学和高校有60%以上达到武术段位制教程进课堂的目标。[2]同年5月，吉林省、河南省、湖南省、陕西省、广西壮族自治区、云南省6个首批试点省、自治区代表在昆明正式签署武术段位制进学校试点单位合作备忘录。2015年又新增了黑龙江省，河北省，福建省，重庆市大渡口区，浙江省平阳县，贵州省安龙县，海南省万宁市、琼中县、屯昌县9个试点。这15个试点涵盖了东北、华中、华北、西北、西南、华南地区，既有不同级别和地域代表又有很广的覆盖面。

试点期间，试点单位体育和教育部门紧密合作，取得了初步成效。2015年9月29日，在湖南耒阳召开的2014—2015年度全国武术段位制进学校试点单位现场经验交流会上，国家体育总局

---

〔1〕国家体育总局:《武术段位制推广十年规划（2014—2023）》，《中华武术》2014年第4期。
〔2〕国家体育总局:《武术段位制推广十年规划（2014—2023）》，《中华武术》2014年第4期。

武术运动管理中心主任张秋平介绍了几个地区的试点工作情况：

（1）湖南省首先成立了湖南省校园武术段位制推广工作领导小组和办公室，并制定了试点工作实施方案，确定了全省首期184个试点学校，为鼓励支持全省试点学校的试点工作创造了有利条件。

（2）云南省在试点工作中得到了省教育厅、省体育局的大力支持，并与省武术协会联合成立了云南省推广学校武术段位制工作领导小组，制定了相应的支持政策，联合下发文件，为武术段位制在学校的推广提供了保障。

（3）河南省作为武术大省，在武术段位制进学校工作上，制定了一套符合河南省特点、操作简单、可行性强的武术进学校活动实施方案。

（4）陕西省由省教育厅和省体育局联合组成陕西省推广中国武术段位制工作推广领导小组，努力整合资源，通力合作，积极做好各项准备工作。

（5）吉林省在2014年8月由省教育厅、省体育局在长春举办了四期省级的校园体育师资培训班，来自9个地区大、中、小学近600名体育教师参加了培训。

（6）广西壮族自治区自2014年11月以来，相继开展了四期广西武术段位制进校园体育骨干教师培训班，对中小学515名体育教师进行了集中培训，为武术段位制进校园的工作在广西推广普及培养了一大批骨干力量，保证了试点工作的顺利开展。

（7）海南省武术协会把武术段位制进学校与指导协助地方创建全国“武术之乡”紧密结合起来，拓展平台，相互促进，取得了可喜的成果。2015 年海南省屯昌县、万宁市及琼中县被授予全国“武术之乡”荣誉称号。

针对在武术段位制进学校试点期间发现的认识高度不够、工作结合点不准、师资力量匮乏和配套经费不足等问题，张秋平对下一步武术段位制的普及提出了“三到位、三结合、三纳入、建立三个平台、突出三个效果”的工作要求。

“三到位”指认识到位、措施到位、宣传到位。

“三结合”指武术段位制进学校与德育教育、传统文化教育及体育教育相结合；与提高学生身心健康、促进学生全面发展相结合；与中国式特色教育、培养有中国文化品位和世界眼光的接班人相结合。

“三纳入”指把武术教育纳入未来学校教育的规划中；把武术课程纳入学校的校本课程；把武术成绩纳入体育考试成绩中。

“建立三个平台”指建立学校武术的交流平台；建立多方合作的武术教学平台；建立学校特色的武术教育平台。

“突出三个效果”指激发学生的爱国主义热情和振奋民族精神；全面提高学生身体素质和身心健康水平；促进学生学习成绩提高。

（二）武术段位制进学校的推广实施

2016 年是“十三五”开局之年，为了发挥武术在实施全民健身国家战略、推进健康中国建设中的重要作用，国家体育总局武术运动管理中心制定的《中国武术发展五年规划（2016—2020 年）》，在学校武术教育方面，将武术进校园列为工作重点，并要求重视青少年及学校武术教育工作，加强与教育部相关部门合作，加快武术段位制与武术健身操在校园的推广普及，推进武术列入各类学校课程；创编或修订武术教材和教学大纲，规范课程设置，鼓励开展地域性特色拳种校本课程。

此后，国家体育总局武术运动管理中心在推进武术段位制进学校方面，不断拓宽渠道。如通过持续开展“中华武术走进乡村学校少年宫”师资培训，增强武术段位制进学校的师资力量；举办京津冀优秀少先队员武术体验公益夏令营、全国青少年宫系统武术套路比赛，以比赛促进学校推广武术段位制的积极性，激发学生学习武术段位制的动机；2017 年首次与中国关心下一代工作委员会、中国青少年宫协会等机构进行合作，为武术进校园开辟新渠道、提供新平台，并与中国关心下一代工作委员会健康体育发展中心联合开展了全国首届幼儿武术运动大会暨千所中华幼儿武术实践园、传承园公益授牌三年行动计划，并举办了赛事活动，为武术培养后备人才。

三、全国学校体育武术项目联盟开启教学改革新道路

（一）全国学校体育武术项目联盟成立

2013 年，为使学校体育真正实现“增强青少年体质，提高学生运动技能，养成健全人格”的发展目标，教育部继续推动中小学体育课改革。此次改革的主要举措是由体育院校牵头组建武术、足球等 7 个项目的全国性联盟，将高校和有意愿的中小学“结对子”，由武术专业的教师和学生帮助中小学老师备课，实现资源共享。2013 年 9 月 22 日，由教育部体育卫生与艺术教育司和北京体育大学主办，北京体育大学武术学院等支持的第一届中华武术发展战略研讨会暨全国学校体育武术项目联盟成立大会在北京

体育大学举行。

全国学校体育武术项目联盟以“强化套路，突出技击，保质求精，终身受益”为理念，提出学校武术“一校一拳，打练并进，术道融合，德艺兼修”的新思路，以实现“强身健体，自卫防身，修身养性，立德树人”为教育目的。联盟由全国不同地区的26所高校和单位组成，上海体育学院为第一届主席单位，会员单位有北京体育大学等9所体育专业院校、北京师范大学等7所师范院校、浙江大学等4所普通高校以及部分中小学和地方政府教育部门作为联盟成员会员单位。北京市西城区、浙江省温州市、河南省登封市、江苏师范大学和吉林省长春市成为首批武术教育试验单位。

（二）全国学校体育武术项目联盟的新举措

1.“一校一拳”

全国学校体育武术项目联盟基于中国武术拳种、流派内容繁多且在分布上就有很强的地域性，以及中国武术习练者在习武经历上多以某一拳种学练为主的特点，结合学校武术教育“将套路演练得像模像样”的教学任务，确立了“一校一拳”的教学改革思路。“一校一拳”要求借助武术专业院校及地方拳种等资源指导各地各校确定其武术套路教学的拳种。

全国学校体育武术项目联盟成立以后，上海体育学院先后在上海选取了12所中小学联合探索“一校一拳”教学改革。2014年10月8日，在全国学校体育武术项目联盟在上海普陀召开的现场推进会上，上海体育学院武术学院与新黄浦实验学校确立了共建“武术教育改革实践基地”项目。

2017年5月5日，为了配合全国学校体育武术项目联盟特别是上海"一校一拳"工作的开展，提供教学教研、文艺展演等服务，在复旦大学美国研究中心，克卿武术、精武少帅、广博武术、精武飞雪、加华国术、海韵太极、精武香岛7个俱乐部又成立了上海武术俱乐部联盟。

2. 组织武术活动

在全国学校体育武术项目联盟所构建的新教改内容体系中，展演活动是重要一环。新体系认为，校园武术展演竞赛活动和段位考评是武术教育的重要组成部分，可发挥其展示、激励、示范作用；但是，学校武术竞赛活动绝非竞技武术竞赛的翻版，也难以照搬以社会武术为主线的段位制比赛，须进行教育化、青少年化改造，以武术基本动作、武术基本功、武术套路、武术格斗为展演内容，以"炫"为主题，在"炫学生才艺、秀武术魅力"的展演活动中，推进武术教育教学，丰富校园文化生活。[1] 故自联盟成立以后，每年都举办不同范围、不同层次的武术竞赛展演活动，以达到以展促学的目的。

学校是全国学校体育武术项目联盟实施教学改革的前沿阵地。在学校武术中，教师水平高低对于教改的成败具有决定性作用，因此，联盟还注重师资力量的培养，其方式有两种：一是通过开展培训直接提升教师水平；二是通过全国学校武术优秀教案、课件、视频等评选活动，间接鼓励教师提升教学能力。

除此之外，2017年，联盟出版了《武以振魂：学校体育武术

〔1〕赵光圣、戴国斌：《我国学校武术教育现实困境与改革路径选择——写在"全国学校体育武术项目联盟"成立之际》，《上海体育学院学报》2014年第1期。

教案填写指导与案例点评》一书，为学校武术教学改革提供参考和帮助。

四、新时代高校武术注重培养学生实践应用能力

在2009年全国普通高等学校本科民族传统体育专业规范的制定上，打破了传统的教学内容体系框架，并进行了适度的拓宽与延伸，提高了教师与学生学习的自主性，提出“淡化套路、突出方法、强调运用”的课程改革思想，这在一定程度上要求武术的教学内容和教学形式多样化，突出了武术锻炼与攻防方法，强调武术实际应用的特性，培养学生的终身体育意识；赋予了学校、教师、学生更大的学习自主权，更注重学生能力的培养和综合素质的培养；强调武术教育要使学生从身体上、技能上、品行上、人格上得到教育的塑造；在武术教育的过程中更加注意实用性和教育性的统一。

在“厚基础、宽口径、强能力、高素质”的人才培养模式指导下，根据社会需求，不仅在培养目标上更加注重学生的自编能力和实践应用能力，而且在一系列的教学环节上予以突破，如在教学观念、专业设置、教学方法、教学内容等方面都进行了一系列的改革与更新，突出了学生在教学活动中的主体地位，注重培养学生根据自身条件和需要独立学习和思考武术技击内涵，并强调培养学生自编武术基本动作的实践能力。〔1〕

新时代，武术与民族传统体育专业人才培养更加注重的是人

〔1〕汤立许：《建国60年来学校武术教育发展的嬗变与走向研究》，《西安体育学院学报》2010年第4期。

文、思想道德、创新、专业素养方面的培养，培养复合型专业人才。随着时代的发展，要以服务社会为导向，社会对武术人才培养的需求在不断变化，武术教育理念随之变迁，武术专业素养成为人才培养必备的能力。当前，高等体育院校、师范院校、综合性大学为社会培养出高层次的武术专业人才，成为传播武术教育的主力军之一。

新时代，武术教育人才培养呈现出贯通化、国际化、多元化的特点。高层次武术人才辈出，在满足国内武术教育需求的基础上，逐渐走向国际领域。

武术教育人才培养的贯通化。新时代，高等院校稳步形成了武术与民族传统体育专业本科生、研究生（硕士、博士）、博士后一条龙的培养体系。此外，中小学武术特长生逐渐成熟，武术高水平测试与武术单招考试成为升入大学的途径之一。

武术教育人才培养的国际化。武术专业人才培养更加专业化、精尖化。这一时期，国外孔子学院为武术教育传统提供了很好的平台。大批的留学生来华更倾向于学习与体验中华民族传统文化。同时，高等体育院校开启武术国际化人才培养模式，如北京体育大学专门开设了武术国际化人才培养方向，为武术教育走出国门、走进世界奠定了雄厚的基础。

这一时期，武术教育人才培养理念呈现出多元化的特点。在素质教育、体育强国、文化强国背景下，武术教育人才培养理念也在迎合国家政策的需求倾向。

五、学校武术教育改革新思想的深入研究践行

为破解学校武术教育遇到的问题，改革一直是学校武术教育发展进程中的主旋律。著名武术专家邱丕相、武冬、赵光圣分别提出了“淡化套路、突出方法、强调应用”“突出拳种、优化套路、强调应用、弘扬文化”“强化套路、突出技击、保质求精、终身受益”等具有代表性的学校武术教育改革思想，这三种改革思想引领着学校武术教育发展的动向与趋势。在一定范围内进行了新教育实践，如北京体育大学在2017年进行实践，取得一定成效。就全国范围而言，新的教育思想并未得到广泛推广，这三种典型代表的教改思路、内容、目标、手段并未解决中小学武术套路教学与学生武术认知形成巨大落差，武术套路技术的封闭性及教法单一枯燥，无法激发学生的兴趣与激情，中小学武术教学内容复杂难学，课时少，令学生力不从心等[1]现实问题。

之后，武术博士杨建营、刘文武等在武术教学的三种改革思想的基础上，从武术坚守的技击本质、武术教育实践及民族传统文化特质的视角出发，系统阐释了中华武术教育旨在培养学生“自强不息、厚德载物”的尚武精神，武术教育实践应基于学生兴趣需求，凸显武术技击、搏斗的特性，倾向于武术动作“开放式”教与学。呼吁武术教育改革的声音越来越多，反映出武术教育实践存有过多的不足，武术教育的改革重在为武术教育的开展出谋划策，为学校武术教育的持续发展提供参考价值与实践指导。

---

〔1〕柴广新、孙有平、杨建营：《我国中小学武术教育改革新思想探析》，《上海体育学院学报》2019年第4期。

第五节 武术科研各个领域全面开花

2008年北京奥运会后，武术科学研究越来越受到重视，“大武术观”的提出为武术研究者提供了思想指引，专家委员会和青年学者委员会的成立凝聚了武术科研队伍的力量，全国武术专业博士技术高级研究班的举办提升了武术博士这一高层次研究群体的整体素质，武术新定义的产生、“散打”名称研讨为新时期武术研究开启新征程打下基础，学科内部研究领域更加细化标志着武术学科建设进一步成熟。整体而言，这一时期的武术科研呈现出各个领域全面开花的欣欣向荣之态。

一、中国武术研究院着力发挥引领作用

2009年1月15日，由国家体育总局党组任命，高小军出任国家体育总局武术运动管理中心主任、中国武术研究院院长。他上任之后的主要工作之一就是“擦亮武术研究院的牌子”。他说：“让武术研究院不再是人们眼中的空牌子，而是有人、有位的实牌子。把武术研究院的工作做实，抓好武术教育，集中全国的科研力量，将武术界的教授、专家、大师们都集中团结在武术研究院这块牌子下，将全国的力量向内集聚。如果向内的力量无法集聚，宝贵的资源没人组织，基础的事情没人做，肯定无法满足武术界对我们的期望。”[1]为了转变形象，满足这一期望，中国武术研究院从自身找问题、下功夫，在引领武术科研方面发挥了

〔1〕王涛：《擦亮武术研究院牌子　做实武术研究工作》，《中华武术》2009年第6期。

重要作用。

（一）“大武术观”为科研工作者提供了思想指引

中国武术界长期以来存在诸多矛盾和问题，为了改变这一局面，2011 年 3 月 26 日，高小军在太原举行的 2011 年全国武术协会主席和秘书长联席会议上提出，中国武术今后要树立“大武术观”，敞开大胸怀，促成大发展。“大武术观”的提出为此后武术科研工作者在宏观上提供了思想指引，并对各个方面的武术工作产生了深刻的影响。

“大武术观”不是一个空间概念，而是站在国家全局和武术事业整体发展的高度，深刻分析武术拳种、门类、受众三个层面得出的武术价值观念，是一个具有丰富内涵的科学思想体系。“它强调由个体向集体转化，由分散向联合转变，由政府向社会转轨，由各自为政向行业标准化转型。从不同角度去深入思考武术的全部功能；从武术的民族传统特色和健身作用着眼，思考其在扩展全民健身领域和建设中国特色体育强国中的独特价值；从武术的文化影响和教育功能着眼，思考其在促进国家文化繁荣发展和提高国家软实力中的时代价值。”〔1〕

2014 年 2 月 25 日，在第七次全国武术工作会议上，高小军表示，“大武术观”已逐步深入人心，越来越多的不同行业、不同领域的热心人士，加入支持武术活动和助力武术发展的行列中来，出现了“大武术、为大家、大家做”的发展局面。〔2〕

---

〔1〕高小军：《珍惜机遇　同心合力　努力开创武术事业推广新局面——在第七次全国武术工作会议上的报告》，《中华武术（研究）》2014 年第 3 期。
〔2〕高小军：《珍惜机遇　同心合力　努力开创武术事业推广新局面——在第七次全国武术工作会议上的报告》，《中华武术（研究）》2014 年第 3 期。

（二）武术运动管理中心机构调整

2010年，为了加强业务方面的指导、增强服务功能，在不增加机构、不改变编制的情况下，武术运动管理中心进行了机构改革，对各部门进行了优化组合。

机构的调整更加明确和细化了各业务部门的分工。例如，研究发展部负责对武术的全面研究、新项目的开发、段位评定、会员管理；推广培训部负责武术的宣传推广和教育培训工作；新成立的训练竞赛三部负责自由搏击、泰拳、武术功力以及长短兵等项目的统一管理。机构的调整加速了武术运动管理中心、中国武术研究院的实体化转变，更加有利于武术的管理和推广。

（三）武术专家委员会成立

为充分发挥老一辈武术科研工作者“传、帮、带”的作用，使他们为培养武术科研的接班人做出贡献，中国武术研究院根据少而精的指导原则，经过严格标准、严格程序、严格把关、反复研究，最后确定了张文广、蔡龙云、马贤达、习云泰〔1〕、夏柏华、门惠丰、吴彬、张山、江百龙、邱丕相、庞林太、陈昌棉、杨振铎、梁以全、吕紫剑、刘鸿雁、陈顺安、康戈武共18人为专家委员会首批专家。2009年12月22日，中国武术研究院在人民大会堂举行了武术研究院专家委员会成立大会暨首批专家聘任仪式。18名专家中有人研究武术教学领域，有人研究武术训练领域，有人研究传统武术领域，还有从事跨学科研究的研究者，这些专家在各自领域都具有一定的代表性和权威性。

---

〔1〕习云泰，曾用名习云太。

专家委员会是一个推动学术研究、学术成果应用的学术机构。其宗旨是：整合全国武术科研资源，为武术科研人员搭建施展才能的平台；发挥专家群体的综合优势，为武术发展决策提供科学依据，对科研项目、研究成果、学术水准等提供专家鉴定；通过开展武术科研和学术活动，发挥“传、帮、带”的作用，为培养武术科研的接班人做贡献；希望各位专家广泛联系和团结广大武术工作者、传承人和爱好者，深入武术实践进行科研，进入民间宣传武术科学，以人为本进行武术科普服务，为不断壮大武术科研队伍、壮大武术锻炼队伍发挥桥梁作用。

专家委员会成立以后，在管理规范化和标准化方面，完成了《武术工作管理条例》《中国武术段位制手册》；在武术技术标准和武术教学方面，完成了“全国中小学生系列武术健身操”的创编和“中国武术段位制系列教程”的出版；在分布全国各地的133个学校进行了“中国武术段位制系列教程”的学校教学指导方案研究；还参与了武术段位制标准化管理体系的建设和实施，以及“武术边疆西部行”活动等推广普及群众性武术活动的工作。

2014年11月25日—27日，全国武术段位制高峰论坛、全国武术段位制工作会议及武术专家委员会年会在北京举办。

（四）青年学者工作委员会成立

武术的健康、可持续发展需要发挥科学研究的先导作用，科学研究工作的推进需要科研人才作为保障，为此，中国武术研究院决定成立青年学者工作委员会，并聘任了马文国、马剑、马世坤、李士英、李朝旭、杨祥全、赵斌、姜娟、洪浩、郭玉成、高楚兰共11位青年学者为工作委员会委员。2013年11月14日，青年学者工作委员会在河南大学成立，并在中国武术研究院专家委员会指导下开展武术研究和武术学术活动。

中国武术研究院专家委员会和青年学者工作委员会的成立，整合了全国武术优秀科研人才资源，形成了老、中、青完整的武术科研人才结构，有利于促进武术科研人才队伍的健康发展，同时对于统一认识、规范标准，促进武术运动的科学化发展起到重要的推动作用。

（五）武术专业博士培训

武术专业博士群体是我国武术科研队伍中的最高学历的专业技术人才，是武术科研的中坚力量。为发挥中国武术研究院和专家委员会的引领作用，搭建高端武术专业技术人才的交流平台，传承和弘扬中国优秀传统武术技术和文化，提升武术专业博士生的水平和整体素质，整合全国武术人才资源力量，为武术项目全面发展服务，中国武术研究院决定举办全国武术专业博士技术高级研修班。

2014 年 7 月 24 日—30 日在北京体育大学举办了首届全国武术专业博士技术高级研修班，蔡龙云、江百龙、门惠丰等 6 位专家委员会专家为来自北京体育大学、天津体育学院等 21 所大学的 26 名学员进行了技术和理论授课。培训得到了学员的一致认可，达到了预期目的。此后，每年中国武术研究院都会在不同地点邀请武术专家为各高校的武术专业博士进行培训。

二、武术理论研究着力打牢根基

（一）武术定义更新

武术的定义自 1961 年出版的体育院系武术教材中第一次确

定之后，经历了1978年、1988年两次调整。1988年确定的武术概念已经沿用了20余年，这期间伴随着人们对武术认识上的深化与武术发展实践的推进，尤其是进入21世纪之后，武术的文化属性不断强化，武术的定义亟待更新。

2009年，中国武术研究院为规范管理，大力发展武术文化，建立标准化体系，从武术定义和武术礼仪方面形成统一，于7月9日—11日在河南省登封市召开了武术定义和武术礼仪标准化研讨会，30多所高校的60余名专家、学者参加会议进行讨论。

会上，邱丕相教授首先做了《武术概念嬗变和界定新论》的报告，他回顾了“武术”一词的由来和武术概念的嬗变之后，认为在“武术文化属性的凸显”以及“武术概念外延的拓展”的情况下，应当对武术概念进行重新界定，并提出将武术定义为“以中国传统文化为基础，以技击为内核的身体运动。其运动形式主要有套路、格斗和功法”。

邱丕相为武术所下的定义得到了周伟良、洪浩、蔡宝忠、杨祥全、朱永光等人的支持，但经过与会者激烈的讨论后，曾于久、赵光胜、王岗、马剑等人则认为，应将武术定义为“以技击动作作为素材，以中国文化作为理论基础，以套路、格斗、功法为表现形式的身体运动”。

在陈国荣看来，武术概念并非完全是一个学术问题，还要考虑武术的管理、推广、项目发展等因素，因此他认为应将武术定为“体育”。由此，第三种意见认为，武术是以攻防技术为基本素材，以中华文化为理论基础，以套路、格斗、功法为表现形式的体育运动。

第三种意见得到了大多数与会者的认同，在此基础上经过进一步整理、调整，最后意见基本统一，即将武术定义为“以中华文化为理论基础，以技击方法为基本内容，以套路、格斗、功法为主要运动形式的传统体育”。

新定义相较于1988年武术的概念有以下三点突破：

（1）在武术的表现形式上除强调套路、格斗外，武术功法同样是武术运动的有机组成部分，弥补了原定义外延的不足。

（2）在“传统体育”下去掉“项目”二字，更突出了武术文化属性的社会性。

（3）去掉了非概念定义要求的“注重内外兼修”几个字，使其更符合逻辑学有关定义的要求。[1]

（二）散打名称辨析

2009年8月11日—14日，在郑州大学体育学院召开了“全国武术散打运动发展战略论坛”。论坛采用高峰论坛、专题报告会的形式对武术散打的发展历程、中小学散打运动的开展、散打技术训练及运用、散打存在的问题及竞赛规则、散打赛事市场化五个方面进行了研讨。

论坛设专场研讨会进行了传统武术散打和散手名称的研讨。会上专家就“散打”“散手”两词进行了热烈的讨论，最后意见趋于一致：散手、散打连用在中国古代文献中很早就出现了，只不过与现在的意思不一样；现代语境中的散手是传统武术的术语，散打是散手体育化的运动项目。至于散打在试验阶段称为散手，是散打运动不成熟的表现，是散打运动的一个过渡阶段，

〔1〕周伟良：《武术概念新论》，《南京体育学院学报（社会科学版）》2010年第1期。

这次论坛，为学术界研究散打运动统一了术语，为中西文化融合背景下散打运动的健康、可持续发展奠定了良好的基础。

（三）武术古籍整理

20 世纪 80 年代的武术挖掘整理工作结束后，国家体育总局武术运动管理中心仅出版了一部《中国武术拳械录》，其他后续整理和研究工作并没有展开。

随着武术事业的迅速发展，对这批资料进行整理、点校已成为国内外学术界众多人士的期盼。2011 年 9 月 9 日，中国武术研究院下发了《挖掘整理资料研究工作方案》（讨论稿），决定对这些珍贵的资料进行归档、保存、研究、点校、出版和信息化。

2011 年 9 月 19 日—22 日，挖整资料研究专家会商会议在国家体育总局武术运动管理中心会议室召开。这次会议就如何开展武术挖整资料点校、研究进行了会商，并初步选出急切需要点校、研究的一些拳经和拳谱。

2011 年 12 月，中国武术研究院决定将武术挖掘整理资料的研究工作作为中国武术研究院的重大课题给予立项，开始对 1982—1986 年全国武术挖掘整理期间搜集的 120 本拳谱手抄本进行分类、点校、注释、翻译和综合研究。

2012 年 3 月 19 日—21 日，中国武术研究院又在郑州大学体育学院召开了武术挖整资料点校方案专家会议，确定了研究工作的整体方案、点校规范和课题组任务分工等事项，成立了以周伟良教授为首的点校工作专家组，成员有罗时铭、程大力、于水清、杨祥全及田文，这标志着武术古籍点校工程全面启动。2014 年 3 月 15 日—16 日，中国武术研究院又在郑州召开会议，继续推进此项工作。

到2019年，中国武术研究院已经完成了对院藏文物1,393件（套）拳谱古籍、兵器文物的普查登记、信息采集、电子化等工作，拍摄照片5,000余张，出版了《武术研究院院藏文物精品画册》，将院藏20世纪80年代全国挖掘整理的珍贵的老拳师视频制作成能够检索的标准数据2,100余条，视频总时长40余小时，同时研发了中国武术研究院数字博物馆系统平台。

三、学科研究发展不断走向深入

2012年，在《武术学科发展研究报告（2008—2011年）》中，将武术研究的领域增至8个（武术历史、武术文化、武术教育、武术传播、竞技武术科学化训练、传统体育与健康、传统武术、国外武术）。2019年，将8个领域调整为武术历史、武术文化、武术教育、武术传播、武术竞技、武术健康、武术产业及民族传统体育其他项目。学科研究方向调整反映了一段时期内武术研究的热点变化，促使武术研究持续向前推进，也为广大武术科研工作者提供了更清晰的方向。

（一）武术历史研究领域

这一时期，学者们对武术历史的研究一方面集中在从历史文化视角对传统武术的历史发展、流派演变、文化过程、地域特征进行研究，其中关于先秦、明清、民国时期的武术历史发展研究较多。此外，还有对于代表性人物的武学思想、功法体系的总结和梳理方面，如2010年的《孙禄堂武学论语》；在武术史学研究方法方面，武术口述材料也不断受到重视。2016—2019年，武术历史研究涌现出许多标志性成果。武术研究材料在不断整理、运用武术文字材料、武术文物的基础上，武术技术作为一种研究材料也得到了有关专家学者的重视。由于研究材料的拓展，武术史研究的“三重证据法”“四重证据法”相继提出，进而概括为武术史研究的“二重证据法”，即文本分析与自身体悟相结合的研究方法。这些基础性的研究成果，为日后武术史研究的发展奠定了良好的基础。

这一时期的武术历史专著和教材类出版物聚焦于通史、断代史、专题史 3 种体裁，共出版著作 14 部（专著 13 部，教材 1 部）。其中，通史著作 7 部、断代史著作 3 部、专题史著作 4 部。武术通史著作，如郭玉成的《中国武术史》、杨祥全的《中国武术思想史》（图 4–1）；武术断代史著作，如李吉远的《明代武术史研究》、周伟良的《图说古代武术史话》等。

图 4–1 《中国武术思想史》封面

值得注意的是，2016—2019 年，武术历史类课题研究也取得了较大的突破。2016 年，获得国家社科基金立项的武术历史类课题达到历史新高，仅一年就有 4 项“国字号”项目。如黄福华以 1997 年中国武术研究院的《中国武术史》为蓝本获批的 2016 年国家社科基金中华学术外译项目。此外，赵盛楠的《近代体育图像史研究》、郭玉成的《中国武艺岩画的历史文化研究》、吉灿忠的《近代武术发展若干历史问题及其对当代传承的启示研究》等数项与民族传统体育史学相关的国家社科基金项目。

（二）武术文化研究领域

这一时期，从地域的视角来研究武术文化的成因和发展也成为武术文化研究的新热点，地域武术文化研究主要集中在三个方面：一是对某一地域武术的挖掘整理；二是运用相关学科和相关的文化理论对地域武术进行分析和探索；三是对中国地域武术文化综合和系统研究，并以此为基础构建中国地域武术文化的研究模式。[1] 如上海体育学院的博士生导师郭志禹教授致力于地域武术文化的研究，他将中国的地域武术文化划分为中州、巴蜀、吴越、齐鲁、燕赵、陇右、荆楚、岭南、关东、秦晋、闽台、滇黔、西域、大漠 14 个武术文化区。截至 2017 年，郭志禹已经带领他的博士生分别完成了《中州武术文化研究》（2005 年）、《京师武术文化研究》（2017 年）等 13 篇武术博士学位论文，为地域武术文化研究奠定了较为成熟的研究范式。

此外，2010 年，人民体育出版社策划出版了由《燕京武术》

〔1〕张胜利、郭志禹：《中国地域武术文化的研究模式构建》，《武汉体育学院学报》2011 年第 4 期。

《燕赵武术》《齐鲁武术》《古越武术》《荆楚武术》《八闽武术》《三秦武术》《巴蜀武术》《三晋武术》《中州武术》10本著作组成的“中华武术传统名拳纵横”系列丛书。该套丛书对上述10个地域的武术文化进行了较为详尽的介绍。

经统计，2009—2019年，中国武术文化研究的相关论文多达1,700余篇，研究方法、研究视角各异，在内容上涵盖了武术文化本体认知、武术文化传播、武术文化对比、地域武术文化、全球化与武术文化研究等各个领域。

在今天看来，中国武术是一种文化，已经成为学术界高度共识。但中国武术文化有着深厚的文化意蕴，博大的文化体系，多元的文化触角，对于武术文化到底“有什么”“是什么”以及能“干什么”，武术研究工作者仍在不断追问，不断阐释，以发现中国武术文化最本真的一面。

（三）武术教育研究领域

这一时期，武术教育研究是武术研究的重点领域，并产生出一些卓有影响的成果。在学校武术的内容方面，随着2010年《全国中小学生系列武术健身操》的全面推广，以及武术段位制进校园的推进，学校武术研究者的研究对象也随之切换，体现出鲜明的时代性；在武术教育思想方面，这一时期的研究者们更加强调武术的精神教育和人的全面发展，突出武术的人文内涵；在武术教育发展方向方面，学者们基本提出了重攻防技击内容与民族文化教育为体系的基本框架。比如，有观点认为未来学校武术教育将更加注重学生的自编能力和实践能力，教学方法将强调攻防技击实用性，有效调动学生学习兴趣。[1]同时，在人才培养与社会需求方面，许多学者均提到了复合型人才观。

2016—2019年间，武术教育实践方面的研究主要围绕课程改革与教学法改革探讨、专业设置、武术段位制进校园方面展开。就武术课程内容改革与实践方面而言，类似“从培养自强不息精神的角度……学校应当开展文明对抗的武术。安全一点，搞推手，胆大一点，搞摔跤”[2]的声音增多。在具体的武术教法改革方面，人们尝试不同视角下对武术教学改革的实验探索，为武术教育教学实践提供了借鉴参考。此外，研究者们在武术高校专业课程设置等方面，普遍认识到武术与民族传统体育专业、体育教育专业武术专项课的教学内容亟须改革，且在具体的教育教学实施过程中，专业院校武术教育局限于专项的狭隘视野内，缺少对武术整体的关照，以套路与散打专项划分教学内容存在诸多弊端[3]，针对这些问题，研究者们也进行了相应的研究，并给出建议。

（四）武术传播研究领域

2008年奥运会之后，武术传播研究侧重于武术国际传播、武术网络传播、武术影视传播等方面，促进了武术传播进程。整体而言，本时期内武术传播领域的重要成果有：《武术传播引论》于2009年获教育部高等学校科学研究优秀成果著作奖；第十届上海国际武术博览会学术报告会暨第二届申江国际武术论坛的召

〔1〕汤立许：《建国60年来学校武术教育发展的嬗变与走向研究》，《西安体育学院学报》2010年第4期。
〔2〕杨建营：《深陷困境的中华武术的发展之路——邱丕相教授学术对话录》，《体育与科学》2018年第4期。
〔3〕刘文武、岳庆利：《武术师资培养问题反思》，《北京体育大学学报》2018年第3期。

开及其论文集《中国武术研究：2010·国际传播卷》的出版，是近年来武术国际传播成果的合集。

在武术传播研究主题中，国际传播是重中之重，中国武术研究院和上海体育学院在2010年举办的第十届上海国际武术博览会学术报告会暨第二届申江国际武术论坛的主题即为“武术国际传播：现状与对策”。

随着网络信息技术的发展，武术传播的途径更加多元，有网络、影视、杂志、赛事、教育、舞台等，但目前学界对武术网络传播和武术影视传播的学术研究相对较多。2012—2015年间，受武术申请进入奥运会的影响，武术国际传播研究方面，竞技武术进入奥运会再次成为热点，同时中国武术文化“走出去”战略目标的实现、武术标准化以及中国国家形象塑造是研究者关注的主要问题，这一领域的研究为武术的国际化发展夯实了理论基础，推进了武术的国际化进程，为早日实现武术进奥运会的目标创造了条件。

2016—2019年间的武术传播研究取得了更多质量较高的研究成果，这个时期该领域的研究呈现出如下特征：①多学科理论与视角的融入拓宽了武术传播研究的视野。②武术影视及“互联网+”相关问题成为武术传播研究的热点。③探讨与新时代国家发展战略的融合成为武术传播研究的趋势。④武术传播海外实证及中外比较研究的广度与深度取得新突破。⑤以历史梳理为背景获取新知成为武术传播研究的自觉。

（五）竞技武术研究领域

这一阶段的竞技武术研究日趋多元，方法日渐科学、精细，成果更加客观、理性。2009—2011年间，竞技武术研究中，有从宏观层面对竞技武术发展走向的思考，有从微观层面对竞技武术技术问题的分析，有对竞技武术套路编排观赏性的研究，有关于如何在竞技武术项目上体现出中国传统武术的精华所在的探讨，也有对竞赛规则、运动损伤、运动员心理等方面的专门研究。尤其是，“中国竞技武术国际化营销研究”“国家武术套路队选拔评分系统的构建与实证研究”等一些国家哲学社会科学基金资助项目和国家体育总局体育社会科学研究项目的立项也进一步提升了竞技武术研究的高度，并逐步将竞技武术研究向纵深推进。

关于竞技武术套路，其在积极向奥林匹克竞技运动靠拢的同时，研究更加注重对传统武术精华的吸收与表达；在市场经济条件下，对多元化发展模式探寻的研究日益凸显；在训练科学化领域，对运动损伤、竞技能力和体能的研究日渐加强；增强技击性、竞技性和观赏性的研究始终是热点。关于竞技武术散打的研究日渐向科学化、纵深化发展；对运动技术的生物力学分析成为研究的主流；对运动损伤的生理生化分析成为研究的新趋势；对运动员心理的分析上升到研究的新高度。

2016—2019年间的武术竞技研究进展主要集中在竞技武术套路、散打、理论三个方面，侧重其发展、文化、竞赛形式、技术、艺术审美等方面，在此期间涌现出较多成果。竞技武术散打相关研究的视角逐渐增多，研究方法呈现出多学科交叉态势，应用性研究受到重视。竞技武术理论相关研究的视野则有待进一步拓宽。

（六）武术健康研究领域

整体而言，这一时期关于武术与健康方面的研究，呈现出研究方法多样化态势，人们从医学、运动生理学、运动生物化学、心理学等方面对民族体育的健身、健心机理进行了较为深入的研究。2009—2011 年，武术与健康促进研究，从微观层面侧重于对体质健康、心理健康、辅助康复促进的健身机理研究，从宏观层面进行理论探索，成果较丰硕。人们也开始注意从机理层面对武术健身作用展开深入研究，如国家自然科学基金项目“太极拳运动对非小细胞肺癌患者免疫调节作用及机制研究”。但研究项目多为太极拳，研究人群多为老年人，覆盖面均呈现过于集中的特征。

特别是 2016 年以后，在“体医融合”和主动健康的趋势和背景下，武术促进健康的文化价值和社会意义逐渐凸显。武术注重养练结合，适合不同人群，并有着丰富的技术方法体系。国内外众多专家学者从健身文化、健身作用、健身机制和防病治病功效方面进行了大量研究，不断论证了武术独特的健身价值和内在机理。近年来，由于自然科学领域理论与技术的发展，运动生物力学、心理学和神经认知科学以及脑科学的技术方法的突飞猛进，武术在延缓衰老、促进心理健康、慢性病防治、癌症干预和神经退化性疾病辅助治疗，以及青少年体质健康促进等方面的价值不断被揭示。

武术尤其是太极拳的健身机能也吸引了国外研究者的注意。在国外的研究中，武术健康促进所采用的方式方法主要为太极拳，其被应用于治疗精神紊乱的研究、老年人身体平衡的研究、抑郁症状改善的研究等。从研究视角上看，国内研究主要集中在武术对人体慢性病的干预效果上。总体而言，国外相关研究多为实证研究，通过实验得出武术锻炼与效果之间的因果关系，具有一定的可重复性和参考价值。

（七）武术产业研究领域

武术产业研究从理论层面对武术产业的发展策略、市场培育、武术消费等方面进行研究，对推进武术市场化探索、促进武术产业稳步发展起到了积极作用。[1] 在国家发展体育产业的强大政策支持下，武术产业获得快速发展，武术产业研究取得了显著成绩。

《体育科学学科发展研究报告（2016—2019）》显示，近些年武术产业研究的成果主要包括武术健身养生产业、武术竞赛表演产业、武术影视传媒产业、武术创意游戏产业、武术旅游体验产业、武术教育培训产业、太极拳产业发展现状与问题、太极拳产业趋势及新途径、太极拳产业研究热点与核心竞争力培育、太极拳产业化与产业价值、太极拳产业发展战略研究等。相关研究正朝着区域化、集群化、国际化、品牌化方向发展，但研究成果整体质量不高。未来研究将在人才培养、大数据、人工智能、老龄化方面产生突破。围绕“绿色”“生态”“和谐”“健康”为主题的相关研究将成为武术产业研究的热点领域。

---

〔1〕康戈武等：《武术学科发展研究报告（2012—2015）》，载中国体育科学学会编《2015第十届全国体育科学大会论文摘要汇编（一）》，2015，第 78 ～ 79 页。

（八）其他研究领域

1. 社会武术研究

中国武术作为人类社会发展的子系统，伴随着社会的变迁发展而发展，并渗透到社会生活的各个领域，与社会命运休戚相关。因此，对武术与社会的研究也成为学术界关注的焦点。

这一时期，社会武术研究无论是研究理论、研究范式、研究方法的运用与创新，还是研究的广度与深度都取得了长足的发展；对社会学理论的广泛深入运用是社会武术研究最为突出的特点；武术的社会化传播与发展、武术拳种的良性传播、武术健身等层面的研究成为具有代表性的研究方向。社会武术研究使武术的发展与社会进步和社会健康水平的整体提高逐步形成良性互动。

学校武术教育与国运国脉息息相关，学校武术是实施弘扬优秀武术文化的重要场所，是助力国运昌盛的重要力量。

2. 武术拳种研究

武术拳种是探寻武术拳理、研究地域武术文化的重要窗口，是承载武术发展的基本单位，在武术组织中发挥着重要的凝聚作用，不容忽视。拳种的实践空间是拳种的原生点，白永正认为，拳种是武术的基因和核心，对拳种的认知并透视拳种所具有的价值和诉求与依存的关系，是当下我们重新认知武术、发展武术的基础和前提〔1〕，学界对武术拳种有着高度的认知，对武术拳种运用不同方法，从不同角度进行剖析研究，如有对拳种文化进行解读的，有对拳种形成进行梳理的，有对著名拳种进行探索的，有对拳种地域文化进行比较的。由此可见，学界对武术拳种的研

〔1〕白永正:《对武术发展空间中的“拳种”个体透视》,《北京体育大学学报》2017年第7期。

究成果较为丰富，并且对武术拳种的研究也已成为武术学科较为成熟的研究范式。

第六节 武术国际化迅速向多元发展

随着2008年北京奥运会的胜利闭幕，作为运动项目的中国武术在“后奥运时代”中国体育体制改革中继续发展。党的十八大以后，文化安全被纳入国家安全体系之中，随着实现中华民族伟大复兴中国梦、“一带一路”倡议的提出，作为优秀传统文化的武术，在提升国家软实力、维护国家形象的现实需求中作用更加凸显，中国武术在2008—2019年十余年间的“走出去”进程的特点是，武术管理部门主导性增强，传播武术文化的目标更加明确，多元化的趋势愈加明显。

一、新时代提升文化软实力的新要求

2008年北京奥运会后，武术的国际化发展引起了社会各界的关注。2010年，中国武术研究院组织专家研究并制定的《中国武术发展五年规划（2010—2014）》，在第六次全国武术工作会议上顺利通过。文件中确定了2010—2014年五年间武术发展的总目标是以规范的管理制度、统一的技术标准为平台，运用武术会员制和武术段位制构建推广网络，发挥教育宣传的传播作用和竞赛活动的杠杆作用，促进国内外武术文化交流、活跃国内外武术市场，向武术的国内普及和国际推广目标迈进。由此可见，这

一时期将武术推向国际的工作目标更加具体化。

为了适应新时期武术发展的需要，2009 年 4 月，中国武术研究院组织了一批专家、学者对武术定义进行了深入研究，形成初步成果，并于当年 7 月组织全国 38 所高等院校的 56 位武术专家、教授召开了武术定义专题研讨会。经过多轮研讨，形成了新的武术定义："武术是以中华文化为理论基础，以技击方法为基本内容，以套路、格斗、功法为主要运动形式的传统体育。"新的武术定义为新时期武术国际化等各项工作的开展奠定了理论基础。

二、国家统筹规划武术文化"走出去"

（一）国际影响力持续扩大

1. 亚运会赛场继续保持优势

2010 年广州亚运会，武术项目的金牌总数由过去的 11 枚增加到 15 枚，新增的 4 枚金牌分别是首次进入亚运会的女子散打项目（2 枚）和套路项目（2 枚）。中国队共派出了 3 名女运动员、7 名男运动员，参加了 10 个项目的比赛，最终夺得 15 枚金牌中的 9 枚；2014 年仁川亚运会，中国队再次凭借稳定的发挥收获 15 枚金牌中的 10 枚；2018 年在雅加达举行的亚运会上，中国队一如既往地延续了亚运会"武术霸主"的地位。

回首武术的亚运会历程，从 1990 年武术成为第 11 届亚运会正式比赛项目，到 2018 年第 18 届亚运会，中国共夺得亚运会武术项目全部 89 枚金牌中的 63 枚，辉煌的战绩令其他国家望而兴叹。但随着武术运动在亚洲的推广，其他国家的武术水平也奋起直追，直逼中国，给中国武术队造成了越来越大的压力。这恰恰也说明了武术运动在亚洲的推广取得了良好的效果。亚运会赛场内，武术赛场上活跃着比其他赛场上更多的华人身影，亲切的汉语播报成绩也让海内外华人感到阵阵温暖，比赛场内的技术人员、裁判员以及武术器材也大多来自中国。可以看出，中国为把武术推向亚洲、推向世界一直做着不懈的努力，并取得了出色的成绩。中国武术正在向亚洲、向世界传播着越来越多的中国力量。

2. 不断扩大国际武术联合会官方赛事阵容

2008—2018 年，中国成功举办了六届武术界最高级别比赛——世界武术锦标赛、六届世界青少年武术锦标赛、六届世界传统武术锦标赛、六届武术散打世界杯，除此之外，还于 2014 年在成都举办了首届世界太极拳锦标赛，于 2016 年在福州举办了首届世界杯武术套路比赛。

3. 持续推动武术进入世界综合性运动会

除了 1990 年成为亚运会正式比赛项目外，国际武术联合会推动武术成为 2009 年、2013 年两届世界运动会的比赛项目，成为 2010 年在北京举办的首届世界武搏运动会比赛项目，于 2017 年首次进入世界大学生夏季运动会，进入 2018 年首届世界大学生武术锦标赛，于 2018 年首次进入非洲青年运动会。

（二）服务于国家外交战略

新时期，武术作为中华民族亮丽的名片，在服务国家外交战略、塑造国家形象、提升国家软实力方面发挥着更加重要的作用。

在 2008 年举办的北京奥运会上，武术作为表演项目首次登上奥运舞台，以全方位、深层次、多领域的视角展示了中国传统文化体系，让世界上更多的国家领略到独具魅力的东方文化。

2009 年，中国武术协会受邀，组织中国武术表演团参加了由文化部、国家广播电影电视总局、国家新闻出版总署和国家体育总局共同主办的为期 21 天的“2009 中国文化非洲聚焦”活动。表演团一行 28 人，分别在加蓬、肯尼亚、赞比亚、马拉维和坦桑尼亚 5 个国家进行了友好访问演出，为当地民众奉献了 10 场武术专场表演，展示了武术的魅力，传播了中华文化，增进了中国与非洲国家的相互了解和友谊。

2011 年 8 月 18 日，为了纪念中国重返联合国 40 周年，中国武术代表团在纽约联合国总部进行了近两个小时的表演（图 4–2），其间获得 146 次掌声，表演获得巨大成功。

图 4–2　中国武术代表团在纽约联合国总部表演（图为代表团成员合影）

党的十八大之后，中国武术更是成为国家推动中华文化“走出去”的代表性项目。2015 年，国家体育总局武术运动管理中心、中国武术协会完成了中美、中俄、中英、中法和中韩人文交流机制项目任务，配合完成中泰建交 50 周年、中新建交 25 周年、南非中国年和中印建交 65 周年等表演项目。2016 年，受我国驻印度使馆邀请，武术运动管理中心派武术表演团赴印度进行访演。

2017年1月，中共中央办公厅和国务院办公厅联合印发的《关于实施中华优秀传统文化传承发展工程的意见》着重指出，支持中华医药、中华烹饪、中华武术、中华典籍、中国文物、中国园林、中国节日等中华传统文化代表性项目“走出去”；2017年7月，中共中央办公厅和国务院办公厅再次印发的《关于加强和改进中外人文交流工作的若干意见》中指出：要丰富和拓展人文交流的内涵和领域，打造人文交流国际知名品牌。坚持“走出去”和“引进来”双向发力，重点支持汉语、中医药、武术、美食、节日民俗以及其他非物质文化遗产等代表性项目“走出去”。2017年，时隔6年，中国武术代表团再度赴纽约联合国总部，进行“中华武术走进联合国”主题展演，为“2017联合国中文日”拉开序幕。

2019年，国务院办公厅发布《体育强国建设纲要的通知》明确提出：实施中华武术“走出去”战略，对标奥运会要求，完善规则、标准，力争武术项目早日进入奥运会。通过孔子学院和海外中国文化中心等平台，推动中国传统体育项目的国际化发展。以此作为提升中国体育国际影响力的重要举措，武术国际化受到国家进一步重视。

（三）段位制成为重要抓手

2009年，为了推进武术进校园，中国武术研究院在教育部体育卫生与艺术教育司的指导下，编制了段位制段级技术标准与大、中、小学各阶段武术教学内容相统一的“中国武术段位制系列教程”。该系列教程于2009年10月在德国法兰克福国际图书博览会上举行了首发式，成为中国武术标准化、规范化、国际化的标志产品。为了加快武术国内外传播与推广，国家体育总局武术运动管理中心、中国武术协会将2011年确定为武术标准化年，以中国武术研究院专家委员会牵头，集中优势力量进行标准化研究。并且，明确了以加强武术段位制标准化管理体系建设为突破口，全面加强武术标准化研究和建设的方针。[1]2014年，国家体育总局印发《武术段位制推广十年规划（2014—2023）》的通知，首次明确了境外推广任务，如：与国家汉办合作，在孔子学院开设以武术段位制为主要内容的武术课，支持国际武术联合会和各大洲武术赛事中增设段位制项目比赛，充分发挥我国驻外使领馆、中国文化中心、中资企业等驻外机构的作用，开办驻外人员武术段位制培训班，使驻外人员成为武术段位制的参与者、传播者和宣传者等，并提出到2020年实现完成"中国武术段位制系列教程"的全套教师参考用书6种常见外文版本（英、德、法、西、阿拉伯、日文）的翻译出版工作，国际武术联合会成员组织和孔子学院总数的50%开展武术段位制的总目标。

《武术段位制推广十年规划（2014—2023）》的制定标志着武术国际推广工作正式走上标准化、规范化道路，对新时期应该向国际上传播什么样的武术指明了方向。在《武术段位制推广十年规划（2014—2023）》的指引下，中国武术协会相继与瑞士、德国、挪威、巴西、希腊、意大利、澳大利亚、文莱、印度、俄罗斯、以色列、印度尼西亚、毛里求斯、南非、马达加斯加等国家和中国香港、澳门地区的武术协会签署了开展武术段位制的合作协议。2017年，中国武术协会又出台了《第九届中国焦作国

---

〔1〕高小军：《国家体育总局武术研究院工作报告（2008—2011）》，《中华武术（研究）》2012年第1期。

际太极拳交流大赛“中国武术段位制”海外人员晋段考评办法》，明确了参赛的海外人员申请段位的具体操作办法，进一步促进了武术段位制在海外的推广。据不完全统计，截至 2018 年，海外拥有武术段位者约 6,000 人。

武术段位制在境外的推广，一定程度上解决了武术国际化过程中内容不统一、不规范的问题。国家体育总局武术运动管理中心、中国武术协会还通过派遣国内的高水平武术教练员和专家前往非洲、南美洲、北美洲、欧洲和中亚地区进行技术指导和培训，建立武术国际推广人才库，举办国际裁判员和教练员培训班，帮助各国提高武术运动训练技术水平等方式解决国际武术发展不平衡的问题。

三、地方政府组织持续打造国际品牌

2008 年前后，中国各地“武术之乡”纷纷借助当地武术文化资源优势，借助国家政策东风，着力打造有影响力的国际武术赛事。通过比赛将海外武术爱好者“引进来”，增进交流，既助力当地经济发展，又推动了武术国际化进程。

（一）各地政府提升赛事档次

2008 年，国家体育总局武术运动管理中心、中国武术协会、河北省体育局联合主办，将已经连续举办了十届的河北永年国际太极拳联谊会更名为“中国国际太极拳运动会”，在国家体育总局的支持下，该赛事在国内外的影响力迅速提升。2009 年，郑州市委、市政府决定于 2010 年举办第八届郑州国际少林武术节，并将主办单位升格为国家体育总局和河南省政府。2010 年，经国家体育总局批准，已经举办了七届的沧州武术节升格为国家级节庆活动，并由国家体育总局、河北省人民政府联合主办了第八届中国沧州国际武术节。这些赛事经过多年运作，再经过国家体育总局的大力扶持，迅速成为国内外知名的武术赛事品牌，吸引着世界各地的武术爱好者前来参与。

（二）各地挖掘资源创新赛事

进入新时期，在郑州、永年等地国际赛事品牌陆续打响之后，鉴于赛事在各地提高知名度、助力旅游业发展、推动经济发展等方面的显著效果，一些有一定武术发展基础的地区也开始效仿。如 2011 年，湖南省体育局、湖南省武术协会在长沙举办了第一届湖南省武术节；2019 年第二届湖南省武术节吸引了来自北京、河南、广东、浙江等 9 个省、直辖市和加拿大、南非、印度尼西亚、尼日利亚、巴基斯坦等 16 个国家的 200 多个武术组织和门派的 4,000 余名运动员参加。再如，2016 年，浙江省台州市体育局、台州市路桥区人民政府联合举办了首届中国台州国际武术节；2017 年，第二届中国台州国际武术节入选全国传统武术十大事件榜单；2018 年，第三届中国台州国际武术节还举办了海外人员中国武术段位制考试；到 2019 年，台州国际武术节已经连续举办了四届。除此之外，还有 2012 年开始举办的澳门国际武术节和厦门国际武术大赛、2016 年开始举办的吉林国际武术比赛、2017 年开始举办的中国・金华国际武术节等。这类国际武术比赛正如雨后春笋般在各地涌现出来。

四、武术研究逐步由国内走向国际

随着中国武术文化“走出去”不断推进，太极拳作为一项独具中国特色的运动项目已经作为一个独特的文化符号在世界范围内广泛推广。

近年来，欧美国家对太极拳的研究主要集中在促进健康和防治疾病等领域，将太极拳视为防治抑郁症、帕金森病、心血管病等疾病的运动处方，从医学角度进行临床实证研究。相较于国内太极拳研究，国外研究在数量上增长趋势更为明显，在研究影响力上，研究成果在医学、康复等领域的国际顶尖核心期刊上时有发表，其权威性、学术影响力更大。总体来看，随着太极拳在国外的推广和普及，太极拳研究由国内走向了国外，成为武术研究国际化的“排头兵”。

大事记

1983年

4月，黑龙江省体委主办的《精武》杂志创刊。

5月19日—23日，国家体委武术挖掘整理小组在江西南昌召开全国武术挖掘整理工作会议。

6月15日—16日，全国武术表演赛在河南郑州举办。

8月18日，国家体委下发《关于对群众自办武术馆和私人教拳加强管理的意见》。

9月19日—27日，第五届全国运动会在上海举行，武术成为表演项目。

12月，黄中率领武术团出访新加坡。

1984年

1月，由中国武术协会、《中华武术》杂志社等联合举办的千名优秀武术辅导员评选活动揭晓。

6月26日—7月4日，全国武术挖掘整理成果汇报会在河北承德召开。

7月25日，首次全国体育学院武术邀请赛在成都举行，来自哈尔滨体育学院、沈阳体育学院、天津体育学院、上海体育学院、广州体育学院以及成都体育学院6所体育院校的运动员进行比赛。

8月，全国少年"武士杯"的前身全国业余体校武术分区比赛分别在江苏苏州和河北承德举行。

10 月，中国武术协会邀请了法国、联邦德国、意大利、日本、美国等 12 个国家和地区的武术组织负责人参加全国武术比赛期间召开的国际武术座谈会。会上共同签署了备忘录，一致同意由中国牵头尽快筹备成立国际武术组织。

11 月 17 日—12 月 14 日，中国武术专家组应邀前往瑞典、英国和意大利考察、表演和讲学。

1985 年

1 月 25 日，国家体委颁布实施《武术运动员技术等级试行标准》，分为武英级、一级武士、二级武士、三级武士和武童级五个级别。

3 月 10 日，劳动人事部发出了《关于国家体委建立武术研究院的通知》。

5 月，全国散打和太极拳推手比赛在山西太原举行。

5 月 21 日—30 日，全国武术比赛在宁夏银川举行。

8 月 21 日—26 日，第 1 届国际武术邀请赛在陕西西安举行。

8 月 26 日，国际武术联合会筹备委员会在西安正式宣布成立。

11 月，欧洲武术联合会在意大利成立。

12 月，习云太所著的国内第一本《中国武术史》出版。

1986 年

2 月 25 日—3 月 1 日，国家体委在北京召开全国武术训练工作座谈会。会上决定将太极拳、剑、推手单列为全国正式比赛项目。

3 月，中国武术研究院正式成立。

3 月 24 日—28 日，全国武术挖掘整理总结表彰会在北京举行。

5 月，第 1 届欧洲武术锦标赛在比利时举行，中国派代表参与了裁判工作。

5 月 14 日—18 日，全国武术观摩交流大会在江苏徐州举行。自 1986 年起，全国武术观摩交流大会改为每两年举行一次。

6 月 20 日—25 日，全国武术比赛在山东济南举行。在这次比赛上，第一次规定使用传统礼节——抱拳礼。

11 月，在天津成立了亚洲武术联合会筹备委员会。

1987 年

3 月 5 日，《武术裁判员暂行管理办法》公布。

3 月 31 日—4 月 7 日，首届中日太极拳比赛交流大会在北京举行。

5 月 24 日—6 月 3 日，国际武术联合会筹备委员会委托中国武术协会在浙江杭州举办第一届国际武术裁判员训练班。

6 月 23 日—27 日，中国武术协会、中国武术研究院等联合在北京召开了我国武术史上的首次科学研讨会——全国武术学术研讨会。

6 月 25 日，全国武术学术研讨会期间，中国体育科学学会武术分会在北京成立。

8 月 6 日，国家体委发布《关于加强武术工作的决定》。

9 月 25 日—27 日，亚洲武术联合会在日本横滨成立。第 1 届亚洲武术锦标赛举行。

11 月 20 日—12 月 5 日，第六届全国运动会在广东东莞举行，武术被列为正式比赛项目，设金牌 16 块，金牌分数计入本地区总成绩。

1988 年

5 月 23 日—6 月 5 日，中国武术组应邀参加意大利东方武术节。

7 月，汉城奥运会期间召开的亚奥理事会全体会议上，武术被批准为第 11 届亚运会正式比赛项目。

10 月 11 日—21 日，中国首届国际武术节暨第 3 届国际武术邀请赛在杭州、深圳举行。其中，在杭州举行了开幕式和国际武术套路邀请赛，在深圳举行了国际武术散打擂台赛、武术理论报告会和闭幕式。

12 月 20 日—24 日，中国体育科学学会武术分会在北京召开全国武术学术专题研讨会，就武术的概念、武德规范和武术运动发展方向等展开了研讨。

1989 年

4 月 25 日—5 月 2 日，首届全国武术散手教练员训练班在北京举办。

7 月，全国太极拳、剑、推手比赛在云南昆明举行。

10 月 20 日—28 日，首次全国武术散手擂台赛在江西宜春举行。

11 月 4 日—7 日，全国部分省市武术工作座谈会在湖南株洲举行。

12 月 15 日—17 日，第 2 届亚洲武术锦标赛在中国香港举行。

1990 年

4 月 25 日，在国家体委岗位培训领导小组和武术研究院的领导下，武术教练员岗位培训工作指导小组成立，并草拟了《武术教练员岗位职责标准》（征求意见稿）、《各级武术教练员岗位培训教学内容》两份文件。

4 月 28 日，国家体委下发了《关于中国武术协会实体化的通知》，中国武术协会实体化后，既是中华体育总会的团体会员，又是国家直属事业单位，在对本项目业务管理上兼有部分行政职能。

9 月 1 日，1987 年和 1989 年两次武术论文研讨会的优秀论文被编辑为我国第一部武术科学论文专集——《武术科学探秘》，由人民体育出版社出版发行。

9 月 22 日—10 月 7 日，第 11 届亚运会在北京举行，武术被列为正式比赛项目。

10 月 3 日，国际武术联合会在北京正式成立。

11 月 2 日—7 日，首届全国老革命根据地武术比赛在江西井冈山举行。

1991 年

2 月 28 日—3 月 2 日，北京国际武术散手擂台邀请赛举行。

5 月 17 日—20 日，全国武术散手教练员训练工作座谈会在河南焦作举行。

10 月，第 1 届世界武术锦标赛在北京举行。

11 月 25 日—26 日，第 16 届东南亚运动会武术比赛在菲律宾首都马尼拉举行。

1992 年

1 月 1 日，《各项目运动员技术等级标准》开始执行。

4 月，首次全国太极拳推手观摩交流大会在山东济南召开。

9 月 29 日—10 月 4 日，第四届全国大学生运动会在湖北武汉举行，武术首次被列为正式比赛项目。

11 月，第 3 届亚洲武术锦标赛在韩国举行，散手被列为表演项目。

12 月 5 日—10 日，第二次全国武术工作会议在重庆举行。会上表彰并命名了首批 35 个全国“武术之乡”。

12 月 12 日—15 日，为庆祝《中华武术》杂志创刊 10 周年，首届全国民间武术馆校、社武术邀请赛在海南琼海举行。

1993 年

5 月 9 日—18 日，首届东亚运动会在上海市举行，武术被列为正式比赛项目。

6 月，中国武术研究院主编的《中国武术拳械录》出版。

7 月 15 日—18 日，首届全国武术器材鉴定评审会在山东济南举行。

8 月 15 日—24 日，第七届全国运动会在成都举行。套路比赛首次按长拳、太极拳、南拳系列比赛。散手项目首次进入全运会。

8 月 25 日—30 日，首届全国“武术之乡”武术比赛在河南温县举行。

9 月 25 日—28 日，第二届全国太极拳推手观摩交流大会在浙江杭州举行。

11 月 21 日—27 日，第 2 届世界武术锦标赛在马来西亚首都吉隆坡举行，散手第一次被列为正式竞赛项目。

1994 年

5 月，国家体委武术处更名为国家体委武术运动管理中心。

6 月 24 日，《中国武术百科全书》编撰委员会成立大会在武术研究院举行。

8 月 17 日—19 日，“94 中华武术散手擂台争霸赛”在广州举行，产生了中华人民共和国的第一位“武状元”。

10 月 2 日—16 日，第 12 届亚运会在日本广岛举行，武术被列为正式比赛项目。

10 月 22 日，国际武术联合会成为国际单项体育联合会正式成员。

12 月 4 日—7 日，首届全国高等学校武术比赛在北京医科大学举行。

1995 年

8 月 19 日—22 日，第 3 届世界武术锦标赛在美国举行。

12 月 15 日—20 日，全国社会武术工作会议在山东莱州举行。首次公布“中华武林百杰”评选结果，并颁发证书。

1996 年

6 月，《武术学概论》由人民体育出版社出版发行。

10 月 4 日—6 日，国际武术联合会技术委员会会议在北京举行。

10 月 28 日—11 月 1 日，第三次全国武术工作会议在天津召开。

1997 年

9 月，国家体委武术研究院编纂的《中国武术史》出版。

9 月，中国首批武术博士研究生进入上海体育学院研究生部学习。

11 月 3 日—8 日，第 4 届世界武术锦标赛在罗马举行。

12 月，经国家体委批准，中国武术段位制开始实行。

1998 年

3 月 10 日—13 日，全国武术宣传工作会议在北京召开。其间进行了武术新闻委员会换届工作和印发《武术宣传工作组织管理实施办法》。

4 月 16 日—18 日，全国武术段位制工作会议及“授段仪式”在北京召开，首批 112 人被授予“高段位”称号，并制定了《武术段位制组织管理暂行办法》《武术段位制晋段考评办法》。

5 月，全国武术经济会议在京郊召开。成立中国武术协会经济开发委员会。

6 月 5 日，大洋洲武术联合会在新西兰首都惠灵顿成立。

7 月，中国武术协会官方网站正式开通。

12 月 6 日—20 日，第 13 届亚运会在泰国曼谷举行，设有武术项目。至此，武术被列为亚运会的常设比赛项目。

1999 年

5 月，首届国际传统武术暨绝技大赛在浙江省台州市举办。

11 月，第 5 届世界武术锦标赛在香港举行。

2000 年

1 月，推出了“太极拳健康工程”。

3 月 25 日，中国武术“散打王”争霸赛在京拉开序幕，柳海龙成为“散打王”。

5 月，首次召开全国武术界思想政治工作研讨会。

2000 年 6 月 27 日—28 日，上海体育学院举办了我国首届武术博士毕业论文答辩会。

11 月 20 日—24 日，第四次全国武术工作会议和中国武术协会换届改选大会在安徽省合肥市召开。

2001 年

7 月 26 日—29 日，第 1 届亚洲青少年武术锦标赛在越南河内举行。

9 月，全国首届女子武术散打邀请赛在上海卢湾体育馆举行。

11 月 1 日—4 日，第 6 届世界武术锦标赛在亚美尼亚首都埃里温举行。武术世锦赛首次进行兴奋剂检查。

12 月 20 日，国际武术联合会申请将武术运动列入奥林匹克运动会。

2002 年

3 月 22 日—26 日，首届世界太极拳健康大会在海南省三亚市举行。

7 月 25 日—27 日，首届世界杯武术散打锦标赛在上海举行。

8 月 25 日，为纪念中日邦交正常化 30 周年和中韩建交 10 周年，中、日、韩三国武术协会在北京天坛公园和奥体中心举行“2002 中日韩太极拳交流大会”。

2003 年

10 月 10 日—12 日，第 2 届亚洲青少年武术锦标赛在北京举行。

10 月 18 日—27 日，第五届全国城市运动会举办，武术套路被列为正式比赛项目。

11 月 3 日—7 日，第 7 届世界武术锦标赛在澳门举行，女子散打首次被列为比赛项目。

2004 年

9 月 18 日，“动感地带杯”全国武术套路冠军赛在广东珠海举行，首次尝试放开对参赛运动员服装、服饰的要求并对部分套路比赛实行自选配乐。

10 月 16 日—20 日，首届世界传统武术节在河南省郑州市举行。

11 月 12 日—14 日，第 2 届世界杯武术散打比赛在广州举行，女子散手比赛首次被列为比赛项目。

11 月 20 日—21 日，首届全国武术功力大赛在广东省佛山市举办。

2005 年

11 月 10 日—11 日，第五次全国武术工作会议暨中国武术协会代表大会在山西省太原市召开。

11 月 19 日，首届中国传统武术节在云南开远开幕。

12 月 10 日—14 日，第 8 届世界武术锦标赛在越南首都河内举行。

12 月 18 日—20 日，第 2 届世界太极拳健康大会在海南海口举行。

2006 年

2 月 23 日—26 日，“江中杯”首届国际武术搏击争霸赛在重庆市举行。

8 月 18 日—28 日，南亚运动会在斯里兰卡举行，武术首次被列为比赛项目。

8 月 22 日—25 日，首届世界青少年武术锦标赛在马来西亚首都吉隆坡举行。

9 月 26 日—28 日，全国纪念简化太极拳推广五十周年暨 2006 国际太极拳交流大会在河北邯郸举行。

2007 年

3 月 6 日，《武林大会》在全国首播。

5 月 18 日，全国太极拳健身特色区授牌仪式在山东淄博临淄区体育馆举行。

6 月 19 日—21 日，首届全国农民武术比赛在甘肃天水举行。

10 月，中国武术协会官方网站和国际武术联合会官方网站新版正式推出。

11 月 11 日—17 日，第 9 届世界武术锦标赛在北京举行。

2008 年

2 月 18 日，武术作为正式比赛项目首次进入世界大众体育运动会。

5 月 9 日，中国武术协会、中国集邮总公司联合在国家体育总局武术运动管理中心隆重举行了《中国武术》邮票珍藏册首发仪式。

7 月 17 日—18 日，首届世界“功夫王”争霸赛在广东广州新体育馆举办。

8 月 21 日—24 日，“北京 2008 武术比赛”在奥体中心体育馆举行。

10 月，第一届中国武术段位制考试在浙江杭州举办。

12 月 30 日，武林（大会联盟 WMA）成立。

2009 年

7 月 9 日—11 日，武术定义和武术礼仪标准化研讨会在河南登封举行。

10 月 16 日，“魅力武术”德国法兰克福国际图书博览会中国主题馆隆重举行。“中国武术段位制系列教程”在德国举行全球首发式。

12 月 22 日，中国武术研究院在人民大会堂举行中国武术研究院专家委员会成立暨首批专家聘任仪式。

2010 年

3 月 16 日，《全国中小学生系列武术健身操》编委会成立会暨创编工作会议在高等教育出版社召开。

3 月 25 日—27 日，《中国武术发展五年规划（2010—2014）》出台。

4 月 19 日—7 月 30 日，“武术边疆西部行活动”开展。

4 月 29 日，国家体育总局武术运动管理中心下发《关于开展“全民健身日”武术健身活动的通知》。

6 月，教育部组织了《全国中小学生系列武术健身操》评审会，《全国中小学生系列武术健身操》顺利通过评审。

8 月 28 日—9 月 4 日，首届世界武搏运动会在北京举办。

11 月 12 日—27 日，第 16 届亚运会在广州举行，女子散打首次进入亚运会。

2011 年

3 月 8 日，国家体育总局武术运动管理中心发布《关于加快武术段位制标准化管理体系建设的通知》。

3 月 25 日—26 日，首次全国武术协会主席和秘书长联席会议在山西太原召开，提出了“大武术观”和“武术标准化”的指导思想。

4 月 13 日—19 日，2011 年全国男子武术散打锦标赛在福建省武夷山市体育馆举行，本次比赛首次试行了新规则。

6 月 24 日，中国武术协会在北京召开了中国武术段位制标准化管理体系建设启动仪式，会上颁布了《中国武术段位制手册》。

11 月 26 日—27 日，2011 年国家体育总局武术研究院专家委员会年会在湖北十堰武当山举行。

2012 年

2 月 25 日，首期国家武术散打队在陕西西安正式成立。

2 月 26 日—28 日，第二届全国武术协会主席和秘书长联席会议在西安召开，继续倡导和完善“大武术观”理念。

3 月底，中国武术协会审定通过《武术套路竞赛规则与裁判法》。

9 月 11 日，首届全国武术散打医务监督委员会在北京正式成立。

9 月 29 日，国家体育总局武术运动管理中心批准设立首批 323 个“中国武术协会段位考试点”。

2013 年

1 月 19 日—20 日，“《中华武术》三十年颁奖盛典暨中国武文化高峰论坛”在五岳之首泰山所在地——山东泰安举行。

8 月 8 日，国家体育总局武术运动管理中心、中国武术协会启动“全国百城武术段位制”活动。

9 月 22 日，第一届中华武术发展战略研讨会暨全国学校体育武术项目联盟成立大会在北京体育大学举行。

11 月 14 日—15 日，国家体育总局武术研究院青年学者工作委员会首次会议在河南大学举行。

12 月 22 日—25 日，全国武术文化与传承暨武术非物质文化遗产保护研讨会在西安体育学院隆重召开。

2014 年

2 月 25 日—26 日，《武术段位制推广十年规划（2014—2023）》出台。

8 月 8 日，第一届全国武术运动大会在天津工业大学体育馆召开。

8月22日—24日，在青奥会期间，“南京2014武术比赛”在南京市成功举行。

2015 年

6 月 22 日，“2020 年东京奥运会东道主城市提议候补比赛项目选择大会”组委会工作会议在日本东京举行，武术被列为 2020 年奥运会的候补项目。

9 月 28 日，2020 年东京奥组委宣布了他们向国际奥委会提交的新增项目名单，武术落选。

9 月 29 日，2014—2015 年度全国武术段位制进学校试点单位现场经验交流会在湖南耒阳召开。

2016 年

6 月 25 日，第一个自由搏击领域的职业联赛“FF 信赢天下”在深圳春茧体育馆举行揭幕战。

8 月 1 日，国家体育总局武术运动管理中心印发《武术套路演练水平的评分方法与应得分确定及相关内容的调整》和《武术散打台上裁判员评判的计分方法的调整》的通知，对武术套路和武术散打临场裁判员评分的操作办法进行了微调。

7 月 22 日，国家体育总局武术运动管理中心印发《中国武术发展五年规划（2016—2020 年）》。

2017 年

3 月 16 日，中国武术协会印发《武术裁判员技术等级证书管理办法》。

5 月 5 日，上海武术俱乐部联盟在复旦大学美国研究中心成立。

7 月 7 日，第十三届全国运动会群众项目比赛太极拳决赛在天津理工大学体育馆举行，这是社会武术第一次进入全国运动会。

9 月 18 日，国家体育总局办公厅印发《关于进一步加强武术赛事活动监督管理的意见》。

2018年

2月8日上午，首届中国武术云高峰论坛在“武术之乡”河南登封隆重举行。

5月3日，国际武术联合会规定，自2018年起，每年8月11日为“世界武术日”。

7月22日—24日，非洲青年运动会武术比赛举行，武术首次成为该运动会比赛项目。

8月2日—5日，在澳门举办了首届世界大学生武术锦标赛。

2019年

3月27日，国家体育总局武术运动管理中心发布《武术赛事活动办赛指南》。

7月18日，国家体育总局等十四部委联合印发《武术产业发展规划（2019—2025年）》。

11月22日—24日，第一届全国武当拳交流大赛在湖北省武当山举行。

索　引

参考文献

一、专著

［1］昌沧，王友唐，郭博文，等．四牛武缘 [M]. 北京：人民体育出版社，2004.

［2］国家体委．中国体育年鉴（1988）[M]. 北京：人民体育出版社，1991.

［3］国家体委．中国体育年鉴（1992—1993）[M]. 北京：中国体育年鉴社，1998：183.

［4］国家体委武术研究院．中国武术史 [M]. 北京：人民体育出版社，1997.

［5］国家体育总局．中国体育年鉴（2001）[M]. 北京：中国体育年鉴社，2001.

［6］国家体育总局．中国体育年鉴（2003）[M]. 北京：中国体育年鉴社，2003.

［7］国家体育总局武术研究院．我国中小学武术教育改革与发展的研究 [M]. 北京：高等教育出版社，2008.

［8］全民健身条例 [M]. 北京：法律出版社，2009.

［9］郝勤．中国体育通史：第六卷 [M]. 北京：人民体育出版社，2008.

［10］课程教材研究所．20 世纪中国中小学课程标准・教学大纲汇编：体育卷 [M]. 北京：人民教育出版社，2001.

［11］李士英．中国武术散打市场化运作模式的研究 [M]. 北京：北京体育大学出版社，2006.

［12］马明达．说剑丛稿 [M]. 兰州：兰州大学出版社，2000.

［13］马贤达．中国武术大辞典 [M]. 北京：人民体育出版社，1990.

［14］邱丕相，蔡仲林．武术套路基础教程 [M]. 北京：高等教育出版社，2010.

［15］全国体育院系教材编审委员会．武术 [M]. 北京：人民体育出版社，1991.

［16］魏纪中．我的体育生涯 [M]. 北京：新华出版社，2008.

［17］习云太．中国武术史 [M]. 北京：人民体育出版社，1985.

［18］徐才．让武术文化在世界放异彩 [M]. 北京：人民体育出版社，1995.

［19］徐才．徐才武术文集 [M]. 北京：人民体育出版社，1995.

［20］杨祥全．现代武术史 [M]. 武汉：长江出版社，2011.

［21］约翰·米尔斯海默．大国政治的悲剧 [M]. 王义桅，唐小松，译．上海：上海人民出版社，2003.

［22］张山．武林春秋 [M]. 北京：人民体育出版社，2012.

［23］张山．中国武术百科全书 [M]. 北京：中国大百科全书出版社，1998.

［24］张文广．我的武术生涯 [M]. 北京：北京体育大学出版社，2002.

［25］中国体育科学学会．体育科学学科发展研究报告（2016—2019）[M]. 北京：人民体育出版社，2019.

［26］中国体育年鉴编辑部．中国体育年鉴（1997）[M]. 北京：中国体育年鉴社，2000.

［27］中国体育年鉴编辑部．中国体育年鉴（1998）[M]. 北京：中国体育年鉴社，2000.

［28］中国体育年鉴编辑部．中国体育年鉴（2000）[M]. 北京：中国体育年鉴社，2000.

［29］《中国武术百科全书》编撰委员会．中国武术百科全书 [M]. 北京：中国大百科全书出版社，1998.

［30］中国武术大辞典编辑委员会．中国武术大辞典 [M]. 北京：人民体育出版社，1990.

［31］中国武术研究院．中国武术研究院 30 年发展史 [M]. 北京：人民体育出版社，2016.

二、期刊

［1］白永正．对武术发展空间中的“拳种”个体透视 [J]. 北京体育大学学报，2017（7）：125–129.

［2］蔡宝忠．竞技武术走向奥运会的历程及启示 [J]. 体育科学，2004（1）：73–77.

［3］蔡有志，王凯珍．第七届全国体育科学大会入选论文情况分析 [J]. 北京体育大学学报，2005（10）：1303–1306.

［4］蔡仲林，易钦仁，刘勇，等．武术段位制实施现状及对策研究 [J]. 体育科学，2002（4）：60–63.

［5］柴广新，孙有平，杨建营．我国中小学武术教育改革新思想探析 [J]. 上海体育学院学报，2019（4）：59–66.

［6］昌沧，王友唐．中国武术走向世界的再思考：访中国武术协会顾问徐才 [J]. 中华武术，1998（9）：7–9.

［7］昌沧．千古盛世　杰中选杰：“中华武林百杰”评选散记 [J]. 中华武术，1994（9）：6–7.

[8]昌沧.人心齐 泰山移：忆《中华武术》杂志创刊前后[J].体育文化导刊，2002（1）：71-74.

[9]昌沧.为武术工作登上新台阶：记第二次全国武术工作会议[J].中华武术，1993（1）：4-5.

[10]昌沧.武术技术发展的里程碑：散记1994年全国武术训练工作会议[J].中华武术，1995（2）：10-12.

[11]昌沧.严肃公正：第二次全国武术高段位评审目睹记[J].中华武术，1994（4）：6-9.

[12]陈邦富.建议设立武术裁判员考核制度[J].中华武术，1987（2）：21.

[13]陈德荣.走向世界的可喜一步：简评南京中国武术国际友好表演赛[J].中华武术，1982（1）：42.

[14]陈连朋，王岗.对20世纪80年代武术"挖整"工作的反思[J].体育研究与教育，2014（2）：69-71.

[15]陈平.一份关于武术产业化市场前景的调查报告[J].中华武术，2003（7）：47.

[16]陈远高.喜见武林今又绿：发刊词[J].武林，1981（1）：1.

[17]东方.抓赛风，反兴奋剂：中国武协举起双刃剑[J].中华武术，2001（10）：5.

[18]董娅.全球化背景下我国主导文化面临的受动性冲击[J].西南大学学报（社会科学版），2002（6）：14-17.

[19]方方.武术套路竞赛规则的回眸与思考[J].成都体育学院学报，2011（2）：71-74.

[20]高亮，王涛.2007年全国武术散打裁判员培训班圆满结束[J].中华武术，2007（8）：25.

[21]佚名.《全国武术之乡管理办法》出台推动武术之乡标准化建设：国家体育总局武术运动管理中心主任高小军答记者问[J].中华武术，2012（9）：5-6.

[22]高小军.国际体育总局武术研究院工作报告（2008—2011）[J].中华武术（研究），2012（1）：8-12.

[23]高小军.珍惜机遇 同心合力 努力开创武术事业推广新局面：在第七次全国武术工作会议上的报告（2014年2月25日）[J].中华武术，2014（3）：6-17.

[24]龚建新.国际武术裁判员大检阅：记2004年北京国际武术裁判员学习班[J].中华武术，2004（6）：2-3.

[25]龚建新.新的规则新的风采：记十运会男子武术套路预赛[J].中华武术，2005（6）：4-6.

[26]顾有义.挖整工作是怎样开展的[J].中华武术，1984（5）：29-30.

[27]关铁云，关硕，王乃虎.略论竞技武术国际发展中的问题及建议[J].沈阳体育学院学报，2004（1）：59-62.

[28]关于武术教育改革和发展的研究课题组.改革学校武术教育 弘扬中华民族精神[J].中华武术，2005（7）：4-5.

[29] 郭玉成，李守培 . 武术在孔子学院的传播与中国国家形象的构建 [J]. 体育学刊，2013（5）：122–126.

[30] 国家体委 . 关于加强武术工作的决定 [J]. 中华武术，1987（9）：2–3.

[31] 国家体育总局 . 武术段位制推广十年规划（2014—2023）[J]. 中华武术，2014（4）：14–15.

[32] 国家体育总局武术运动管理中心 . 关于加快武术段位制标准化管理体系建设的通知 [J]. 中华武术，2011（5）：28.

[33] 国家体育总局武术运动管理中心 . 武术段位制推广十年规划 [J]. 中华武术，2014（4）：14–15.

[34] 郝心莲 . 新中国武术发展史概论（续）[J]. 体育科研，1996（4）：3–18.

[35] 郝心莲 . 新中国武术发展史概论（续）[J]. 体育科研，1997（1）：3–18.

[36] 洪浩，郭玉成 . 武术 · 奥运会 · 国际化：2003 年首届国际武术论文报告会综述 [J]. 体育文化导刊，2004（2）：45–47.

[37] 洪浩 .《武林大会》对武术现代化模式的创新 [J]. 中华武术，2008（4）：57–59.

[38] 洪浩，林志刚，张莉 . 历史记下了首届全国武术功力大赛 [J]. 中华武术，2005（8）：18–20.

[39] 洪浩，杜金山 . 武术功力大赛　科学发展的新起点：第三届全国武术功力大赛综述 [J]. 中华武术，2007（2）：36–37.

[40] 黄若谷 . 喜看武林近更绿，百卉丛中绽武花 [J]. 武林，1983（7）：8–9.

[41] 江百龙，黄治武 . 我国民办武术学校兴起的社会学原因探微 [J]. 武汉体育学院学报，2005（2）：70–73.

[42] 佚名 . 全国武术段位制工作委员会成立 [J]. 中华武术，2011（7）：58.

[43] 焦宜民 ."8–1 ≥ 8"：北大师生座谈会 [J]. 中华武术，1984（2）：14–16.

[44] 李德印，李士信 . 习文备武　奋发成才：喜看首届全国高等学校武术比赛 [J]. 中华武术，1995（2）：16–17.

[45] 李慧娜 . 博艺有道　娱乐无边：河南卫视大型武术娱乐节目《武林风》[J]. 广告主（市场观察），2006（1）：83–84.

[46] 李梦华 . 人民需要武术 [J]. 中华武术，1986（5）：1.

[47] 李梦华 . 任重道远：为《中华武术》创刊而作 [J]. 中华武术，1982（1）：2–3.

[48] 李平 . 你是农民吗？ [J]. 中华武术，2007（8）：1.

[49] 力行 . 徐才谈武术科研的学风 [J]. 中华武术，1989（2）：3.

[50] 刘君迈 . 开辟武术信息化的新模式 [J]. 中华武术，2003（4）：47.

[51] 刘同为，邱丕相 . 武术竞赛制度改革刍议 [J]. 上海体育学院学报，1986（4）：39–41.

[52] 刘文武，岳庆利．武术师资培养问题反思 [J]. 北京体育大学学报，2018(3): 133–138.

[53] 鲁夫．十运赛场冲击波：十运会武术预赛严抓赛风赛纪纪实 [J]. 中华武术，2005（6）：2–3.

[54] 马廉祯．武术挖整思变 [J]. 体育文化导刊，2004（7）：61–62.

[55] 马明达．应积极恢复长兵比赛 [J]. 中华武术，2006（9）：5–6.

[56] 门惠丰．武术走向世界的新里程碑 [J]. 中华武术，1991（12）：203.

[57] 宁远．发招：武术产业化大趋势 [J]. 中华武术，1995（8）：5–7.

[58] 欧阳海云．中国武术面对 WTO[J]. 中华武术，2004（9）：40–41.

[59] 钱振华．我国文化强国战略变迁与文化建设 [J]. 前线，2016（11）：44–49.

[60] 邱丕相，杨建营，王震．民族传统体育学科发展回顾与思考 [J]. 上海体育学院学报，2020（1）：12–20.

[61] 邱丕相．对武术概念的辨析与再认识 [J]. 上海体育学院学报，1997（5）：10–13.

[62] 邱丕相．国际武坛兴盛的征兆：第二届国际武术邀请赛述评 [J]. 中华武术，1986（12）：5–6.

[63] 邱丕相．亚运会武术比赛回眸与断想（4）：第 14 届韩国釜山亚运会 [J]. 中华武术，2006（4）：22–23.

[64] 邱丕相．亚运会武术比赛回眸与断想（3）[J]. 中华武术，2006（3）：17–18.

[65] 邱丕相，康戈武，马剑，等．武术学科的科学化历程与学科研究展望 [J]. 体育科学，2004（4）：145–147.

[66] 曲宗湖，王文成．加快学校武术运动的发展 [J]. 中华武术，1995（4）：5–7.

[67] 孙少晶，刘韬光．武术学科发展研究报告（2008—2011 年）：国外武术研究进展 [J]. 中华武术（研究），2012（12）：15–20.

[68] 汤立许．建国 60 年来学校武术教育发展的嬗变与走向研究 [J]. 西安体育学院学报，2010（4）：449–452.

[69] 王岗，赵光圣，李金龙．论当代武术科学研究现状及特点 [J]. 武术科学，2004（1）：1–3.

[70] 王军，吴免波，钱建中．对武术中文网站发展现状的调查 [J]. 搏击（武术科学），2007（10）：26–27，34.

[71] 王培坤．秀色无边东北行 [J]. 中华武术，1983（1）：22.

[72] 王涛，龚建新．少年强则国强：关于青少年武术发展 [J]. 中华武术，2011（4）：3–11.

[73] 王涛，龚建新．武术馆校生存发展之道 [J]. 中华武术，2008（6）：4–10.

[74] 王涛．“海外兵团”感动世锦赛 [J]. 中华武术，2007（12）：2–6.

[75] 王涛．擦亮武术研究院牌子　做实武术研究工作 [J]. 中华武术，2009（6）：6–11.

[76] 王涛 . 陈家沟太极桃花源 [J]. 中华武术，2003（4）：2-5.

[77] 王涛 . 建国以来太极拳大事记 [J]. 中华武术，2001（3）：10-14.

[78] 王涛 . 全力以赴武术推广：访中国武术协会主席高小军 [J]. 中华武术，2014（4）：12-13.

[79] 王涛 . 武林大会加速国际化进程 [J]. 中华武术，2008（12）：8-9.

[80] 王友唐 . 雾里看花，武术入奥扑朔迷离 [J]. 中华武术，2013（4）：1.

[81] 王涛 . 又是嵩山论剑时：记第七届中国郑州国际少林武术 [J]. 中华武术，2001（10）：13-15.

[82] 王涛 . 中国散打大事记 [J]. 中华武术，2018（12）：18.

[83] 王涛 . 中国武术征战亚运赛场 从北京到雅加达，63 金写辉煌 [J]. 中华武术，2018（10）：24.

[84] 佚名 . 资深武术教练感受竞技武术发展喜与忧：专访北京体育大学硕士生导师、武术教练何瑞虹 [J]. 中华武术，2011（6）：15.

[85] 王霞光 . 武术进入中小学：写在《全国中小学生系列武术健身操》推广实施之际 [J]. 中华武术，2010（10）：2-3.

[86] 王筱麟 . 加强武术段位制工作　促进武术全面发展 [J]. 中华武术，2007（11）：5.

[87] 王友唐 . 奥运离武术似乎渐行渐远 [J]. 中华武术，2009（10）：4-6.

[88] 王友唐 . 圣彼得堡留给武术的不仅仅是遗憾 [J]. 中华武术，2013（7）：4-6.

[89] 王友唐 . 世界传统武术节，东方式的奥林匹克体育盛会：访中国武协传统武术委员会主任杨战旗 [J]. 中华武术，2004（9）：6-7.

[90] 王友唐 . 是该认真思考的时候了！：写在武术申奥再次受挫之后 [J]. 中华武术，2015（11）：26-27.

[91] 王友唐 . 武术产业商机无限 [J]. 中华武术，2001（7）：20-21.

[92] 王悦 . 把握机遇　再创辉煌：第五次全国武术工作会议暨中国武术协会代表大会召开 [J]. 中华武术，2005(12): 8-11.

[93] 王悦 . 中国国家散打队正式成立 [J]. 中华武术，2012（4）：14-15.

[94] 王悦 . 总结 2014，迈入 2015：国家体育总局武术运动管理中心 2014 年工作梳理 [J]. 中华武术，2015（3）：11-20.

[95] 温力 . 论武术学科理论体系框架的构建 [J]. 体育科学，1993（2）：27-32.

[96] 温力 . 英雄打擂动京华 [J]. 中华武术，1991（4）：4-5.

[97] 翁信辉，邱丕相，苏文木，等 . 武术段位制的指导思想及评价体系 [J]. 体育科学研究，2009（2）：34-36.

[98] 伍绍祖 . 我热爱武术：伍绍祖主任致第三次全国武术工作会议的贺信 [J]. 中华武术，1996（12）：9.

［99］武冬，芦胜男，韩卓君．太极拳规定竞赛套路创编专家口述史：门惠丰、阚桂香教授访谈录[J]. 北京体育大学学报，2018（8）：124–131.

［100］武冬，吕韶钧．高等学校武术课程体系改革研究[J]. 北京体育大学学报，2013（3）：92–98，105.

［101］武冬．新时代中国武术发展的新思考[J]. 武汉体育学院学报，2020（2）：53–58.

［102］《武林》编辑部．致读者[J]. 武林，1981（7）：1.

［103］武术中心调研组．民办武校现状及发展趋势调研报告[J]. 中华武术，2006（1）：24–27.

［104］武述文．让中华武术造福全人类：写在外国武术界人士汇聚武汉以后[J]. 中华武术，1985（1）：9.

［105］武述文．认真抓好民办武术馆校[J]. 中华武术，1985（11）：13.

［106］习云太．我为什么要写《中国武术史》[J]. 中华武术，1986（1）：43.

［107］夏柏华．散打在前进[J]. 武林，1981（2）：8.

［108］谢梅．武术科学的春天：记中国体育科学学会武术学会成立[J]. 中华武术，1987（8）：9.

［109］徐才．成果丰硕 任重道远：在全国武术遗产挖掘整理总结表彰会上的讲话[J]. 中华武术，1986（5）：2–5.

［110］徐才．开创武术运动的新局面：在全国武术工作会议上的讲话[J]. 中华武术，1983（1）：6–11.

［111］徐才．两条腿走路[J]. 中华武术，1994（8）：6–7.

［112］雪儿，周金彪．叫板《功夫》全国武术散打南北明星对抗赛上演[J]. 中华武术，2005（2）：2–3.

［113］燕侠．以大武术观为指导，开创全国武术之乡工作新局面：国家体育总局武管中心副主任陈国荣谈武术之乡建设新举措[J]. 中华武术，2011（8）：20–21.

［114］杨红兵．试析武术的概念[J]. 安徽体育科技，1994（1）：8–9.

［115］胡蓉，杨华．体育院校《武术》教材建设的回顾与思考[J]. 搏击（武术科学），2009（2）：72–74.

［116］杨建营．深陷困境的中华武术的发展之路：邱丕相教授学术对话录[J]. 体育与科学，2018（4）：21–28.

［117］杨祥全．曙光再现：新中国武术史之四[J]. 少林与太极：中州体育，2012（6）：1–7.

［118］杨战旗．着力改革 走向世界：中国武协主席张耀庭答记者问[J]. 中华武术，1995（3）：7–8.

［119］易剑东，张苓．中国武术百年历程回顾：面向21世纪的中国武术[J]. 体育文史，1999（1）：28–30.

［120］易钦仁．对中国武术段位制实施现状的调查和分析 [J]. 湖北大学学报（自然科学版），2002（4）：91–94，97.

［121］阴晓林，赵光圣，郭玉成，等．张山先生访谈录 [J]. 北京体育大学学报，2018（4）：123–130.

［122］榆林．国家武术集训队 80 天冬训完美收官 [J]. 中华武术，2006（4）：9–13.

［123］曾文．太极拳在发展中：太极拳竞赛套路研究会侧记 [J]. 中华武术，1989（2）：13.

［124］张茂林，邢立福，张胜利．《武术套路竞赛规则》演变历程回顾与思考 [J]. 山西师大体育学院学报，2004（2）：99–101.

［125］张秋平．不忘初心　凝神聚力　奋力开启新时代武术事业发展新征程：在第八次全国武术工作会议暨第十一届中国武术协会换届大会上的工作报告 [J]. 中华武术（研究），2019（3）：6–13.

［126］张秋平．认真总结经验，充分发挥武术段位增强青少年体质和培养弘扬民族精神的作用 [J]. 中华武术，2015（11）：7–9.

［127］张山，温佐惠，马丽娜．中华武术发展的回顾与展望 [J]. 北京体育大学学报，2001（1）：21–22，51.

［128］张山．国际武术竞赛套路（第二套）创编完成 [J]. 中华武术，1999（6）：7.

［129］张胜利，郭志禹．中国地域武术文化的研究模式构建 [J]. 武汉体育学院学报，2011（4）：73–77.

［130］张维章．阳光、气功育木兰：访上海木兰拳协会会长应美凤 [J]. 中国气功科学，1999（10）：26–27.

［131］张耀庭．回顾与展望 [J]. 中华武术，1992（11）：8.

［132］佚名．加强社会武术工作的发展与管理 [J]. 中华武术，1996（2）：4.

［133］张勇．武术的研究进展及其走向：第八届全国体育科学大会武术研究综述 [J]. 搏击（武术科学），2008（3）：20–22.

［134］章明．探索者的足迹：北京四十五中开办武术馆 [J]. 中华武术，1986（2）：4–6.

［135］赵光圣，戴国斌．我国学校武术教育现实困境与改革路径选择：写在“全国学校体育武术项目联盟”成立之际 [J]. 上海体育学院学报，2014（1）：88–92.

［136］赵惠明．培养能文能武的新少年：北京史家胡同小学开设武术课 [J]. 中华武术，1985（10）：45.

［137］赵少杰，杨少雄．武术散打竞赛规则演进透析 [J]. 中华武术（研究），2011（5）：16–18.

［138］赵双进．从“古城会”到亚运会：1985 年第一届武术国际邀请赛纪实 [J]. 体育文化导刊，2004（12）：55–58.

［139］赵双进．从“古城会”到亚运会：1986 年办的两件大事 [J]. 体育文化导刊，2005（1）：68–70.

［140］赵双进．从“古城会”到亚运会：亚武联诞生和亚锦赛开锣 [J]. 体育文化导刊，2005（2）：70–72.

[131] 赵双进 . 从“古城会”到亚运会：探访澳洲大陆 [J]. 体育文化导刊，2005（3）：66–67.

[142] 赵双进 . 从“古城会”到亚运会：开垦西亚武术处女地 [J]. 体育文化导刊，2005（4）：67–68.

[143] 赵双进 . 对八十年代武术工作的回顾与随想 [J]. 体育文化导刊，2003（3）：64–68.

[144] 赵双进 . 对八十年代武术工作的回顾与随想 [J]. 体育文化导刊，2003（4）：59–61.

[145] 赵双进 . 对八十年代武术工作的回顾与随想 [J]. 体育文化导刊，2003（5）：63–66.

[146] 赵双进 . 对八十年代武术工作的回顾与随想 [J]. 体育文化导刊，2003（6）：63–64.

[147] 赵双进 . 对八十年代武术工作的回顾与随想 [J]. 体育文化导刊，2003（7）：58–64.

[148]中国武术协会 .《中国武术段位制》技术考试办法（一至六段）[J]. 中华武术，2011（10）：38–39.

[149]中国武术协会 .《中国武术段位制》武术功法系列晋升段位暂行规定 [J]. 中华武术，2007（7）：15.

[150] 周荔裳 . 群雄荟萃议武术定义及其他 [J]. 中华武术，1989（2）：2–3.

[151] 周荔裳 . 武术，中国传统文化艺术之魂 [J]. 中华武术，1991（1）：1–2.

[152] 周荔裳 . 圆满 . 成功！：广岛第十二届亚运会访谈录 [J]. 中华武术，1994（11）：6–7.

[153] 周伟良 . 试论现代武术理论体系及其研究范畴：武术学体系刍议 [J]. 体育科学，1993（2）：84–88，97.

[154] 周伟良 . 武术概念新论 [J]. 南京体育学院学报（社会科学版），2010（1）：10–13.

[155] 周欣 . 第六次全国武术工作会议召开 [J]. 武当，2010（5）：4.

[156]子善，晓思 . 华东大地“武术热”[J]. 中华武术，1983（1）：23–24.

三、报纸

[1] 慈鑫 . 武术被跆拳道踹出都市时尚：失落中的中国传统武术（上）[N]. 中国青年报，2005–04–01.

[2] 王文章 . 坚定文化自信，推进非遗保护 [N]. 文艺报，2020–05–29.

[3] 徐才 . 登封滥办武校　希望彻底整顿 [N]. 中国青年报，1986–05–20.

[4]杨凰 . 校园里，那渐行渐远的武术 [N]. 中国体育报，2009–02–26（07）.

[5] 郑红深 . 让明珠更璀璨 [N]. 人民日报（海外版），2000–11–26.

四、会议论文

[1] 蔡龙云 . 谈武术国际邀请赛 [C]// 琴剑楼武术文集 . 北京：人民体育出版社，2007.

[2] 徐才．创建青春的学科：为中国武术学会成立而作[C]//徐才武术文集．北京：人民体育出版社，1995.

[3] 徐才．开创武术运动的新局面[C]//徐才武术文集．北京：人民体育出版社，1995.

[4] 徐才．以武德之美自励[C]//徐才武术文集．北京：人民体育出版社，1995.

五、硕士、博士论文

[1] 程楠．河南省中小学武术健身操推广状况调查研究[D].开封：河南大学，2012.

[2] 高贯发．北京市推广《全国中小学生系列武术健身操》状况与策略研究[D].北京：北京体育大学，2012.

[3] 纪贤凡．新中国60年学校武术教育发展的回顾与展望[D].苏州：苏州大学，2011.

[4] 朱向东．二十世纪中国武术的国际化寻绎[D].苏州：苏州大学，2006.

[5] 祝长飞．山东省济宁地区中小学武术健身操推广的现状及对策研究[D].成都：成都体育学院，2013.

六、其他

[1] 公安部，教育部，国家体育总局．公安部、教育部、体育总局关于加强各类武术学校及习武场所管理的通知[Z].2000.

[2]国家体育总局武术运动管理中心.《中国武术段位制》管理办法[Z].2011.

[3]国家体育总局武术运动管理中心．全国武术套路竞赛规则（附则）[Z].2003.

[4]国家体育总局武术运动管理中心．中国武术发展五年规划（2010—2014）[Z].2010.

[5] 国务院．国务院关于加强文化遗产保护的通知[Z].2006.

[6] 中共中央国务院．中共中央国务院关于加强青少年体育增强青少年体质的意见[Z].2007.